凝煉知識品味閱讀

凝煉知識品味閱讀

顧亭林及其史學

傅榮珂 — 著

五南當代學術叢刊

五南圖書出版公司 印行

出版序——兼談出版緣由

歲月如梭，光陰似箭，猶記民國六十四年，以冠於同儕之優異成績，考上第二屆高雄師範學院國文研究所。適時風華方茂，雄心壯志，想要在國學領域上，嶄露頭角。而其時，高師大國文研究所初創，在所長黃永武老師主持下，聘請國內名師大家，匯聚於高師。有以經學見長的黃永武師，詩學見長的張夢機師，校勘考據學見長的于大成〈長卿〉師，史學見長的周虎林師，敦煌學權威羅宗濤師，易學專家徐芹庭師，詞學專家李殿魁師等，師資陣容堅強，堪為當時國內學界之冠。

高師研究所教室設有一碩大橢圓形之長桌，每次上課時，老師獨坐其中，諸弟子環坐其邊。值日同學皆會為老師、同學們準備一杯高山清茗或濃郁咖啡，在飲茗或喝咖啡香氣氤氳中，聆聽大師們的授課，實為人生一大樂趣。眾師授課方法雖異，或述，或問，或答，然皆學識淵博，談吐風雅，擘肌分理，指瑕抉隙，鉅細靡遺。而片言妙語，如江河瀉水，機趣橫生。讓我們這些初窺國學之門的研究生，受益匪淺。

由於自幼受家父影響，喜歡遨遊於浩瀚之文史世界。讀司馬遷《史記》，慕其能「究天人之際，通古今之變，成一家之言」的史識，開創以紀傳體為主之正史體例，又讀章學誠《文史通義》知「六經皆史也，六經皆先王之政典也。」明「天地間無非史而已」〈王世貞語〉，而迷戀於史之鑽研。遂請周師虎林為指導教授，周師為國外知名大學歷史學博士，滿腹經綸，於史學鑽研甚深。曾撰有《司馬遷及其史學》等學術著作。平日上課幽默風趣，由於身兼本班導師，對同學甚為照顧，經常與我們聚餐，在餐飲杯觥中，周老師會不經意的告訴我們治學方法，人生哲理，為我們解惑。

感念老師最深的是，周老師認為南部圖書資源較少，在我們研一下學期暑假，主動幫我們接洽台灣師大分部宿舍，讓我們六位研究生能在暑假期間，暫時借住台灣師大分部學生宿舍。並親自帶我們到國家圖書館、中央研究院傅斯年圖書館及台大、師大、政大等大學圖書館參觀。告訴我們如何蒐集影印論文之相關資料，如何寫資料卡。每日奔波於各大圖書館其間，雖僅月餘，卻蒐集了有關碩論顧亭林及明末清初政風學風等相關資料，將近百萬字之多。在台北其間，曾以初生之犢，冒昧書函給台大歷史系清史專家杜維運教授，向其請益顧亭林及明末清初之學風、政風。本來不存指望他能回函，沒想到杜教授不僅回函，還邀請我到他府上作客，幫我解惑，臨別時還贈送我一本他親筆署名的著作《清代史學與史家》。讓我體會成名學者謙沖之胸懷。

返回高師大時，我邊閱讀資料，擬好綱要，開始撰寫論文，周老師平日對學生雖親切和藹，照顧有加。但對論文要求甚嚴。我每寫好一節論文，必須謄寫後交給周老師審閱，提出修改意見，我再依照老師指示修改完後，再度謄寫完稿，交給周老師審閱定稿，如此反覆粹練三年，成二十餘萬字以終稿。論文口試時，獲得與會口試委員一致之讚賞，甚而數年後考博士班時，口試教授還稱讚我的碩士論文，資料宏富，對史識之評論，頗有見地，遂而有助我當年同時考入臺灣南、北兩所師範大學國文研究所博士班。

值的一提的是，當年讀研究所時，電腦並不普及，撰寫論文書稿大皆請人謄寫、打字，我也不例外，請了一位大學部學妹，幫我謄寫。其硬筆書法如銀鉤鐵畫，秀麗工整，常常幫老師謄寫講義。自從請她幫忙，省去繕寫之功，讓我能如期畢業，由於相處日久情生，這位幫忙謄寫之學妹，最終成為我一生相濡以沫的最佳伴侶。

從研究所畢業後我即到大專院校任職，並將論文分節修改，投寄國內各大學學報及學術刊物，大皆獲得刊出。長久以來，一直想將這本論文重加修正出版，但因繼續到台灣師大進修博士，課業繁重，博士畢業後，又兼大學行政職，繼而在大學又面臨升等副教授、教授等職。歲月倥傯，出版論文之事，遂一再延宕，至今始專注心情，重新審視當年之碩士論文，加以修訂補充，交予五南出版社黃惠娟副總編刊印出版。

亭林之學博大精深，無論經學、史學、小學無不精通，其生平著述頗多，世推之為清開國儒宗。其所提倡之經世致用之學，可以撥亂反正，移風易俗，以馴致乎治平之用。其學術雖歷經時代之更迭，科學文明之洗禮，仍為今日人類追求之目標。今述「顧亭林及其史學」，雖歷經歲月遞嬗，閱書更多，而補其缺佚，正其謬誤，或仍有遺珠之憾，未臻盡善。但已略能窺亭林史學之原貌，讀其書，或能明亭林史學之成，知其史識、史觀，其成為開國一代儒宗，良有以也。

傅榮珂 謹誌

中華民國2020年7月31日

原序文

學術者，所以通時變而為用者也。自三代以下，學術多變，其間伏流千里，或隱或顯，或動或止，然皆以儒為宗。而其思潮則分為二，曰漢學，曰宋學。前者重考證，後者重義理，各有所長，亦各有所短。至有明一代，學術寖衰，言經學者既無漢唐之專精，談性理者又襲宋元之糟粕；士皆趨於聲律點畫之知，向壁虛造，空疏亡具，固不足以言學。而以理學自詡者，亦多流於禪寂，空言著書，閉門打坐，風動天下，以為名高。至其晚季，心性之流弊，至率天下以不學。當是之時，志士仁人紛倡經世實用之學，以救世變，其間能兼漢宋之長，輔以史學，以開一代學風者，當首推崑山顧亭林也！

亭林少負絕異之資，於書無所不窺，尤留心於經世致用。疾陋儒之空言性理，故教以「博學於文」；傷華士之喪義失身，故勵以「行己有恥」。其一生論學，莫不以明道救世為先，而究心於史。故其學以經為體，以史為用，洵足以存諸家之精，而汰其滓，補百代之弊而匡其謬。要非博雅諄儒，安能啓有清樸學之光，而為一代開國儒宗乎？余既讀其書，感其悲天憫人之志，汲汲於民生利病之業；其經世之想，融薈於史，後人但知其以經學名世，未知其史學之成，故發憤自思，不揣淺漏，欲窺亭林史學之門徑，而有茲篇之作。

首章論述亭林之生平及其思想，蓋欲明其人之學術，必先明其生平。是以先敘亭林略傳，並附年表，摘其大事，貫以年月，使舉目可詳亭林所處之時代與其生平事蹟也。若交遊學侶，亦可窺其人學術之趨向。亭林一生，歷遊大江南北，交遊頗廣。其早年所交，率皆殉難死節之流，是足以成其志節之耿介。國變後，則為勝國遺老，博學碩儒。亭林師之，友之。其學問之增進，多取於人，故述交遊學侶，以明其資於人多矣！

亭林之學，主於斂華就實，凡國家典制，郡邑史乘，天文儀象，河漕兵農之屬，莫不窮源究委。發而著述，汗牛充棟，書積盈室，皆本乎經，不泥於古；原乎史，不拘於成說，有裨於世風巨矣！故就亭林著作，廣加搜輯，詳加辨析，撰有「著述考變」，以開啓鑰，俾以盡窺亭林著述之精。而欲明其學術之宏，必尋其思想之淵源脈絡，明其蹊徑，以為師教鄉習，綿延相承，故撰有「思想淵源」。知亭林學術，上宗朱子，師法黃東發，王伯厚，其得力於家學亦深。

第二章評述亭林之時代背景，就明、清之學風與政風，加以闡論。以明一代之學與一代之變，互為表裡，不可分也。而亭林生當明、清之際，感亡國之悲痛，發而為經世之學，言足以救世，行足以匡時，其富時代之色彩明矣！

第三章綜論亭林史學之方法，曰博採史料、曰考證史料、曰史論。夫史料之蒐集，貴能核備。亭林於史料之蒐集，每重親見親聞，旁搜金石史料，雖登危峰，探幽壑，亦莫不訪求。且善於抄錄前史逸聞，以存其真。然史料雖蒐，非經考證，未能信也。亭林審訂史料，必推求本原，諟正缺失，考訂誤謬。其方法之運用為史料之歸納、批評、表現、編纂。凡史料之考訂，亭林皆能審慎而專精，觸類而旁通。不以孤證，必搜尋旁證以佐之。故所得結論，自可精當無疑！若亭林之史論，或就史書之體有所褒貶，或敘事不明有所補闕，或考證不精有所糾謬，皆能披郤導疑，闡幽決滯。於歷代史書，皆有所評，所評之義，亦各有當。至論史事，或就真偽考證，或就人物評騭，或就史義糾謬，莫不探賾幽隱，致遠鉤玄，以求信史之真。其學識之豐富，識見之精湛，每能發千載之覆，成不刊之論！亭林並以良史之才，闡論著史之法，條分縷析，即類起例，足以為後世史家之所宗也！

第四章論述亭林史學之特色，或就金石，或就輿地，或與明史之關係，加以泛論。夫金石之文，可以補史之闕，訂史之誤，且與經史小學相通。亭林於金石之搜討，無不盡其蒐羅，詳加考辨。故於金石之鑽研，實啓有清金石學之盛，而蔚然成一風氣也！若輿地與史，乃相資為用也。

研史而不明輿地，則必扞格而難通；亭林於輿地之學，用力也勤，著作亦富，治史地學為一爐。其於地域形勢，皆實地勘訪，究源探委，以辨史書地記之誤，而啓清儒輿地學之權輿。若明史之纂修，亭林夙有志矣，其承祖父之遺，廣搜明代史料，蒐錄頗富，惜因受吳、潘史獄之累，史料盡燬，未克竟其志。然觀其論修明史之法，博古參今，審愼周詳，亦卓然有識矣！其有關《明史》之作，亦能推其至隱，得其會通，足補《明史》之闕漏，而存一代信史之直筆！

第五章論述亭林史學之影響，其一曰開有清考據之學風，敘列亭林弟子潘耒，私淑黃汝成之學，以明亭林之傳緒。繼又敘王鳴盛、錢大昕、趙翼學之大要，以明受亭林流風所及。而亭林以考據治史之法，影響後世甚深，遂啓有清考據之學風。其二曰啓清代治史之新法，言亭林治史，以歸納、演繹、分析、比較，與近代歐西所倡史法相合，論其史法之承，後世梁任公最著。故敘任公所倡新史學，以明其得於亭林亦多，並啓近代治史之新法。其三曰發晚清民族精神之大義，亭林一生秉承母教不仕異朝之訓，雖清廷屢屢徵召，皆以死力辭，其高風亮節，足為後世垂法。而其「行己有恥」之教，辨「夷夏之防」，為梁任公、章太炎所取資，遂而發展成民族主義之史學，為晚清革命志士之所宗。

玆篇之作，既研讀亭林著述，復參稽明清史料，撰寫其間，承周師虎林之諄諄指引，匡其訛謬，補其闕漏，並時予精神鼓勵，研所諸師之黽勉提攜，乃得勉力草成。而師院國文系盧玉嬌同學之撥冗謄抄，實衷心銘感。惟初學譾陋，聞見不周，漏萬難免，尚祈博雅君子，不吝指正，以為後日鑽研之鑑也！

傅榮珂

謹誌於高雄師範學院國文研究所

中華民國六十七年六月

CONTENTS

目　錄

第一章
亭林之生平及其思想

第一節　生平傳述

一、傳略

顧亭林，初名絳，更名繼坤，後仍名絳，字忠清。明亡後改名爲炎武，字寧人，又字圭年，別號蔣山傭，學者稱爲亭林先生。江蘇崑山人，生於明萬曆四十一年（1613年）五月二十八日。先世本爲江東望族，五代時由吳郡徙徐州。南宋時遷海門，已而復歸於吳，遂爲崑山人[1]。祖紹芳字實甫，號學海，爲明左贊善，天才俊逸，工詩古文，善書法。父同應公，字仲從，號賓瑤，官廕生。清修篤學，頗負時譽，性豁達，好施與，著有《藥房》、《秋嘯》等集，其詩辭澹意遠。娶何氏，生子五，亭林爲其仲也。賓瑤公有弟同吉，早逝，聘王氏未婚守節，乃以亭林爲之後。

亭林幼稟異質，目生雙瞳，中白而邊黑，天資穎慧，篤志古學。九經諸史皆能背誦，年十四，補諸生，落落負大志，性耿介絕俗，與同裡歸莊善，共遊復社，有「歸奇顧怪」之稱。及稍長，嘗與諸文士和詩會文，頗富文名，其〈答原一公肅兩甥書〉嘗曰：「追憶囊遊，未登弱冠之年，即與斯文之會，隨廚俊之後塵，步楊班之逸躅，人推月旦，家擅雕龍，此一時也」[2]，足見其少年之才氣也。明季屢試不遇，見時多故，遂棄去舉業，講求經世之學。乃遍覽二十一史、明累朝實錄，天下圖經、前輩文編說部，以及公私邸鈔之類一千餘部。凡有關國計民生、

1　見清・江藩《漢學師承記》。

2　見《亭林文集卷三・答原一公肅兩甥書》。

興利除弊之事，莫不分類筆錄，旁推互證，錄積四十餘帙，名曰《天下郡國利病書》[3]，惜書未成，而明社已顛。乙酉年（1645年）清兵復南侵，南都傾陷，亭林乃與崑山令楊永言，諸生吳其沆、歸莊共起義兵，扼守吳江。未幾，事敗，崑山城陷，永言遁去，其沆死難，亭林與歸莊幸得脫走。而母王氏聞變，對先生曰：「我雖婦人，身受國恩，與國俱亡，義也。汝無為異國臣子，無負世世國恩，無忘先祖遺訓，則吾可瞑目於地下」[4]。遂不食卒，遺言後人，誡勿事二姓。次年，閩中使至，以職方郎召，亭林以母喪未葬，不果赴。明年，幾豫吳勝兆之禍；葬事畢，將之海上，道梗不前。庚寅年（1650年），有怨家欲陷之，為避禍計，乃變衣冠僞作商賈，遊京口，禾中，轉金陵，拜謁孝陵，變姓名曰蔣山傭。癸已年（1653年）再謁，是冬三謁，並沿長江上下，以觀南都畿輔之勝。

時顧氏有三世僕陸恩，見亭林久不歸，家道中落，乃叛投里豪。丁酉年（1657年）四謁孝陵歸，持之甚急，乃欲告亭林通海[5]。亭林歸，亟往擒之，數其罪，沈之水，僕婿復投里豪葉氏，謀報怨，以千金賄太守，告亭林通海。不繫之訟曹，而繫於奴家，甚危急。亭林友歸莊為求救於錢謙益，謙益欲亭林自稱門下，而後許之。歸莊知不可，乃私書一刺與之，亭林聞之急索刺還，不得，乃列揭文於通衢以自白，謙益聞之曰：「寧人何其卞也」[6]。時有路舍人澤博者，故相文貞公振飛之子，寓洞庭東山，識兵備使者，為之愬冤，其事遂解。至鍾山，葉復遣刺客追至金陵太平門外，擊之傷首，遇救得免。

亭林於是有去志，五謁孝陵，遂北遊。足跡遍歷魯、燕、陝、晉、豫諸省，並及塞外邊陲，結交賢豪長者，隱然有恢復之志。初墾田於章

---

3 參見《亭林文集卷六・天下郡國利病書序》。

4 見《亭林餘集・先妣王碩人行狀》。

5 時鄭成功以台灣為根據地，進行反清復明之舉，故凡與鄭成功互通資訊者皆謂之通海。

6 見張穆《顧亭林先生年譜》。

邱之長白山下，後因其地陰溼，不欲久居。戊戌年（1658年）遍遊北都，謁長陵以下，圖而記之。並與邑人馬宛斯訪碑於郊外。次年再謁十三陵，既而念江南山水有未盡者，乃復歸，六謁孝陵，東遊直至會稽。癸卯年（1663年）亭林至太原，訪傅青主，至代州遊五台山，其後遊至汾州，聞執友吳炎、潘檉章遭湖州莊氏私史之難，心甚悲之，爲文遙祭於旅社。其後復與李因篤墾於雁門之北，五台之東，每言馬伏波田疇皆從塞上立業，欲居代北曰：「使吾澤中有牛羊千，則江南不足懷矣！」[7]旋又苦其地寒，權交門人司其事，而已身復出遊。丁未年（1670年）之淮上，次年入京師，聞萊州黃培有奴姜元衡告其主詩詞悖逆，案多株連[8]。又以吳人陳濟生所撰《忠節錄》[9]指爲亭林作，亭林聞之，馳赴山左，自請繫獄[10]，其至友李天生爲告急於有力者，親赴歷下解之。

獄釋，亭林復入京師，五謁思陵，自是往還河北諸邊塞者數十年，每念故國，發爲詩歌，悲壯激烈。丁巳年（1677年）六謁思陵，使卜居陝之華陰，嘗謂人曰：「然秦人慕經學，重處士，持清議，實與他省不同。……然華陰綰轂關、河之口，雖足不出戶，而能見天下之人，聞天下之事。一旦有警，入山守險，不過十里之遙，若志在四方，則一出關門，亦有建瓴之便。」[11]乃定居焉！並置田五十畝於華下，而東西開墾所入，則別貯之，以備有事。觀此知亭林志存匡復，其所蓄積，固欲濟時而用也。

7　見《亭林文集卷六・與潘次耕書》。

8　黃培是萊州當地望族，曾在明朝末年為官。明亡後心情抑鬱，隱居不仕。康熙初年，黃培家奴姜元衡向朝廷告發，謂黃培私結詩社，寫詩悼念前明，並藏有悖逆的詩文、書刊等，列舉了黃培十大罪狀，致使黃培等十四人被捕入獄。

9　《忠節錄》又名《啓禎集》，全名是《天啓崇禎兩朝遺詩》。

10　在黃培詩案中，姜元衡為擴大影響，他以南北通逆，指控黃培、顧炎武等「故明廢臣」心懷不軌，不是密謀造反，就是誹謗朝廷，並揭發黃培家中藏有一本顧炎武編纂《忠節錄》。企圖製造一件大案，此案驚動朝野。

11　見《亭林文集卷四・與三姪書》。

亭林之遊，皆以二馬二騾載書自隨，所至阨塞，即呼老兵退卒，詢問曲折，或與平日所聞不合，即將坊肆中發書而對勘。或徑行平原大野，無足留意，則於鞍上默誦諸經注疏，偶有遺忘，亦即發書而熟復之[12]，每遊勝地，必訪名士，交好古君子，故自卿大夫至里巷處士，無不慕先生之名，爭相逢迎，欣然欲與之遊。

辛亥年（1671年），大學士孝感熊賜履設宴款待炎武，邀修明史，以書招亭林爲助，答曰：「不爲介之推逃，則爲屈原之死矣！」[13]賜履懼乃止。戊午年（1678年），特開博學鴻詞科，諸公爭欲致之，亭林致書與門人之在京師者曰：「刀繩俱在，無速我死」而辭之。明年大修明史，邑人葉閣學訒庵，長洲韓慕廬侍講，欲以先生名薦，亭林致書曰：「七十老翁何所求？正欠一死，若必相逼，則以身殉之矣！」[14]。知其志不可屈乃已。華下諸生請講學，謝之曰：「近日二曲徒以講學得名，遂招逼迫，幾致凶死，雖曰：『威武不屈』，然而名之爲累，則已甚矣！又況東林[15]覆轍，有進於此者乎！」[16]次年春，復出關觀伊、洛，歷嵩少曰：「五嶽遊其四矣！」乃渡河至代北，復還華下。

時尚書徐乾學兄弟，亭林甥也。其未達時，亭林曾振其困乏，至是一門鼎貴，累書迎之南歸，爲買田置宅，拒而不往，或叩之，則答曰：「昔歲孤生，飄搖風雨，今茲親串，崛起雲霄，思歸尼父之轅，恐近伯鸞之竈，且九州歷其七，五嶽登其四，未見君子，猶吾大夫，道之難行，已可知矣！」[17]庚申年（1680年），其妻卒於崑山，寄詩輓之而

---

12 見全祖望《鮚埼亭集卷十二・亭林先生神道表》。

13 見《蔣山傭殘稿卷二・記與孝感熊先生語》。

14 見《亭林文集卷三・與葉訒庵書》。

15 東林黨，明萬曆年間由江南士大夫組成的政治集團。因議論朝政，主張改革，遭到閹黨政治迫害。

16 見全祖望《鮚埼亭集卷十二・亭林先生神道表》。

17 見《亭林文集卷六・與楊雪臣書》。又見全祖望《鮚埼亭集卷十二・亭林先生神道表》。惟文

已。又二年壬戌（1682年），正月卒於華陰，年七十，無子，自立從子衍生爲後，門人奉喪歸葬，弟子吳江潘耒收其遺書，序而傳之。[18]

亭林之學，博大精深，規模閎肆，啓清樸學之端。一生論學，往往以明道救世爲先，而以博學有恥爲要，其〈與友人論學書〉云：

竊以爲聖人之道，下學上達之方，其行在孝弟忠信，其職在灑掃應對進退，其文在詩、書、三禮、周易、春秋，其用之身，在出處、辭受、取與，其施之天下，在政令、教化、刑法，其所著之書，皆以爲撥亂反正，移風易俗，以馴致乎治平之用，而無益者不談[19]。

夫聖人之道無他，孝弟忠信之行，辭受取與之節，是皆以爲撥亂反正，移風易俗，治平之道也。又云：

王道之大，始於閨門，妻子合，兄弟和，而父母順，道之邇也、卑也。郊焉而天神假，廟焉而人鬼饗，道之遠也，高也。先王事父孝，故事天明；事母孝，故事地察。修之爲經，布之爲政，本於天，殽於地，列於鬼神。達於喪、祭、射、御、冠、昏、朝、聘，而天下國家可得而正也。若舜、若文、武、周公，所謂庸德之行，而人倫之至者也；故曰：君子之道，造端乎夫婦，及其至也，察乎天地。[20]

字略有所異「思歸尼父之轅，恐近伯鸞之竈，且天仍夢夢，世尚滔滔，猶吾大夫，未見君子，徘徊渭川，以畢餘年足矣」

18 見潘耒〈日知錄序〉。

19 見《亭林文集卷六·答友人論學書》。

20 見《原抄本日知錄卷九·鬼神》。本書『原抄本日知錄』之引文內容及註釋、編章、目錄均以「六十四年七月三版由平平出版社發行，封面署名『原抄本日知錄　粹文堂』」為準。

能明人倫之道，自可盡忠於國家，而造化於風俗，亭林慨乎明之末季，士子汲汲於功名之求，而忘乎拯危救國之責，故力標「明道救世」之旨，爲其治學教人之鵠的。其曰：

凡今之所以爲學者，爲利而已，科舉是也。其進於此，而爲文辭著書，一切可傳之事者爲名而已，有明三百年之文人是也。君子之爲學也，非利己而已也，有明道淑世之心，有撥亂反正之事，知天下之勢，之何以流極而至於此，則思起而救之[21]。

亭林以爲凡天生豪傑必有所任，今日者拯斯人於塗炭，爲萬世開太平，此乃吾輩之任也。故曰：

張子有云：「民吾同胞，今日之民，吾與達而在上位者之所共也。救民以事，此達而在上位者之責也；救民以言，此亦窮而在下位者之責也[22]。」

能存救世之心，不在職位之高下。亭林教學雖倡以明道，然尤不忽學以濟世。設學者能通六經之學，明經常之道，而不存淑人救世之心，斯獨善其身而已矣！故君子之爲學，非利己而已也。今觀亭林所著書，如《音學》、《五書》及《日知錄》，其旨大抵如此。其〈與人書〉云：

君子之爲學也，以明道也，以救世也。徒以詩文而已，所謂雕蟲篆刻，亦何益哉？某自五十以後，篤志經史，其於音學，

21 見《亭林餘集・與潘次耕劄》。
22 見《原抄本日知錄卷二十一・直言》。

深有所得。今爲五書，以續三百篇以來久絕之傳。而別著《日知錄》。上篇經術、中篇治道、下篇博聞，共三十餘卷。有王者起，將以見諸行事，以躋斯世於治古之隆，而未敢爲今人道也。[23]

亭林以爲凡詩文無濟於治世民生者，雖雕詞華麗，亦不可爲也。並謂：「文之不可絕於天地間者，曰明道也，紀政事也，察民隱也，樂道人之善也。」[24]若此者凡文有益於天下，有益於將來，則可爲也。苟爲不然，有損於己，無益於人，則不爲也。故〈與人書〉曰：「愚不揣，有見於此，故凡文不關於六經之旨，當世之務者，一切不爲」[25]。是知亭林所謂「文」者，乃無事不包，凡有關經世之務、民生樂利之事，皆應學之，而學之旨，非求己之利，而爲明道救世也。

亭林立身行事則以「博學、有恥」相箴勵，期挽明季之頹風，發揚嗣母之教，一生行事，勵節高蹈，篤勤於學，其〈與友人論學書〉云：「愚所謂聖人之道如之何？曰『博學於文』，曰『行己有恥』，自一身以至於天下國家，皆學之事也」[26]。所謂博學於文者，亭林復申之云：「君子博學於文，自身而至於家國天下，制之爲度數，發之爲音容，莫非文也，品節斯，斯之謂禮。」又曰：「禮減而進，以進爲文，樂盈而反，以反爲文，觀乎人文以化成天下，故曰文王既沒，文不在茲乎」？[27]亭林所以標「博學於文」者，其意以爲「人之爲學，不日進則日退，獨學而無友，則孤陋而難成；久處一方，則習染而不自覺，若既不出戶，又不讀書，則是面牆之士，如子羔、原憲之賢，終無濟於

23 見《亭林文集卷四・與人書二十五》。

24 見《原抄本日知錄卷二十一・文須有益於天下》。

25 見《亭林文集卷四・與人書三》。

26 見《亭林文集卷三・與友人論學書》。

27 見《原抄本日知錄卷九・博學於文》。

天下」[28]。故曰：「君子進德修業，欲及時也，故爲政者玩歲而愒日，則治不成；爲學者日邁而月征，則身將老矣」！[29]言君子進德修業須即時，爲政者若終日玩歲，不理朝政，則無法治理國家，學者治學亦然。義正辭嚴說明爲學之道，必須日進，不可怠惰。否則即使聖人，也無利於天下。

至於「鄙俗學而求六經，舍春華而食秋實，則爲山覆簣，當加進往之功，祭海先河，尤務本原之學」[30]。以是之故，亭林尤汲汲於學，惟恐有所不足。自少至老，未嘗一日廢書，雖行旅之間，亦悉以書自隨，博古徵今，以求有益。歷覽二十一史、十三朝實錄、天下圖經，以至公移邸抄之類，並漫遊南北，登危峰，探幽壑，捫落石，履荒榛，伐頹垣，畚朽壤，所至荒山野地，有古碑遺蹟者，必披榛管，拭斑蘚而讀之，手錄其要以歸。故能學博識遠，且有精譬之見，其於經學、史學、文學、政治、經濟、輿地，甚而音韻、金石之學，皆有所成。

然亭林所學愈博，則立身行己愈嚴，不附貳臣之門下，以求苟免於危急。不受異族之延致，以謀榮利於當時，雖流離顛沛而奔走四方。然淫暴之威不能屈其金石之志，鼎貴之甥，不能移其遯跡之心，此皆「行己有恥」之節也。其觀乎當時風俗壞、廉恥喪，如山崩，如河決，雖以亡國之恨，夷狄之悔。而所謂讀書之士，爲胡做奴，舐痔吮癰，以求戎狄之歡；至其下者，甚而悖禮犯義，無所不至其極，故慨然倡「廉恥」之說。

禮義，治人之大法。廉恥，立人之大節。蓋不廉則無所不取，不恥則無所不爲。人而如此，則禍敗亂亡亦無所不至。況爲

28 見《原抄本亭林文集卷四・與人書一》。

29 見《原抄本日知錄卷九・博學於文》。

30 見《亭林文集卷四・與周籀書書》。

大臣，而無所不取，無所不爲，則天下其有不亂，國家其有不亡者乎？然而四者之中，恥尤爲要。故夫子之論士，曰行己有恥。孟子曰人不可以無恥，無恥之恥，無恥矣，又曰恥之於人大矣，爲機變之巧者，無所用恥焉。所以然者，人之不廉而至於悖禮犯義，其原皆生於無恥也。[31]

亭林每痛心於士大夫騖逐虛名而趨詭詐，疑眾而媚世，標榜而相依，學未小成，而著述散天下，以求權貴之寵而登利祿之途。藉讀書之名，行無恥之實，故斥曰：「今之爲祿利者，其無藉於經術也，審矣。窮年所習，不過應試之文，而問以本經，猶茫然不知爲何語」[32]。言當今讀書人藉經術以求祿利，所習僅爲應試之用，並不明白經術之義。亭林又曰：「古之疑眾者行僞而堅，今之疑眾者行僞而脆，其於利害得失之際，且不能自持其是，而何以致人之信乎？故今日好名之人皆不足患，直以凡人視之可爾」[33]。觀其所言，則亭林憤慨當時好名無恥之風，已可略見。嘗自謂：「某雖學問淺陋，而胸中磊磊，絕無閹然媚世之習」[34]。表露自己心懷磊磊，絕非閹然媚世之輩。其教潘耒亦曰：「自今以往，當思中材而涉末流之戒，處鈍守拙，孝標策事，無侈博聞；明遠爲文，常多累句。務令聲名漸減，物緣漸疏，庶幾免於今之世矣。若夫不登權門，不涉利路，是又不待老夫之灌也」[35]。

由此觀之，亭林立身之不苟，不登權門，不涉利路，風格之嚴峻，誠使百代之後，猶爲感動。觀其所學，務以致用，欲矯明人空疏之流弊，以實學爲倡。尤疾陋儒之空言心性，故教以「博學於文」，傷華士

---

31 見《原抄本日知錄卷十七・廉恥》。

32 見《亭林文集卷三・與友人論門人書》。

33 見《亭林文集卷四・與人書十五》。

34 見《亭林文集卷四・與人書十一》。

35 見《亭林文集卷四・與次耕書》。

之無節失義，故勵以「行己有恥」。雖有扶世立教之心，不幸適逢明末喪亂，奔走流離，而不得快然發抒其抱負。然孤忠耿耿，至死不諭，尋其所著，自群經諸史、郡國利病，亦大抵爲經世之用，所著《日知錄》，其弟子潘耒爲序曰：「異日有整頓民物之責者，讀是書而憬然覺悟，採用其說，見諸施行，於世道人心，實非小補。」故知其生平志業，乃思救晚明宕惰之失，而開有清樸學之先，終能爲一代儒宗也！

二、年表

夫年表者，亦史之一體也。蓋依年爲次，分隸史事於其下，於人物生平行事之幽隱，著而明之，其有功於史也巨矣！觀太史公之創表也，雖燕越萬里，而徑寸之內，犬牙可接。昭穆九代，而方尺之中，雁行有序。是知表可濟紀傳之窮，發難顯之情。表立，然後紀傳之文可省，讀史不讀表，非深識於史者也。今作史無表，則立傳不得不多，傳愈多，文愈煩，而事蹟或反遺漏而不舉。

亭林，明末之大儒也，啓有清樸學之端，身逢鼎革亡國之痛，汲汲於民生經世之學。其學廣，其事繁，雖詳其傳，猶恐有闕，故合以表之，以發其微。

所列亭林年表，其生平行事以張穆著《顧亭林年譜》爲主，吳映奎《亭林年譜》爲輔。其干支、紀年，以吳榮光《歷代名人年譜》及董作賓《二十史朔閏表》爲準，並配以西曆紀元。著述繫年則以亭林已成篇著作及文章爲主，詩之繫年，年譜所載具詳，故略而不論。時事記要則參以正史，與張、吳二譜，摘其大者而述之，使舉目可詳亭林所處之時代與其生平事跡也。

干支	紀年					亭林年歲	生平事略	著述繫年	時事記要	備考
	明		清		西曆					
癸丑	神宗萬曆	四十一年			1613	一歲	五月二十八日先生生。其父同應公生子五，先生為其仲也。同應公有弟名同吉，早逝。嗣母王氏未婚守節，抱撫先生為後。		八月，方從哲、吳道南入閣為東閣大學士。	先生初名絳，更名繼紳，後仍名絳，字忠清。乙酉後，更名炎武，字寧人，學者稱為亭林先生。
甲寅	神宗萬曆	四十二年			1614	二歲			二月，以鄭繼之為吏部尚書。趙煥罷。八月，葉向高罷。	
乙卯	神宗萬曆	四十三年（閏八月）			1615	三歲	先生患痘頗危，及脫痂，左目為眇。是年本生父同應（賓瑤公）中式副榜。		五月梃擊之案生。朱常洛遂鞏固太子地位。	
丙辰	神宗萬曆	四十四年	後金天命	元年	1616	四歲	七月先生第五妹出生。		春正月，努爾哈赤即汗位，即清太祖，建元天命，國號後金。	徐乾學《憺園集·先妣行述》吾母生於萬曆丙辰七月二十八未時。

干支	紀年：明	紀年：清	紀年：西曆	亭林年歲	生平事略	著述繫年	時事記要	備考
丁巳	神宗萬曆四十五年	後金天命二年	1617	五歲			是年旱象遍中國。萬斯年出生。戴廷栻（楓仲）出生。	
戊午	神宗萬曆四十六年（閏四月）	後金天命三年	1618	六歲	先生母王夫人以《大學》授先生。十一月，先生祖母蠡源公紹芾配李碩人卒。		夏四月，清兵克撫順。七月，克清河堡。永平申涵光（鳧盟）出生。	
己未	神宗萬曆四十七年	後金天命四年	1619	七歲	先生就塾讀書。		六月命熊廷弼經略遼東。王夫之（船山）出生。	
庚申	神宗萬曆四十八年；光宗泰昌元年	後金天命五年	1620	八歲	先生弟紓出生。		秋七月，神宗崩，太子常洛即位，是為光宗，甫一月崩。熹宗立，左光斗請以七月以前為萬曆，四十八年八月以後為泰昌元年，從之。紅丸、移宮案起。罷熊廷弼，以袁應泰經略遼東。馬驌（宛斯）出生。	

干支	紀年			亭林年歲	生平事略	著述繫年	時事記要	備考
	明	清	西曆					
辛酉	熹宗天啓元年（閏二月）	後金天命六年	1621	九歲	先生讀周易。季弟纘出生。		三月清兵取瀋陽、遼陽。經略袁應泰、御史張銓、副使何廷魁死之。六月起熊廷弼經略遼東。	
壬戌	熹宗天啓二年	後金天命七年	1622	十歲	先生祖蠡源公紹芾命先生讀古兵家孫子、吳子諸書，及左傳、國語、國策、史記。		正月清兵取西平堡。八月以孫承宗經略薊遼。王弘撰（山史）出生。	
癸亥	熹宗天啓三年（閏十月）	後金天命八年	1623	十一歲	蠡源公以資治通鑑授先生。		十二月魏忠賢提督東廠。毛大可（奇齡）出生。	
甲子	熹宗天啓四年	後金天命九年	1624	十二歲	先生始習科舉文字。		楊漣劾魏忠賢罪，被削職。荷蘭人據台灣。陳其年（維崧）出生。汪苕（文琬）出生。魏禧（冰叔）出生。	

干支	紀年 明		紀年 清		西曆	亭林年歲	生平事略	著述繫年	時事記要	備考
乙丑	熹宗天啓	五年	後金天命	十年	1625	十三歲	時有納穀寄學之例，蠡源公以先生天資穎異，合早取科名，遂為先生應例。		後金定都瀋陽。重修《光宗實錄》，逮前副都御史楊漣、僉都御史左光斗下獄殺之。殺前遼東經略熊廷弼，其子兆珪自刎死，榜東林黨人姓名示天下。	
丙寅	熹宗天啓	六年（閏六月）	清太宗文皇帝嗣位	天命十一年	1626	十四歲	先生入學，庠名繼紳，入復社與同邑歸莊齊名。先生讀通鑑畢，讀書、詩、春秋。本生父賓瑤公卒，先生居降服憂。		努爾哈赤與明將袁崇煥於寧遠交戰，大敗，於八月逝世。享年六十八歲。其第八子皇太極於九月繼後金汗位。正月作《三朝要典》。以袁崇煥巡撫遼東。六月建魏忠賢生祠。	
丁卯	熹宗天啓	七年	清太宗皇太極	天聰元年	1627	十五歲			皇太極為清太宗，建國號為大清。改元天聰。八月熹宗崩，信王由檢即位，是為明思宗。十一月魏閹伏誅。湯斌（潛菴）出生。李顒（二曲）生。	

干支	紀年：明		紀年：清		紀年：西曆	亭林年歲	生平事略	著述繫年	時事記要	備考
戊辰	思宗崇禎	元年	清太宗皇太極	天聰二年	1628	十六歲	歲試，祇取賞卷以下十二人，先生未與。先生治學方向改變，趨向實學。		四月以袁崇煥督師薊遼。五月毀《三朝要典》。冬，陝西饑，流賊大起。	
己巳	思宗崇禎	二年（閏四月）	清太宗皇太極	天聰三年	1629	十七歲			五月朔，日食失驗，詔西人龍華民等推步，以徐光啓為監督。詔改曆法。十一月清兵下遵化、山海關。總兵官趙率教入援戰死，全軍覆沒。十二月下督師袁崇煥於獄，有大臣議遷都，有旨再言遷都者死，人心乃定。朱彝尊（竹垞）出生。呂留良（晚村）出生。	
庚午	思宗崇禎	三年	清太宗皇太極	天聰四年	1630	十八歲	六月科試，上虞李提學（懋芳）跋先生卷列一等二十名。先生第五妹歸同邑徐君應聘之孫開法。		六月流賊陷府谷。八月殺前都師尚書袁崇煥，溫體仁入相。十月十八日陸隴其（稼書）出生。	

干支	紀年 明		紀年 清		紀年 西曆	亭林年歲	生平事略	著述繫年	時事記要	備考
辛未	思宗崇禎	四年（閏十一月）	清太宗皇太極	天聰五年	1631	十九歲	二月歲試，李提學連任。先生卷列一等十一名，仍更名絳。 元配太倉王孺人來歸。 是年甥徐乾學出生。		張獻忠等賊眾二十萬聚山西作亂，李自成自延綏往依之號闖將。 閏十一月登州游擊孔有德反。 冒辟疆出生。 彭駿孫出生。 顧祖禹出生。	
壬申	思宗崇禎	五年	清太宗皇太極	天聰六年	1632	二十歲	三月歲試，鄒水甘提學學潤拔先生卷列一等十四名。		正月孔有德陷登州。 五月以鄭以偉、徐光啓為東閣大學士。 九月流賊連陷山西州縣。	
癸酉	思宗崇禎	六年	清太宗皇太極	天聰七年	1633	二十一歲	正月科試，甘提學連任，先生名列三等。 先生兄緗，遐篆中試順天舉人。 甥徐秉義出生。		二月流賊犯畿南河北。 十一月流賊渡河，陷澠池諸縣。 富平李因篤（子德）出生。 胡渭（朏明）出生。 梅文鼎（定九）出生。	

干支	明紀年		清紀年		西曆	亭林年歲	生平事略	著述繫年	時事記要	備考
甲戌	思宗崇禎	七年（閏六月）	清太宗皇太極	天聰八年	1634	二十二歲	甥徐元文出生。		正月以陳奇瑜總督河南、山陝、川湖軍務討流賊。 七月清兵入上方堡、至宣府。 十一月賊自陝西分犯河南、江北、湖廣。 陳奇瑜下獄論罪，以洪承疇代。 王士禎（漁洋）生於閏六月二十八日。	
乙亥	思宗崇禎	八年	清太宗皇太極	天聰九年	1635	二十三歲	六月歲試，上虞倪提學（元珙）置先生卷二等。		正月賊陷鳳陽，焚皇陵。 八月以盧象昇總理江北、何南、山東、湖廣、四川軍務，討流賊。 熊賜履（敬修）出生。 萬斯大（充宗）出生。 顏元（習齋）出生。	

干支	紀年 明		紀年 清		西曆	亭林年歲	生平事略	著述繫年	時事記要	備考
丙子	思宗崇禎	九年	太宗文皇帝建國號大清	崇德元年	1636	二十四歲	六月科試，倪提學連任，置先生卷二等。巡按御史王一鶚具題先生母貞孝事，狀奏旌其門報可，得旨建坊旌表。		夏四月，太宗文皇帝建國號曰大清，改元崇德。七月賊黨以李自成為闖王。九月以盧象昇總督宣城、山西軍務。閻若璩（潛邱）出生。	貞孝即顧炎武母親王氏。
丁丑	思宗崇禎	十年（閏五月）	太宗文皇帝	崇德二年	1637	二十五歲			六月溫體仁罷相。十月李自成犯四川，總兵官侯良柱禦之於錦州，戰死。	
戊寅	思宗崇禎	十一年	太宗文皇帝	崇德三年	1638	二十六歲	二月歲試，提學元煒置先生卷三等。十二月科試，元提學連任，仍置三等。		四月張獻忠偽降，總理軍務熊文燦受之。九月清兵入塞，薊遼總督吳阿衡敗死，燕京戒嚴，洪承疇大破李自成於潼關，關中賊略盡。盧象昇兵敗於鉅鹿死之，年三十九。萬斯同（季野）出生。	

干支	紀年・明	紀年・清	紀年・西曆	亭林年歲	生平事略	著述繫年	時事記要	備考
己卯	思宗崇禎十二年	太宗文皇帝崇德四年	1639	二十七歲	七月城固，張提學鳳翮覆試科舉，先生取遺才二等。	是年先生撰《肇域志》，見自序。	正月以洪承疇總督薊遼軍務。孫傳庭總督保定、山東、河北軍務，尋下傳庭於獄，清兵入濟南。德王由樞被執。二月清兵北歸。五月後張獻忠復叛，羅岱被執不屈死。八月命楊嗣昌督師討賊，詔拜左良玉為平賊將軍。	
庚辰	思宗崇禎十三年（閏四月）	太宗文皇帝崇德五年	1640	二十八歲	四月，邑中修葺文廟，先生與葉奕荃、歸莊重新兩廡木主，而正其位次。十二月歲試，張提學連任，置先生卷二等。		七月張獻忠、羅汝才敗官軍於夔州，合陷四川諸州縣。九月李自成走鄖均，張獻忠陷劍州。	
辛巳	思宗崇禎十四年	太宗文皇帝崇德六年	1641	二十九歲	二月蠡源公卒，先生居承重憂。十月移蠡源公及元配周		正月李自成陷河南，殺福王常洵，尚書呂維祺被執，不屈死。	

干支	紀年・明		紀年・清		紀年・西曆	亭林年歲	生平事略	著述繫年	時事記要	備考
							碩人，繼配李碩人於司馬暘塋之穆位，將葬，既祖奠，火作於門，里人救之得息。		二月張獻忠陷襄陽，殺襄王翊銘、貴陽王常法。十一月李自成陷南陽，唐王朱聿鍵遇害，是年大旱。	
壬午	思宗崇禎	十五年（閏九月）	太宗文皇帝	崇德七年	1642	三十歲	先生兄遐篆卒。先生同懷弟子叟生長子洪善為嗣，遐篆為後。		二月清兵克松山，洪承疇降，遂下錦州。九月李自成決河灌開封，城陷。十一月清兵入薊州，連下畿南山東州縣。	
癸未	思宗崇禎	十六年	太宗文皇帝	崇德八年	1643	三十一歲	先生同懷弟子叟生次子洪泰。夏、釋承重服，循例入成均。先生譎觚序，「僕自三十以後，讀經史輒有所筆記」。		正月李自成陷奉天，自號奉天倡議大元帥。五月張獻忠連陷蘄黃，武昌，僭號西王。八月清太宗皇太極卒，子福臨立，是為清世祖，明年改號為順治，其叔父多爾袞攝政。十月李自成破潼關，總督孫傳庭死之，遂陷西安、延安諸郡。	

紀年	干支	甲申
	明	思宗崇禎
		十七年
	清	清世祖皇帝
		順治元年
	西曆	1644
亭林年歲		三十二歲
生平事略		四月先生家人侍母遷居常熟之唐市。 十月歸千墩，被劫。 十二月復遷居常熟之語濂涇。 崑山令楊永言應南郡詔列薦先生名於行朝，詔用為兵部司務。
著述繫年		先生編年詩起於是年。
時事記要		皇太極第九子福臨即位，為清世祖，為清入關後第一位皇帝，即順治皇帝。正月朔李自成僭稱王於西安，國號「大順」。 三月李自成陷京師，崇禎帝崩於萬歲山，死難者有數十人。 四月吳三桂迎清軍入山海關破李自成，自成奔永平殺吳襄（吳三桂之父）。 五月李自成僭帝號於武英殿，焚九門城樓挾太子定王、清軍定京師。 總督馬士英等迎立福王由崧於南都，以明年乙酉為弘光元年。 十一月張獻忠據成都僭號大西國王。
備考		明十六帝三百七十七年至此結束。

干支		乙酉
紀年	明	福王 弘光 元年
		唐王 隆武 元年
	清	清世祖皇帝 順治二年（閏六月）
	西曆	1645
亭林年歲		三十三歲
生平事略		四月先生偕從叔父穆庵赴南京寓朝天宮，因拜先兵部侍郎公祠。 是年先生母貞孝年六十五，五月朔，先生為母祝壽。 五月旬日南都陷，先生從軍至蘇州，六月仍歸語濂涇。 七月初六，清軍下崑山城，先生母何太孺人遊擊斫右臂折，先生弟子叟、子武同遭難。子叟妻朱氏引刀自刺其喉，僵臥瓦礫中得免。 越九日王師復下常熟，先生母貞孝於十四日聞變，即絕食，至三十日乃終，遺命先生勿更出仕。 唐王遙挽兵部職方司主事。
著述繫年		是年作〈軍制論〉、〈形勢論〉、〈田功論〉、〈錢法論〉等文章。
時事記要		四月清兵屠揚州，史閣部可法戰死。 弘光元年五月十五日，清軍佔領南京，二十三日被俘。次年五月二十日弘光帝福王被殺。 黃道周、張肯堂等於閏六月、奉唐王朱聿鍵稱監國於福州，八月丁未即位於福州，改元隆武，年號紹武。 魯王以海亦稱監國於紹興。
備考		張穆云：「按貞孝誕辰為六月二十六日，而稱觴仍在五月朔者，蓋即生日不受賀之義」。先生終其一生所秉持。

紀年／欄目		
干支		丙戌
明		唐王隆武二年；魯王監國元年
清		清世祖皇帝順治三年
西曆		1646
亭林年歲		三十四歲
生平事略	十二月十九日權厝貞孝柩於司馬塋東偏。	五月先生祖庶母黃氏卒，將往閩中赴職方之召，以母喪未葬，不果行。
著述繫年		作〈吳同初行狀〉。
時事記要		三月唐王督師、黃道周舉兵至徽州，戰敗被執，不屈死。 隆武二年八月隆武帝紹宗被殺。 十月兩江總督丁魁楚，廣西巡撫瞿式耜立桂王朱由榔稱監國於肇慶府，以明年為永曆元年。 十一月清軍下建寧，延平等府。 唐王走汀州，被執而殺。 明大學士蘇觀生又立唐王弟聿鐭於廣州，改元紹武。 十二月清軍入廣州，殺聿鐭。 潘耒（次耕）生。
備考		

干支	紀年 明 桂王永曆	紀年 明 魯王監國	紀年 清 世祖皇帝	紀年 西曆	亭林年歲	生平事略	著述繫年	時事記要	備考
丁亥	元年	二年	順治四年	1647	三十五歲	十月十日命家人趙合迎祖庶母黃氏柩，葬於司馬公域外之西邊。二十日亥時葬貞孝王太安人於賜塋東仲逢府君之兆。十二月二十一日移家語濂涇。先生執友陳子龍、顧咸正、楊廷樞，及顧天遴、天逵先後死難。	作〈王時沐墓表〉。	桂王改元永曆。清敕兼用滿漢字。《大清律》完成。	
戊子	二年	三年	順治五年（閏四月）	1648	三十六歲	秋，先生泛五湖。冬抵京口。是年語濂涇家中被劫。		三月清特許滿漢通婚。八月永曆帝至肇慶、有粵、桂、贛、湘、川、滇、黔等省地。王夫之舉兵衡陽，敗走桂林、至肇慶。	
己丑	三年	四年	順治六年	1649	三十七歲	春，先生登靈巖山。清明封墓樹。秋至吳江過八尺。納妾韓氏。		正月清定內三院官制。五月清封孔有德為定南王、耿仲明為靖南王、尚可喜為平南王。	

干支	庚寅	辛卯	壬辰
紀年・明・桂王永曆	四年	五年	六年
紀年・明・魯王監國	五年	六年	七年
紀年・清	清世祖皇帝	清世祖皇帝	清世祖皇帝
紀年・清	順治七年	順治八年（閏二月）	順治九年
紀年・西曆	1650	1651	1652
亭林年歲	三十八歲	三十九歲	四十歲
生平事略	正月五日韓氏生子林元，名之曰詒穀，時怨家有欲傾陷之，乃變衣冠僞作商賈，游金壇登顧部山，再至鎮江登北固樓。已復往嘉興。	先生至金陵，初謁孝陵。八月十四日至淮安，與山陽王略、徐州萬壽祺定交。	先生入郡城，奠姊壻陳皇士之父文莊公祠。至吳縣橫山謁顧野王墓。遇路舍人澤博於虎邱。六月弟子嚴得子洪慎，先生有世僕陸恩叛投里豪葉方恆。
著述繫年			鈔書自序：「年四十，斐然欲有所作。」為常熟楊子彝作「祠堂記」。
時事記要	清兵陷桂林，瞿式耜死之，永曆帝奔南寧。十二月清攝政王多爾袞出獵卒於喀喇城。鄭成功佔金門、馬祖。	正月清帝始親政。清以耿繼茂襲封靖南王。八月舟山陷，魯王遁入廈門。十二月永曆帝奔廣南。	清命洪承疇經略湖廣、兩廣、雲貴。
備考			

干支	紀年：明	紀年：清	紀年：西曆	亭林年歲	生平事略	著述繫年	時事記要	備考
癸巳	桂王永曆七年 魯王監國八年	清世祖皇帝順治十年	1653	四十一歲	春，先生至金陵，二月再謁孝陵，並謁太祖御容於靈谷寺。 十月三謁孝陵，並作圖。 先生子詒穀殤，更納戴氏。		三月，魯王去監國號，不知所終。 五月清封達賴喇嘛為西天大善自在佛。 是年清將圍鄭成功於海澄敗退。	
甲午	桂王永曆八年	清世祖皇帝順治十一年	1654	四十二歲	春先生至金陵，卜居神烈山下，由儀真歷太平登採石磯，東抵蕪湖。 秋遊燕子磯，留宿僧院，至冬始還。 是年先生甥徐乾學，以選貢入成均。 第三甥徐元文鄉試中式舉。		清將濟度攻鄭成功敗退。 鄭遣將據舟山。 永曆帝封鄭成功為延平郡王。	
乙未	桂王永曆九年	清世祖皇帝順治十二年	1655	四十三歲	元旦先生四謁孝陵。 春自金陵還崑山。 五月十三日擒叛奴陸恩，數其罪。沈諸水，叛黨復投葉氏，訟之官，移獄松江。		二月初午日午刻江南地震。 六月初八日地又震。	

干支	紀年：明	紀年：清	紀年：西曆	亭林年歲	生平事略	著述繫年	時事記要	備考
丙申	桂王永曆十年	清世祖皇帝順治十三年（閏五月）	1656	四十四歲	春先生獄解，回崑山。三月先生母何太孺人卒。閏五月至鍾山舊居，獄解後，葉氏恨不釋，遣刺客偵所往，追及於金陵太平門外，擊之傷首，遇救得免。是月初十，先生五謁孝陵。冬在鍾山度歲。	作〈方月斯詩序〉。	七月鄭成功部將黃梧以海澄降清。永曆帝奔雲南。鄭成功以兵略攻台。	
丁酉	桂王永曆十一年	清世祖皇帝順治十四年	1657	四十五歲	元旦先生六謁孝陵。春自金陵仍返崑山避讎，將北遊，同人餞之，歸元恭為文以贈其行。至萊州與掖趙汝彥（士浣），任子良（唐臣）定交，由青州至濟南與徐東癡、張稷若定交。	作〈汝州知州錢君形狀〉、〈勞山圖志序〉、〈儀禮鄭注句讀序〉、〈齊四王塚記〉。	鄭成功以兵攻台州。十二月洪承疇奏請三路大舉攻桂王。清發生北京科場案。	此年為先生北遊之始。亭林為張稷若作〈儀禮鄭注句讀序〉實誤，應作於康熙十四年乙卯。（據趙儷生「張穆亭林年譜補訂」文改）

紀年		戊戌	己亥
干支		戊戌	己亥
明		桂王永曆十二年	桂王永曆十三年
清		清世祖皇帝順治十五年	清世祖皇帝順治十六年（閏三月）
西曆		1658	1659
亭林年歲		四十六歲	四十七歲
生平事略		春先生至泰安，登泰山，旋赴兗州，至曲阜，謁孔林，往鄒縣謁周公廟、孟廟。 抵章邱訪張光啓。 與邑人馬宛斯訪碑郊外。 復至濟南訪徐東癡，再赴萊州之濰縣，入都至薊州，歷遵化玉田，抵永平，登孤竹山謁夷齊廟。 先生從子熊登武科進士。	先生出山海關，返至永平之昌黎，至昌平州，初謁天壽十三陵，出居庸關，仍返山東。 經長清，訪碑靈巖山寺。 南歸，次揚州，旋復北上，至天津度歲。 甥徐文元登進士一甲一名。
著述繫年			著《營平二州史事》六卷。 抵鄒平訂其縣志，作〈曳梯郎君祠記〉。
時事記要		五月清兵取貴州。 十二月清兵分三路進攻雲南。 俄築尼布楚城。	正月清軍陷雲南，永曆帝撤入緬甸。 夏延平郡王自崇明入江直抵南京，張煌言別取徽寧、東南大震。 八月敗於清將梁化鳳，鄭退守廈門。李塨（恕谷）出生。
備考			

干支	紀年			亭林年歲	生平事略	著述繫年	時事記要	備考
	明	清	西曆					
庚子	桂王永曆十四年	清世祖皇帝順治十七年	1660	四十八歲	二月先生至昌平，再謁天壽山入都。六月仍赴山東，秋南歸過六合，抵金陵七謁孝陵。甥徐乾學中式順天舉人。女甥壻申繸舉南省鄉試第一。	作〈顧與治詩序〉、《昌平山水記》。	正月清廷嚴禁士子結社集會。九月清軍攻緬甸不克。	
辛丑	桂王永曆十五年	清世祖皇帝順治十八年（閏七月）	1661	四十九歲	先生回蘇至杭州渡江，謁禹陵。弔宋六陵。閏七月，仍返山東。是年先生甥女壻申繸成進士。	十二月立春日輯《山東考古錄》。為餘姚呂栽之〈章成〉作〈呂氏千字文序〉。	正月清順帝崩，享年二十四歲。由順治帝第三子玄曄即位，是為康熙。三月鄭成功率大軍二萬五千跨海東征，登陸台南，荷人簽降，鄭延平郡王以台灣為復興基地。明桂王永曆被緬甸王擒獲。	

干支	紀年：明		紀年：清		紀年：西曆	亭林年歲	生平事略	著述繫年	時事記要	備考
壬寅	桂王永曆	十六年	清聖祖皇帝	康熙元年	1662	五十歲	正月先生由山東入都。三月至昌平，三謁天壽山，十九日謁思陵，出古北口，往薊州仍至昌平。五月二十八日先生誕辰，有致饋者，作書辭之。至真定之新樂，抵曲陽，謁北嶽恆山，至井陘。十月至大同之渾源州，渡汾河至平陽府。先生甥以江南奏銷案罣誤，謫官鑾儀衛經歷。	有〈謁欑宮文〉、〈天下郡國利病書序〉、〈北嶽辨〉。七月《天下郡國利病書》成。	十二月初三日（1662年1月11日），永曆帝被緬甸王送至清軍營內，四月吳三桂殺桂王於雲南，明祚正式滅亡。海上鄭氏仍奉上朔。五月十八日鄭成功卒於台灣，子鄭經嗣立。	
癸卯			聖祖皇帝	康熙二年	1663	五十一歲	正月先生自平陽登霍山，遊女媧廟，至太原訪傅青主，至代州遊五台，與富平李因篤遇，遂定交。在汾州聞執友吳炎，潘檉章遭湖州莊氏私史之	著《日知錄》三十餘卷、〈五臺山記〉、〈斐村記〉、〈復庵記〉、〈貞烈堂	莊氏史獄發，誅戮甚眾，亭林執友吳炎、潘檉章遇難。八月鄉會試，停止八股文。黃宗羲著《明夷待訪錄》。	

干支	紀年（明）	紀年（清）	西曆	亭林年歲	生平事略	著述繫年	時事記要	備考
					難，遙祭於旅舍。由汾州歷聞喜縣之斐村拜晉公祠，取道蒲州入潼關，遊西嶽華山，過訪王山史於華陰。十月過訪李中孚於盩屋遂訂交。往驪山，訪明宗室存杠，存杠命子烈及甥王太和受業。	記〉、〈朱子斗詩序〉。作〈書潘吳二子事〉。		
甲辰		聖祖皇帝　康熙三年（閏六月）	1664	五十二歲	正月五日先生至蒲州之榮河，遊后土祠。七月至昌平，四謁天壽山，奠懷宗欑宮，至河南輝縣訪孫夏峯先生，返至泰安州度歲。	有〈謁欑宮文〉。	七月明遺臣張煌言被執死之。提督施琅攻台灣失敗。常熟錢謙益（牧齋）卒，年八十三。	
乙巳		聖祖皇帝　康熙四年	1665	五十三歲	先生由泰安至德州，後回濟南田舍於章邱之大桑家莊。秋至曲阜再謁孔林，與顏修耒（光敏）定交。		三月，仍用八股文取士。洪承疇死。十二月，令故明朱氏宗族易姓隱蔽者各回籍安生。	

干支	紀年 明	紀年 清	紀年 西曆	亭林年歲	生平事略	著述繫年	時事記要	備考
丙午		聖祖皇帝 康熙五年	1666	五十四歲	春，先生由大桑家莊過兗州，至廣平之曲，周遊太原時秀水朱錫鬯客晉藩署，過訪先生於東郊，因與訂交，南海屈大均亦自關中來會訪李子德於代州牧，與子德輩墾荒於雁門之北。至兗州守署度歲。先生甥徐乾學復原官，未仕以父憂歸。	十月著《韻補正》。作〈聖慈天慶宮記〉、〈韻補正序〉。	五月，封黎維禧為安南國王。八月，吳三桂平雲南土酋之亂。	
丁未		聖祖皇帝 康熙六年（閏四月）	1667	五十五歲	先生南歸至山陽，主王起田家，開雕《音學五書》於淮上，張力臣父子任校寫之後，北行至曲周，拜路文貞公祠。入都從孫思仁借得《春秋纂例》、《春秋權衡》，《漢上易傳》等書。清苑陳祺公資之薪水紙筆。	刪訂《近儒名論甲集》，著《音學五書序》、〈程正夫詩序〉。	四月沈玉甫、陳濟生等詩獄起，死者頗眾。五月，吳三桂請辭雲貴事務。七月，康熙帝始親執政。	

干支	紀年 明	紀年 清	紀年 清	西曆	亭林年歲	生平事略	著述繫年	時事記要	備考
戊申		聖祖皇帝	康熙七年	1668	五十六歲	春，先生在都，寓慈仁寺，聞萊州黃培詩獄牽連，即星馳赴鞫。三月下濟南府獄。秋，從子熊來省於濟南。十月獄解得釋。		二月，詔求精通天文占候者。六月十七日戌時自北而耒，地震數次，聲如雷，同時被震者濟南、袞州、東昌等郡共五十九次。	
己酉		聖祖皇帝	康熙八年	1669	五十七歲	春，先生入都，寓七聖庵，旋往山東，復入都，寓文昌閣。三月與李子德往昌平，五謁天壽山及懷宗欑宮。四月出都，至順德，歷邯鄲轉章邱，與謝長吉對簿案始結。冬抵平原，潘次耕耒受學。次甥秉義中式順天舉人。執友王起田、王思齡沒。	著有〈謁欑宮文〉、〈王起田墓誌〉。	二月，革欽天監正楊光先職以南懷仁為欽天副監。四月，帝卒太學，釋奠於孔子。清政府禁天主教。	

干支	紀年					亭林年歲	生平事略	著述繫年	時事記要	備考
	明		清		西曆					
庚戌			聖祖皇帝	康熙九年（閏二月）	1670	五十八歲	四月先生往德州。六月，先生於程正夫、李紫瀾家講易，至九月畢，入都與朱錫鬯、陸翼、王元輔在北平孫氏研山齋詳定所藏古碑刻。長甥徐乾學登進士一甲三名。	初刻《日知錄》八卷，為路安卿之舅氏王國翰撰墓誌銘。	八月改內三院為內閣，復設殿閣大學士。是年遣使往俄莫斯科。清政府編《大清會典》。	程工部有〈贈顧徵君亭林序〉。
辛亥			聖祖皇帝	康熙十年	1671	五十九歲	二從子洪善、洪愼來省先生於都門。夏，熊青岳欲薦先生佐修明史，力辭之。出都，歷忻州之靜樂，平定州之盂縣，至太原。十月先生與趙恆夫、陸集生、蔡竹濤湘剪燭賦詩。	點定《荀悅漢紀》。	二月康熙命編纂《孝經衍義》。四月命續修《太祖聖訓》、《太宗聖訓》。	

干支	紀年・明		紀年・清		西曆	亭林年歲	生平事略	著述繫年	時事記要	備考
壬子			聖祖皇帝	康熙十一年（閏七月）	1672	六十歲	先生由山西至京。 五月至濟南。 八月入都，主公肅甥家。 十月往德州，由河南至山西，與閻若璩相遇於太原，度歲於靜樂寓，書〈潘次耕議〉，撫吳江族子衍生為嗣。 從子洪善鄉試中式舉人。		五月《世祖實錄》編纂完成。 六月頒聖諭十六條。	
癸丑			聖祖皇帝	康熙十二年	1673	六十一歲	正月，先生由靜樂南歸，家揚州，入都主公肅甥。 四月，至德州，返章邱桑家莊。 八月，遊濟南，寓通志局。 十月自章邱至德州，哭程正夫工部，又聞從叔父穆庵公及歸元恭訃設祭於桑家莊。	四月至德州，訂州志，有從叔父穆庵府君行狀。	二月尚可喜撤番歸老。 四月封暹羅國王。 七月廷議撤番。 十一月吳三桂反於雲南，殺巡撫朱國治，以明年為周元年。三藩事變開始。 停撤平南、靖南二藩，召徵李顒（二曲），稱病不出。 合肥龔鼎孳卒，年	

紀年						亭林年歲	生平事略	著述繫年	時事記要	備考
干支	明		清		西曆					
							入都，得滇南報，寄潘次耕書，令衍生北上，在京度歲。 次甥徐秉義登進士一甲三名。		五十九。	
甲寅			聖祖皇帝	康熙十三年	1674	六十二歲	正月，先生出京，由易州往汾州。 四月至德州，回濟南。度歲於桑家莊。		耿精忠據福建而反清。命討吳三桂，而三桂軍興，一時四川、福建、江西、陝西皆降。 清殺吳三桂子吳應熊。 有旨復徵李顒（二曲），矢死而免。	
乙卯			聖祖皇帝	康熙十四年（閏五月）	1675	六十三歲	從子洪善來省先生於章邱。赴濟陽訪張稷若，往德州送程工部葬。 八月，自山東歷河南抵山西之祈縣，楓仲廷栻家，楓仲為築室祁之南山，先生因之置書堂焉。 十月六日張帝臣及張又南過訪。	撰〈陳鼎和墓誌〉。	正月封李焞為朝鮮國王。 十一月鄭經取漳州。 孫夏峯卒，年九十二。 十二月立皇子胤礽為太子。	

干支	紀年 明	紀年 明	紀年 清	紀年 清	紀年 西曆	亭林年歲	生平事略	著述繫年	時事記要	備考
							納妾於靜樂。 公肅乾學改翰林院學士。 原一復原官職。			
丙辰			聖祖皇帝	康熙十五年	1676	六十四歲	正月先生自山西之山東。 二月入都主原一甥。 五月入都，先生誕辰，原一甥具酒稱祝。 秋至薊州仍入都。 十一月二十四日先生五妹徐太夫人訃到，二十七日成服，越二日設奠。 命撫子衍生北上。 在京度歲。 是年從子洪善成進士，改中書。	作〈日知錄自序〉、〈與戴耘野書〉。	耿精忠撤銷反清。 尚之信起兵反清又撤銷。 是年俄遣使至北京。	

干支	紀年：明	紀年：清	西曆	亭林年歲	生平事略	著述繫年	時事記要	備考
丁巳		聖祖皇帝 康熙十六年	1677	六十五歲	正月，先生與甥原一、彥和、公肅話別於天寧寺。 二月與王山史至昌平，六謁天壽山及懷宗欑宮。 四月出都，十三日至德州，見撫子衍生，及衍生之師李既足，旋過訪李霖瞻、李星來，二十四日抵曲周，主路安卿家。 五月七日移寓曲周之增福廟，延既足暫留課子。 九月入陝，主王山史家。 訪李中孚於富平，東南軍砦之北。 十一月遊太華，重訪山史於華陰，復回山西度歲。	有〈答曾庭聞書〉，作〈華陰王氏宗祠記〉。	二月，清復克漳州等地。 四月清略定江西，兵入廣東。 亭林好友申涵光（鳧盟）卒，年五十九。 張爾岐（稷若）卒，年六十六。 冊立內大臣遏必隆之女貴妃鈕祜祿氏為皇后，佟佳氏為貴妃。	

紀年						亭林年歲	生平事略	著述繫年	時事記要	備考
干支	明		清		西曆					
							從子洪慎舉次子，先生名之曰世榮，字曰思召。 嫁妾於李文泉。			
戊午			聖祖皇帝	康熙十七年（閏三月）	1678	六十六歲	春，先生由太原入關中，富平令郭九芝迎先生於二十里外。 閏三月遣子德家人至曲州，接衍生及既足。 四月朔九芝邀先生至署寓南庵。 冬，先生同邑葉訒庵及長州韓慕廬侍講，欲以先生名應薦纂修明史，已而知先生志不可屈，乃止。	有〈答潘次耕書〉、〈與李湘北書〉、〈與李星來書〉、〈答李紫瀾書〉、〈與友人辭往教書〉、〈答李子德與友人書〉。	正月詔舉博學鴻詞。 五月吳三桂僭號於衡州，改元昭武。 八月，三桂死，孫世璠改元洪化，是年清詔修明史。	
己未			聖祖皇帝	康熙十八年	1679	六十七歲	正月，先生往延安，抵同官縣，拜寇公墓，旋攜衍生移寓華下山史所購新宅。 三月，出關，作嵩山之遊。	作〈寇公墓誌銘、〉與吳江朱處士明德作〈廣宋遺民錄序〉、〈書	三月試博學鴻詞，取一等彭遹孫，二等李泰來等共五十人，命纂修明史。 六月，鄭經入閩，下海澄、漳泉。	

紀年 干支		庚申
紀年 明		
紀年 清		聖祖皇帝 康熙十九年（閏八月）
紀年 西曆		1680
亭林年歲		六十八歲
生平事略	十二月二十七日張又南夜半造訪。是年葉訒庵（闇學）充明史館總裁，欲召先生入史局，復力卻之。公肅甥二月召監修明史。	正月先生至富平。二月先生仲姊訃至，間二日成服設祭。十月攜衍生往汾州之陽城里。汾州守周西水於漆延請入署。十一月元配王安人卒於崑山，訃至，次日出署，十一日成服，設
著述繫年	太虛山人象象譚後〉、〈與潘次耕書〉、〈與葉訒庵書〉、〈與史館諸君書〉、〈答湯荊峴書〉、〈與人書二十二〉。	著〈音學五書後序〉、〈答王山史書〉、〈答王仲復書〉、〈與友人辭祝書〉、〈與王山史書〉、
時事記要	十月定錢制。	鄭經敗於廈門。尚之信卒。五月三藩事變戰爭結束。十月世璠遁崑明。英國東印度公司開始通商中國。
備考		

紀年			
干支			辛酉
明			
清			聖祖皇帝
			康熙二十年
西曆			1681
亭林年歲			六十九歲
生平事略		祭，逢七祭奠焚帛如常儀。公肅徐乾學擢左都御史。徐原一贊善充明史館總裁。	二月望，先生去汾州，往曲沃，至解州運城。四月五日，菉園丁內艱，先生入弔畢，旋出署，攜衍生入關，至華陰訪山史。八月二日先生自華陰至山西，由運城抵曲沃縣，縣令出迎入城寓元帝廟。八月十一日，先生患嘔瀉，十八日既足得其父
著述繫年		〈復張又南書〉、〈與毛錦銜書〉、〈與公肅甥書〉、〈與王虹友書〉、〈答公肅甥書〉。	著有〈朱子祠堂上樑文〉、〈病起與薊門當事書〉
時事記要			正月，鄭經卒於台灣，長子克𡒉被殺，次子克塽繼位。清軍攻入澎湖。十一月湘、粵、川三路師入雲南。吳三桂孫，吳世璠自殺。江慎修生於七月十七日。
備考			

干支	紀年（明）	紀年（清）	西曆	亭林年歲	生平事略	著述繫年	時事記要	備考
					母凶問，星夜馳歸。 九月移寓上坡韓氏鏡家。 十月又移寓下坡韓旬公之宜園，望後，先生病稍減，為衍生議婚靳氏。			
壬戌		聖祖皇帝 康熙二十一年	1682	七十歲	正月四日韓旬公設宴，會亭林與眾賓友。 正月八日先生早起將答賀熊令及諸官紳上馬，失足墜地，疾作竟日，夜嘔瀉不止。 正月初九日丑刻捐館。享年七十。 三月先生從弟巖自崑山來，偕衍生扶柩歸，葬於司馬賜塋東偏，嗣父仲逢府君之昭位，門人潘耒為之表。		正月殺耿精忠。 三藩悉平。 達賴五世死	

紀年		
干支		壬寅
明		
清		清宣宗道光
		二十二年（閏三月）
西曆		1842
亭林年歲		
生平事略		
著述繫年		
時事記要		五月，英軍攻陷吳淞砲台，六月攻陷鎮江。 七月二十四日清廷被迫簽訂南京條約。 十二月，魏源著《海國圖志》 奉旨顧炎武准其入祀崑山鄉賢祠。
備考		

第二節 交遊學侶

亭林一生，嘗歷大江南北，足跡所至，交遊頗廣，觀其早年結交之友，率多殉難死節之流。如吳其沆、陳臥子（陳子龍）、楊廷樞、顧咸正之輩；及國變後，則爲勝國遺老及學問志節之士。亭林師之友之，其學問之增進，取於人者獨多也。舉其犖犖大者，若問儀禮之學於張稷若，假音韻之學於任唐臣，習水利之書於耿橘，嗜金石文字之學，無不與吳志伊、張力臣有關，故亭林於此諸學，皆有所著述。至其品德學問，一節一行，亦無不受其學友之影響！

今欲述亭林學侶，非能盡寫，乃擇其交誼篤厚，或有往來論學之友，依年譜所載，定交先後而敘之。其所敘之友，必廣搜傳記，擇要述其生平、學行及與亭林交遊之經過，若無傳記，則自亭林著作及年譜中，搜羅輯佚，以窺其生平事略。使見夫當時之學風、士人之磊落，而亭林乃能集眾之長，以開有清三百年學術之端，儼然成一代大儒也。

1. **歸莊** 字玄恭，後更名祚明，崑山人。爲大僕歸震川之曾孫，曾遊學於錢謙益門下。年十四，補明諸生，綜覽六藝百家之書，以才學聞世。錢牧齋稱其古文爲東南之秀。早歲入復社，與亭林相善，皆以才行博雅相推許，時有「歸奇顧怪」之稱。亭林嘗述其與歸莊交遊，謂：「余與同邑歸生獨善爲古文辭，砥行立節，落落不苟於世，人以爲狂」[36]。甲申國難，嘗與吳其沆起義兵於吳中，不克而退，遂棄儒冠浪跡江湖，佯狂玩世，所至遇名山大川，弔古憑今，輒大哭，見者驚怪，而玄恭不顧也。

   玄恭能詩文，善書畫，寫擘窠大字及狂草墨竹，醉後輒揮灑旁若無人，其意自得，乙酉後亡命薙髮，著僧裝，稱普明頭陀，又號鏖鏊山人。嘗自題其草堂聯曰：「兩口寄安樂之窩，妻太聰明夫太怪，四隣接幽冥之宅，人何寥落鬼何多。」號稱奇聯，馳名古今。

---

[36] 見《亭林文集卷五，吳同初行狀》。

曾寄食僧舍，非素交，餽之勿納。乙未年（1655年），亭林遭叛僕陸恩之難，歸莊力營救之。癸丑年，玄恭歿，時亭林客章邱桑家莊，設位祭之，哭以詩云：「弱冠始同遊，文章相砥礪。中年共墨衰，出入三江汭。悲深宗社墟，勇畫澄清計。不獲騁良圖，斯人竟云逝。」又云：「峻節冠吾儕，危言驚世俗，常爲扣角歌，不作窮途哭。生耽一壺酒，沒無半間屋，惟存孤竹心，庶比黔婁躅」[37]。其生平志節，爲亭林稱仰如此。一生著述頗多，惟泰半遺失，今傳世者爲後人所編《玄恭遺文》、《玄恭文讀鈔》七卷、《歸高士集》十卷。

2. **葉奕荃**　字元輝，崑山人，明諸生，入復社。剛直好義，工詩文，師事劉宗周、徐石麒，講求性命之學，尤究心邑政利弊，爲亭林少年之交，庚辰年（1640年）曾與歸莊、亭林重書孔廟兩廡木柱，而正其位次。乙酉年夏（1645年），清兵南下，兵燹慘烈。以父榷抗州關，遇國變往省，奕荃渡舟前去尋父。行至浙江嘉善，爲亂民所戕。

3. **吳其沆**　字同初，少亭林七歲，爲寧人至友也。曾爲嘉定縣學生，夙惠敏穎，好史書。於左傳，下至南北史，無不纖悉強記。爲詩屬文，皆激烈悲切，有古人遺風，才思敏銳，下筆數千言。每試輒第一。生性至孝，曾與同邑歸莊及亭林叔父穆庵爲亭林母貞孝壽，退而飲至夜半，與亭林抵掌而談，甚樂，旦日而去。未幾，南都陷，其沆與縣令楊永言、亭林、歸莊同起兵於吳中，亭林曾有詩詠其事：「千里吳封大，三州震澤通。戈矛連海外，文檄動江東」[38]。而清軍勢大，直逼崑山，順治二年七月初六，崑山城陷，死者四萬餘人，而其沆與焉，時年僅廿六歲。其生平爲文雖多，惜皆存其婦

[37] 見《亭林詩集卷四・哭歸高士詩》。

[38] 見《亭林詩集卷一・千里》。

翁處，未能傳人，傳其寫錄者，爲寧人所輯，凡二卷。其沆死難之後，亭林嘗三過其居，哀絰慰其母，並撰「吳同初行狀」敘其生平事蹟。

4. **陳子龍**　字臥子，號軼符，江蘇青浦人。才思敏捷，師法黃道周，善屬詩文，與錢謙益、吳梅村齊名。以經世自任，善縱橫之術，與郡人夏允彝等人，首創幾社，海內宗仰之。亭林曾有詩讚其才，謂：「陳君鼂賈才，文采華王國，早讀兵家流，千古在胸臆」[39]。崇禎丁丑年進士，授惠州推官，官至南京兵科給事中。折節下士，南都立，授魯王部院職，曾上書言治之道，惜上未能納，後曾出家，法名信衷。清兵南下，子龍設太祖像誓眾稱監軍，與松江提督吳勝兆起義抗清，松江破，子龍亡命，被獲，乘間投河殉節，時丁亥年（1647年）四月二十四日，死猶遭戮屍，弟子王澐收而葬之。亭林與臥子爲友，交情甚篤，曾有詩〈哭陳太僕〉。著作有《陳忠裕公全集》，並編有《皇明經世文編》。

5. **顧咸正**　字端木，號般菴，江蘇崑山人。崇禎六年應試中舉，十三年以副榜除延安府推官。時延安爲流賊所自起，連年大旱，民皆闔戶死，餘則皆爲盜。咸正至，招撫流民，開荒闢地，無主者立爲官莊，出利錢募人種之。其年雨，大熟，復墾田二萬畝，又日夜樹蓄之。並屢擒巨盜，招降徊賊張成儒等三百餘人，慶陽土賊潘自安等千人，民皆感懷。亭林爲其少時之友，曾有詩讚其治績：「君持蘇生節，冒死決蒺藜，揮刀斬賊徒，一炬看燃臍」[40]。後賊入關，陝西陷於賊手，咸正被賊繫縶營中，乘隙逃歸。吳三桂軍入秦，人多應之。韓城人推咸正爲主，後知其所領爲清兵，遂遁入山中不出，久之南歸，以子天逵，天遴匿陳子部事，同被逮而遭難，亭林聞其

39 見《亭林詩集卷一・哭陳太僕》。

40 見《亭林詩集卷一・贈顧推官咸正》。

難，甚悲，曾有詩：「生來一諾比黃金，那肯風塵負此心。不是白登詩未解，菲才端自媿盧諶」哭之[41]。

6. **楊廷樞**　字維斗，號復庵，江蘇吳縣〈蘇州〉人，爲明諸生，以氣節自任，爲復社領袖之一。崇禎三年庚午，舉應天鄉試第一。居家講學，弟子三千餘人，有「東南夫子」之譽。國變後，避地湖濱，魯監國遙授翰林院檢討，廷樞深自韜晦，改號復庵，歸隱鄧尉山，丁亥年（1647年）四月，吳勝兆起義兵，爲之運籌者戴之儁，爲廷樞門人，事敗，累廷樞，被執於舟中，慨然曰：「予自幼慕文信國之爲人，今日之事，素志也。」[42]被縛，絕食五日，備受酷刑拷打，遍體受傷，十指俱隕，而胸中浩然之氣，俯仰忻然，可以無憾，綴以絕命詩十二首，五月朔，清大帥會鞫於吳江之泗州寺，巡撫重其名欲生之，命之薙頭，廷樞曰：「砍頭事小，薙頭事大」遂不屈而死，亭林與其素爲相識，聞其死，甚悲，而有詩〈哭楊主事〉弔之[43]。

7. **吳炎**　字赤溟，又字如晦，江蘇吳江人。以遭逢鼎革，不忘宗國，故更號赤民。少承家學，爲歸安諸生，才學敏穎，以詩文自豪，與同縣潘力田交莫逆。國變後，遯跡湖州山中，久之始出，與潘檉章欲成一代史書，於是購得明實錄，復旁搜人家所藏之文集奏疏，懷紙吮筆，日夜矻矻，其撰《明史記》，定目紀十八、書十二、表十、世家四十、列傳二百。又疏遺軼足感後人者，得百事，作今樂府，錢牧齋見之擊節稱讚。亭林與吳潘二子，本爲契友，聞其作史，亦出家藏書籍邸報佐之，並讚其具良史之才，其書成幾半，而湖州莊廷鑨《明史輯略》私史之獄作，牽累逮鞫，抗辯不屈，與檉

41 見《亭林詩集卷一・推官二子執後欲為之經營而未得也而二子死矣》。

42 見《南疆繹史・卷十七》

43 見《亭林詩集卷一・哭楊主事廷樞》。

章同及於難，亭林聞其慘死，悲憤莫名，作〈書吳潘二子事〉[44]述其事蹟，並以詩：「一代文章亡左馬，千秋仁義在吳潘」[45]悼之。

8. **潘檉章**　字聖木，一字力田，江蘇吳江望鎮溪港人，生有異稟，穎悟過人。九歲從父受文，過目不忘，十五補明諸生，遭亂棄去，隱居韭溪。益肆力於學，綜貫百家，專精史事，曾鬻產購得《明實錄》，與友人吳炎（赤溟）同撰《明史記》。自撰本紀及諸志，赤溟撰世家、列傳，亭林曾有詩讚其史才：「同方有潘子，自小耽文史，犖然持巨筆，直溯明興始……上下三百年，粲然得綱紀，索居患無明，何意來金陵」[46]。時牧齋著有《實錄辨證》，檉章作《國史考異》，頗加駁正。貽書往復，而牧齋不能奪也。其《國史考異》，乃以實錄爲本，凡志乘文集、墓誌銘、家傳，有關史事者以類相從，稽其同異，核其虛實，凡三十六卷，後僅存六卷。檉章弟潘耒序《國史考異》稱其兄：「尤博極群書，長於考訂，謂著書之法，莫善於司馬溫公」。癸卯年（1663年），南潯莊氏獄起，與吳炎同罹慘禍，年僅卅六歲。亭林悲之甚哀，曾有詩紀之：「一代文章亡左馬，千秋仁義在吳潘」[47]。先生遭難後，所著《國史考異》僅有傳鈔本，餘若《松陵文獻》多有散佚，殘稿由其弟潘耒編成，其餘如《杜詩博議》、《星名考》、《壬林韭溪集》等書，今多失傳。

9. **王略**　字起田，江蘇淮安山陽人。八歲而孤，事母孝，少爲帖括之學，及中年，遂閉戶讀書不試。家頗饒，好客尚俠，樂善愛人，辛卯年（1651），亭林至淮安與其交，情最篤。起田待亭林如弟，時潘力田懷才遭禍，其弟潘耒，北走燕東，寧人介之與起田，起田

---

44 見《亭林文集卷五・書吳潘二子事》

45 見《亭林詩集卷四・汾州祭吳潘二節士詩》。

46 見《亭林詩集卷二・贈潘節士檉章》。

47 見《亭林詩集卷四・汾州祭吳炎、潘檉章二節士》。

曰：「潘君力田，賢士也，不幸以非命終，而寧人之友之弟，則猶之吾弟也。」遂迎而舍之[48]，毅然以女妻之，庚戌年（1670年）卒，亭林甚悲，爲之撰墓誌銘曰：「少而孝，長而恭，好禮而敦，樂善而從。爲義勇而與人忠。胡天不弔，而降此鞠凶，士絕絃，人罷舂，以斯銘，告無窮」[49]將起田一生忠義事蹟，述之無遺。

10. **王錫闡**　字寅旭，又字昭冥，號曉庵，江蘇吳江人。少刻苦力學，初與張履祥講濂洛之學，既而博覽群書，兼通中西天文，尤篤好曆象之學。時當明季，徐光啓等修新法，聚訟於庭，錫闡獨閉戶著書，潛心測算。每夜遇天色晴霽，務求精符天象，不屑於門戶之分，著《曉庵新法》六卷，考古法之誤而存其是，擇西說之長而去其短。雖私家撰述，未見施行，而爲術精妙，識者莫不稱善。梅定九嘗曰：「從未言交食，只有食甚分數，未及其邊，惟王寅旭則以日月圓體，分爲三百六十度，而論其日食時所虧之邊，凡幾何度，今爲推衍，其法頗爲精確。」[50]迨康熙中，御定《曆象考成》所采文鼎以上下左右算交食方向法，實本於錫闡也。寅旭平日所與交遊，皆一時遺老，而與亭林交最篤，亭林曾有詩贈之：「知交盡四海，豈必無英彥，貴此金石情，出處同一貫」[51]，並謂：「夫學究天人，確乎不拔，吾不如王寅旭」[52]，對其傾倒可謂至矣！寅旭著述頗多，除《曉庵新法》六卷外，他著尚有《大統西曆啓蒙》、《丁未曆稿》、《測日小記》、《三辰晷志》等傳於世。

11. **楊瑀**　字雪臣，武進人，少好奇節，刻苦自勵，率諸子鍵戶讀書，自經史而外，分授天官、地理、曆律、兵農之書，與惲遜庵講學南

---

48 見《亭林文集卷五・山陽王君墓誌銘》。

49 見《亭林文集卷五・山陽王君墓誌銘》。

50 見《欽定四庫全書・曉庵新法・子部六》。

51 見《亭林詩集卷四・太原寄王高士錫闡》。

52 見《亭林文集卷六・廣師》。

田及東林書院，如是者凡三十餘年，亭林與其爲友，深服其志節，稱其爲高士，有詩贈之[53]。並時與雪臣往來論學，嘗云：「讀書爲己，探賾洞微，吾不如楊雪臣」[54]。雪臣年七十餘始卒，著有《飛樓集》百二十卷。

12. **楊彝**　字子常，號穀園，明末常熟唐市人。以歲貢，官松江訓導，擢知都昌縣，未任，以疾歸。嘗與顧麟士集三吳名士組文社就新居之園，名應亭，因名曰應社[55]。時明李諸子爲文喜倡新說，畔違傳注，故力倡先儒之說，天下翕然風從，稱「楊顧學」，鼎革後，歸隱於家鄉，閉門謝客，晚歲目盲，猶令人讀書其側，講說無少倦。與顧炎武時有往來，炎武稱彝爲「通經之士」。

順治八年（1651年），顧炎武雲遊四方。楊彝爲亭林送行。與顧夢麟、萬壽祺、歸莊等21人寫成《爲顧寧人徵天下書籍啓後》，著有《復社事實》。

13. **萬壽祺**　字介若，一字年少，徐州人。崇禎庚午年（1630年）舉人，性風流豪宕，工詩文書畫，能寫美人，他若琴、棋、刀、劍、百工技藝，無不通曉，傾動一時。國變後，易名「慧壽」，著僧冠僧服，飲酒食肉如故。

亭林於辛卯年（1651年）北遊至淮安與其定交，曾有詩讚其才：「萬子當代才，深情特高爽，時危見縶維，忠義性無枉」[56]。曾參加抗清活動，兵敗後隱居江淮一帶。家淮上隰西，有園林雲水之勝。代表作有〈秋江別思圖〉、〈松石圖〉、〈山水圖〉、及《山水圖冊頁》等。萬壽祺爲人風流倜儻，工書畫，精於六書，癖嗜印

53 見《亭林詩集卷四，寄楊高士瑀》。「廿載江南意，愁來更渺茫。友朋嗟日損，雞犬覺年荒。水歷書池淨，山連學舍長。但聞楊伯起，弦誦夜琅琅。」

54 見《亭林詩集卷六・廣師》。

55 見《顧寧人學譜・見顧湄楊子常行狀》。

56 見《亭林詩集卷二・贈萬舉人壽祺》。

章，輯有《沙門慧壽印譜》一冊。

14. **賈必選**　字徙南，上元人，萬曆己酉年（1609年）舉人，爲官清廉，同官倪嘉慶以屯豆下獄，必選辨其冤，而遭貶謫，鼎革後即杜門講學著書，著有《松蔭堂學易》，亭林曾向其學易，並有〈賈倉部必選說易人〉詩贈之[57]。

15. **王潢**　字元倬，上元人，父之潘，慷慨好義，潢能孝養。工詩善書，崇禎丙子年（1636年）舉人，戶部郎中倪嘉慶曾薦於朝，潢念世亂親老，賦「南陔詩」以見志，不赴。著有《雪鴻小草》。嘗與亭林同詣孝陵，亭林稱其詩婉約和摯，謂其不失三百篇溫柔敦厚之旨[58]。曾於夏末秋初南京城西柵洪橋下，王潢置酒漿瓜果，與亭林款待遠道之客人，並有詩贈之。[59]

16. **路澤農**　字吾徵，一字安卿，河北曲周縣人。父振飛，明崇禎末禦敵有功，唐王立閩中，以舊恩招之，澤農從父往，中道相失，爲賊所擄，欲嫁予女，不從，乘隙逃去，遇父於廣州，人以爲孝感。閩廣內附，其父憂憤成疾，澤農焚香禱北辰，願以身代。及父卒，一慟嘔血數升，時甫十七，扶櫬行，且行且哭，及迎歸，並按伯兄置田宅以養。亭林於壬辰年（1652年）至虎邱與其相識，其後，情漸篤，時有相贈之詩，後亭林因受叛僕之獄，澤農及其伯兄奔走營救於難，故亭林嘗曰：「險阻備嘗，與時屈伸，吾不如路安卿」[60]。又有詩贈曰：「節俠多燕趙，交親即弟兄，周旋如一日，慷慨見平

---

57 見《亭林詩集卷二・賈倉部必選說易人》「昔年清望動公車，此日耆英有幾家？古注已聞傳孟喜，遺文仍許授侯芭。竹牀排硯頻添墨，石屋支鐺旋煮茶。更說都城防寇事，至今流涕賈長沙」。

58 見《明詩綜》引〈顧寧人論元倬詩〉云：「先生詩深以婉，和而摯，不失三百篇溫柔敦厚之旨。

59 見《亭林詩集卷二・王徵君潢具舟城西同楚二沙門小坐柵洪橋下》。

60 見《亭林文集卷六・廣師》。

生，疾苦頻存問，阽危得柱撐」[61]。晚年殫心易理詩格，專宗杜少陵。著有《宜軒詩》一卷、《琴譜》一卷、《草堂雜著》數卷。

17. **吳任臣**　字志伊，一字爾器，號託園，福建莆田人，早年隨父至仁和（今浙江杭州）。幼好學，十歲誦古文，好讀奇書，為諸生時，考試均名列第一。康熙己未年（1679年），召試博學鴻詞，授翰林院檢討，志行端慤，博學而思深，兼擅樂律及天文奇偶之術，射事多中，時人比諸管郭。入明史館，承修曆志，亭林與其相善，曾謂：「博聞強記，群書之府，吾不如吳任臣」[62]，其推重如此。嘗著《十國春秋》一百十四卷，以補歐陽五代史之闕，廣搜博引，世推其淹貫，又撰《山海經廣注》、《字彙補》、《周禮大義補》、《禮通》、《春秋正朔考辨》、《託園詩文集》等書傳於世。

18. **耿橘**　字藍陽，河北獻縣人，少貧寒，明萬曆辛丑科進士，初在獻縣東關講學，發明性道之學，後為江蘇常熟縣令。在任期間，為改變士風，首復吳公書院，在常熟市西北虞山之麓，恢復修建文學書院，後更名為虞山書院。並審度常熟地形，大修水利工程。並精研水土蓄泄之方，著《水利全書》行世，造福百姓。其立說以水利，用湖而不用江。亭林與其為友，曾有詩讚其具水利之才：「耿侯天才高，尤辨水土性……畎澮徧中原，粒食詒百姓」[63]。亭林所著《天下郡國利病書》采耿橘之說頗多，如水利、河渠之主張受其影響頗大[64]。耿橘撰有《周易鐵笛子》、《耿氏春秋》、《曾子孝實》等書，現流傳於世。

19. **錢秉鐙**　字幻光，安徽桐城人，後更名澄之，字飲光。與雲間陳臥

---

61 見《亭林詩集卷二・贈路光祿太平》。

62 見《亭林文集卷六・廣師》。

63 見《亭林詩集卷一・常熟縣耿侯橘水利書》。

64 亭林於水利、河渠之主張，如「河湖溝澗，天設之水利也；池塘堰壩，人為之水利也，有能興舉而疏濬之，其為田功，利孰大焉」（天下郡國利病書，陝西上）皆與耿橘水利之相通。

子、夏彝仲交最深。少以經濟自負，常思冒危難以立功名。福王立於南京，馬阮興大獄，補青流名士，飲光與焉。乃變姓，逸去，後從永曆帝入滇間，授禮部精膳司主事，翰林院庶吉士，後遷翰林院編修。熟於南明史事，著有《明末野史》，永曆亡，易僧裝，散遊四處，及歸自關中，遂杜足於田間，課耕於自給。為詩直接陶杜，有清逸之趣，曾問易於黃石齋（道周）先生，著《田間易學》十二卷，又著《田間詩集》二十八卷，《田間文集》卅卷。其書以「小序」首句為主，所採諸儒論說自注疏集傳外凡二十家，持論精核，於名物訓詁、山川地理言之尤詳，亭林與之為友，曾有〈燕中贈錢編修秉鐙〉詩贈之[65]。

20. **朱鶴齡**　字長儒，江蘇吳江人，明季諸生。穎敏嗜學，嘗箋註杜甫、李商隱詩集。鼎革後，隱居著述，晨夕一編，行不知途路，坐不知寒暑，或謂之愚，因以愚庵自號。與顧炎武、吳偉業、萬斯同、徐乾學、陳啓源為友，亭林以本原之學相勗，及覃思專力於諸經注疏，及先儒語錄。以朱子掊擊「小序」太過，乃博採諸家，折衷古今，著《詩經通義》十二卷，其書於漢取毛鄭，唐取孔穎達，宋取歐陽修、蘇轍、呂東萊、嚴粲，清取陳啓源，釋音則取陳第及清顧亭林，要以審訂可否，綜覈異同，使積蔽群疑，渙若冰釋，其功偉矣！以蔡沈書傳釋書未精，乃斟酌於漢宋之間，明詁義而兼及史家，務為通經實用之學，成《尚書埤傳》十七卷。亭林曾有詩讚其功：「白首窮六經，夢寐親臯伊，百家紛論說，爬羅殆無遺」[66]。他著尚有《禹貢長箋》十二卷，旁引曲證，多所創獲，又以胡安國傳春秋多偏見鑿說，乃合唐宋諸儒，作《春秋集說》二十卷。以杜

65 見《亭林詩集卷四・燕中贈錢編修秉鐙》「一別秦淮將廿載，天涯垂老看猶在，斷煙愁竹泣蒼梧，禿筆悽文來漲海，燕市雞鳴動客輪，九門馳道是黃塵，相逢不見金台侶，但說荊軻是酒人」。

66 見《亭林詩集卷五，朱處士鶴齡寄尚書埤傳》。

氏注「左傳」未能盡合，俗儒又以林注亂之，乃詳證參考，作《讀左日鈔》十四卷。以易裡雖至宋儒始明，然左圖所載皆言象也。本義精善，情多未備，作《易廣義略》四卷，其自爲詩文，則輯爲《愚庵小集》十二卷，年七十餘而卒。

21. **陸世儀**　字道威，號桴亭，江蘇太倉人。少從劉蕺山講學，是時流賊橫行天下，見生民之塗炭，乃上書朝廷，謂宜破成格「舉用文武幹略之士」不報。退而鑿地十畝，築亭其中，高臥閉門讀書，不通賓客，因號稱桴亭。國變後，曾在東林講學，已而復講學於毗陵（常州），及歸太倉，亦講學不輟，清廷屢起欲用之，固辭不出。專修「程朱學」，終身從事著述，爲一代學儒。與亭林友善，時有論學書劄往來，亭林曾以《日知錄》請其改正[67]。

桴亭本人頗能接受西學，他受徐光啓、李之藻等人影響，他亦喜好數學，並承認西方在天文學與數學方面比中國精密，所著《思辨路》亭林亦稱仰備至，謂其具內聖外王之事[68]。桴亭著作尚有《論學酬答》、《儒宗理要》、《性善圖說》及詩文雜著四十餘種等傳於世。

22. **汪琬**　字苕文，別號鈍翁，江蘇長州縣人，晚居堯峯之麓，學者稱堯峯先生。幼孤力學，能自刻苦，順治乙未進士，授戶部主事，累遷刑部郎中，以江南奏銷案起，謫北城司指揮，復遷戶部主事，歷官皆有政績，後以疾歸。於書無所不窺，而尤邃於六經，於易、詩、書、春秋、三禮、喪服咸有所發明。與侯方域、魏禧合稱「清初三大家」。亭林與其爲友，曾就教於汪琬[69]，時有書劄往來論學。

---

67 見〈與陸桴亭劄〉，「近刻日知錄八卷，持付東堂郵呈，專祈指示，其有不合者，望一一為之批駁，寄至都門，以便改正。」載《亭林餘集》。

68 見〈與陸桴亭劄〉，「昨歲於薊門得讀思辨錄，乃知當吾世而有真儒如先生者，孟子所謂『窮則獨善其身，達則兼善天下』具內聖外王之事者也。」載《亭林餘集》。

69 見《蔣山傭殘稿卷一・答汪苕文書》，「偶有讀尚書二條，並以就正，幸賜指教」之語。

琬嘗論當代經學修明，翕然可師者，推亭林與天生二人。亭林亦推其《古今五服考異》，而以殫精三禮，論斷古今相朂。琬銳意於古文辭，爲文出入廬陵、震川，專務疏通經傳，闡身心性命之旨，而碑版之文，尤盛稱於世。康熙十七年詔舉博學鴻儒，改翰林院編修，命纂修《明史》，入館僅六十日，撰史傳一百七十餘篇，遽以疾請辭而歸，居堯峯山下，讀書著述，泊然自樂，所著《鈍翁類稿》百十八卷，自刪定爲《堯峯文鈔》五十卷，並行於世。

23. **趙士完**　字汝彥，山東掖縣人。崇禎五年（1632年）中舉人，國變後乃棄家南遷，南明隆武帝時，任兵部右侍郎兼東閣大學士，隆武元年（1645年）十二月督師。隆武政權滅亡後，其弟士冕官鎮江太守，強之使北歸山東。棲廢寺讀書，亭林於丁酉年（1657年）北遊至萊州與其定交，住趙士完家。著有《僕庵集》，寧人有詩懷之，並云：「餘頃至東萊，主趙氏、任氏，入其門，而堂軒几榻，無改其舊；與之言，而出於經術節義者，無變其初心，問其恆產，而亦皆支撐以不至於頹落。余於是欣然有見故人之樂也」[70]，其所稱讚如此也。

24. **任唐臣**　字子良，號歷山，山東掖縣人。亭林於丁酉年（1657年）至萊州與其定交，曾從其假吳才老《韻譜》讀之，自此始治音韻學。子良抱道守缺，獨攻絕學，遇亭林時，曾出家譜一編請寧人爲之序[71]，盧見曾輯《清朝山左詩鈔》，僅有任唐臣其傳數行，欲考其行事而不可得也。

25. **劉孔懷**　字友生，號果庵，長山人，順治十一年（1654年）拔貢生，精於訓詁考覈。與張爾岐友善。亭林遊山東，常主其家，與其辯析疑義，著有《四書字徵》、《五經字徵》、《詩經辨韻》、

70 見《亭林文集卷二・萊州任氏族譜序》。

71 見《亭林文集卷二・萊州任氏族譜序》。

《古易序語》等書。

26. **徐夜**　初名元善，字長公，慕嵇叔夜之爲人，更名夜，字東癡，山東新城人。明季諸生，國變後乃棄諸生遠遊，歸隱於東皐鄭潢河上，掘土室而居，絕跡於城市。清康熙十八年詔舉博學鴻儒，力辭不赴。詩宗陶韋，王漁洋目之爲磵松露鶴，嘗索其稿，遜謝而已，後渡潯陽，稿盡沒於河，士禎爲摭拾遺詩，得二百首，著有《東癡詩鈔》。亭林於丁酉年（1657年）由青州至濟南與其定交，曾有詩贈之[72]。

27. **張爾岐**　字稷若，號蒿庵，山東濟陽人。明季諸生，入清隱居不仕，題其室曰蒿庵，學者稱蒿庵先生。篤性孝友，居親喪三年，號泣不輟，殯葬皆遵古禮，閉戶著書，不求人知，志操堅定。履苦節而甘憺泊，爲學宗程朱，窮究性命天人之奧，治古文辭，嘗作《天道論》，《中庸論篤論》，又作《學辨》五篇，以倡正學於天下。遊藝於六經，尤邃於三禮。著《儀禮鄭注句讀》十七卷。丁酉年（1657年）亭林由青州至濟南與其定交，時有往來。深服其禮學之淹通，而稱清儒治禮學自稷若始也，並爲之序《儀禮鄭注句讀》，謂此書乃根本先儒，立言簡當，後之君子可因句讀以辨其文，因文以識其義，因其義以通製作之原[73]。又云：「獨精三禮，卓然經師，吾不如張稷若」[74]。其推服如此；亭林著《日知錄》，於「喪禮」、「停喪」二事備載爾岐說。

晚年蕭然物外，不與世接，於康熙十六年卒。亭林嘗有詩哭

72 見《亭林詩集卷三・酬徐處士元善》。「桓台風木正蕭辰，傾蓋知心誼獨親。季子已無觀樂地，偉元終是泣詩人。愁看落日燕山夜，畏見荒江郢樹春。踏徧天涯更回轡，欲從吳友卜東鄰。」

73 見《亭林文集卷三・儀禮鄭注句讀序》。

74 見《亭林文集卷六・廣師》。

之[75]。其生平著述頗多，除《儀禮鄭注句讀》外，有《易說略》八卷、《詩說略》五卷、《老子說略》二卷、《蒿庵集》三卷、《蒿庵閒話》二卷等傳於世。

28. **馬驌**　字宛斯，號驄御，山東鄒平縣人。順治已亥年（1659年）進士，謁選京師，以文望舉爲順天鄉試同考官，除淮安推官，有惠政。改靈壁知縣，蠲荒除弊，歲省民力無數，流民復業者數千家，民皆感激，年五十四卒於官，士民奉祀名宦祠。

驌少孤，事母至孝，性穎敏強記，於書無不精擘，而尤癖《左氏春秋》，以敘事易編年，引端竟緒，條貫如一，著《左傳事緯》十二卷、附錄八卷，其圖表皆考證精詳，而爲專門之學。又著《繹史》百六十卷，取太古至亡秦之事，合經史諸子，鉤括裁纂，佐以圖考，其博引古籍，疏通辨證，雖偶有抵牾，而詞必有徵，時人稱爲「馬三代」與袁樞《紀事本末》，均卓然獨創，自爲一家之體。亭林於戊戌年（1658年）往鄒縣謁周公廟、孟廟與其定交，並同訪碑郊外，讀《繹史》而嘆曰：「必傳之作」。康熙四十年（1701年）聖祖南巡至蘇州，命大學士張玉書購取其書入內庫。

29. **傅山**　本名鼎臣，字青竹，後改名山，更字青主，山西陽曲人。六歲啖黃精，不樂穀食，強之乃復食，少與孫傳庭共學，讀書輒過目成誦，所作詩文，駸駸入古，時多稱之。崇禎初，天下亂象迭見，先生見所謂搢紳先生者，多迂腐不足道，憤之，乃堅苦持氣節，不願婞婜，獨善任俠，提學袁繼咸爲巡按張孫振所誣，逮赴京。先生約同學等詣通政使三上書訟之，不得達，乃伏闕陳情事，袁竟得雪，先生以此名聞天下。甲申國變，乃棄青衿爲朱衣，居土穴養母。甲午以蜚語被逮，繫太原府獄，抗詞不屈，絕粒九日幾死，門

75 見《亭林集外詩補・哭張爾岐》，「歷山東望正悽然，忽報先生赴九泉，寄去一書懸劍後，貽來什襲絕偉前，衡門月冷巢鴞室，墓道風枯宿草田，從此山東問三禮，康成家法竟誰傳。」

人有以奇計救之得免，然深自恉恨，謂不若速死爲安，其仰視天，俯視地者，未嘗一日止。比天下大定，始出與客接。康熙十七年，詔舉博學鴻儒，有司強舁至京師，拒不入城，魏象樞以其老病上聞，乃詔免試，放還。

傅山工分隸及金石篆刻，畫入逸品，書初學晉唐人楷法，不相似，及模趙松雪墨蹟，便能亂眞，趙執信推爲第一。亭林少先生六歲，於癸丑年（1663年）至太原訪先生於松莊，悟談甚歡，稱先生爲「蕭然物外，自得天機」[76]，曾三宿青主家，商榷十七史，嘗有詩贈云：「太行之西一遺老，楚國兩龔秦四皓，春來洞口見桃花，儻許相隨拾芝草」[77]其推許如此，寧人在山西之友，與先生情最篤。先生精醫，晚年頗資以自給，著述頗多，詩文集有《霜紅龕詩集》四十集等傳世。

30. **李因篤**　字子德，號天生，陝西富平人。明季諸生，值流寇擾亂，走塞上，訪求勇士，招集亡命，思以殲賊，見無可爲，歸而閉戶讀書，邃於經史之學。亭林於康熙癸卯年（1663年）至代州與其定交，論學頗契，及亭林爲萊州黃培詩獄牽連，因篤聞之，特走京師，告急諸友人，復徒步往濟南省親，時稱其高義。康熙己未詔博學鴻詞，雖以母老多病力辭，有司強迫就道。既授職，奉命編修《明史》。以母老孤丁，無所依托爲由，屢次具呈上疏陳情，詞旨切摯，得請歸。侍母晨夕不離，母喪後，逐稱病不出，亭林墾荒於雁門，請子德主其事。生平論學以朱子爲宗，著《詩說》，《春秋說》汪茗文亦爲之折服。文集有《受祺堂集》傳於世。李因篤在音韻學，亦有深厚之研究。其音韻著作有《漢詩音注》五卷、《古今韻考》等。亭林編寫《音學五書》時，常與因篤商討，得到許多寶

76　見《亭林文集卷六・廣師》。

77　見《亭林詩集卷五・寄問傳處士土堂山中》。

貴意見。顧炎武稱讚曰：「深知吾書，海內惟李天生一人」。

31. **王宏撰**　字修文，亦字無異，號山史，陝西華陰人。明季諸生，嗜學好古，富藏金石，熟於明掌故，交遊廣，爲闗中聲氣之領袖。康熙己未年薦舉博學鴻詞，不赴，隱居華山下。亭林於癸卯年（1663年）遊西嶽華山，過訪山史於華陰，與其爲友，情最篤，曾有「恃在之己，敢以肝鬲之言，陳諸左右」[78]之言，視其爲知己，並推許山史爲「好學不倦，篤於朋友」[79]，時有書信往來，其後亭林每至華陰輒客其家，曾與其議建朱子祠堂，兼立書院[80]之舉，欲求羽翼聖功，發揮王道。山史博學深思，著有《易象圖述》、《山志》、《砥齋集》等傳於世。

32. **李顒**　字中孚，學者稱二曲先生，陝西盩厔人。父可從，慷慨有志略，善談兵。崇禎十五年，從汪喬年軍討賊，戰死於襄陽城下，以殉國難。母彭氏欲以身殉，以顒尚功，制淚止之，日以忠孝節義爲教。顒事母至孝，家貧不能就塾，乃自讀經書，曉解文字，從人借書，自經史百家至老佛之書，無不觀。由博返約，身體力行，以昌明闗學爲己任，年未四十，學已大成。闗中人士多從講學，亭林於康熙二年（1663年）訪盩厔與其定交，情誼深，曾有「惟中孚送別，至呑聲下泣，頗見交情」之語[81]。並謂：「堅苦力學，無師而成，吾不如李中孚」[82]。康熙四年遭母喪。喪終，往襄陽，徧覓父之遺駭未得，乃爲父禱於社，服斬衰，晝夜哭不絕。縣令張允中感其孝，爲其父立祠，且造塚於戰場，名之曰「義林」。時常州府駱鐘

78 見《蔣山傭殘稿卷三・留書與山史》。

79 見《亭林文集卷六・廣師》。

80 見《亭林文集卷四・與王山史書》。朱子祠堂之建，適有機緣。亭林曾親與其事，由與山史信中可知也。「今同令弟及諸君相視形勢，定於觀北三泉之右，擇平敞之地，二水河流之所，建立一堡……雖所費不訾，但有百金，即便興工」。

81 見《蔣山傭殘稿卷三・與李子德書》。

82 見《亭林文集卷六・廣師》。

麟聘顒講學於道南書院，聽者雲集，繼又至無錫、江陰、靖江等地講學。既而幡然而悔，詣襄城，宿祠下，聚塚土而歸，告於母墓，附齒塚，更持服如初喪。亭林有詩〈讀李處士顒襄城紀事有贈〉：「躑躅荒郊酹一樽，白楊青火近黃昏。終天不返收峭骨，異代仍招復楚魂。湛阪愁雲隨獨雁，潁橋哀水助啼猿。五千國士皆忠鬼，孰似南山孝子門」。[83]敘述李顒赴襄城尋找父親遺骸並設壇招魂的情景。

康熙十八年，篤舉博學鴻儒，疾篤不出，舁牀至省，水漿不入口，乃得予假治疾，自是閉關，晏息土室，不與人接，惟亭林至則款之。聖祖西巡，傳旨召見，以廢疾堅辭，幸而獲免，特賜「關中大儒」以寵之，年七十六卒。所著《四書反身錄》、《堊室雜感》、《十三經糾繆》、《二十一史糾繆》等篇，並印成《二曲集》和《李二曲先生文集》等書傳於世。

33.**孫奇逢**　字啓泰，號鍾元，直隸容城人。年十七，舉萬曆庚子（1600）鄉試，居京師，與左光斗、魏大中、周順昌尚以氣節，丁內外艱，喪葬一準古禮，率兄弟守廬墓凡六年，學使李審以純孝旌其門。天啓五年，逆閹魏忠賢亂政，左光斗被逮，奇逢出身營救，雖不得而義聲震天下。崇禎丙子（1636年）容城爲賊所圍，奇逢率兄弟族黨入城，自示方略，與士民協力守城，卒將賊擊退。鼎革後，移居輝縣之夏峰，築堂曰兼山，講易其間，率子弟躬耕，簞瓢屢空，晏然自若。清聖祖聞其賢，屢徵不應，自明至清，前後十一次徵不起，天下識與不識，皆稱曰徵君。與李顒、黃宗羲齊名，合稱明末清初三大儒。生平講學以愼獨爲宗，而於人倫日用間，體認天理，其學初宗象山、陽明，晚更和通朱子之說。主張窮則勵行，出則經世。

---

83 見《亭林詩集卷四・讀李處士顒襄城紀事有贈》。

亭林於甲辰年（1664年）至輝縣訪夏峰，向其請益，並有詩贈之[84]。其居夏峰廿五年，學者稱爲「夏峰先生」。著有《理學宗傳》廿六卷，《四書近指》廿卷，《讀易大旨》五卷，《理學傳心纂要》八卷，《夏峰先生集》六十卷等傳於世。

34. **顏光敏**　字修來，別字樂圃，山東曲阜人。崇禎十三年正月生，祖胤紹，崇禎中知河間府，城破自焚，時樂圃僅三歲，陷亂軍中，乳母抱之得出。九歲工行草書，十三歲嫻詞賦，曾作〈仲秋泗河泛舟賦〉。善書行草，15歲入童子試16歲爲廩膳生，月米六斗，曾拜提督學政施閏章爲師。順治十四年（1657年）參加鄉試，因非孔氏後裔而名列副榜，旋補學生員以副榜入國子監，康熙丁未進士，官吏部考功司郎中。光敏好讀書，通律曆，雅善鼓琴，精騎射蹋鞠。能折衷群儒，其言自出新義，銳意著述，思成一家之言。康熙二十五年（1686年）任《大清一統志》編修官，同年八月染疾，九月卒于京師宣武門私第，年僅四十七歲，次年歸葬曲阜。

亭林於乙巳年（1665年）至曲阜與其定交，情深誼篤，時有論學手劄往來[85]，亭林受黃培詩獄牽累於濟南，光敏奔走營救甚力，後充「一統志」纂修，康熙廿五年以疾卒，著有《樂圃集》四卷、《舊雨堂集》二卷、《訓蒙日纂》二卷等。

35. **申涵光**　字孚孟，號凫盟，直隸永年人。少穎異，博涉經史，下筆爲文，高潔宕異，尤善爲詩，嘗立觀杜，招三郡名士群集問難，經藝行於遠邇。甲申年（1644年）避地廣羊山，與殷岳（伯巖）、張蓋，時相往來，詩歌唱和，時人稱爲「畿南三才子」。詩學老杜，兼王孟高岑之長，爲文深淳有法，曾與孫徵君共發天人性命之祕。時朝廷有詔辟舉孝行，有司欲以凫盟名應，力辭之。生平交友不

---

84 見《亭林詩集卷四・贈孫徵君奇逢》。

85 見《見亭林佚文輯補，與顏修來手札》。

濫，其同聲氣者不過數人。亭林與之互通款曲，曾有詩贈之，謂：「十載相逢汾一曲，新詩歷落鳴寒玉……並州城外無行客，且共劉琨聽夜雞」[86]。並曾向王山史推薦謂：「廣平申鳧盟年翁在此，弟與之仰誦鴻名，極爲嚮往，亦候便中同一晤也」。[87]足見其寄望之深，爲情之摯。鳧盟晚年而學益進，玩味諸先儒之書猶不釋手，著有《聰山詩集》八卷，《文集》四卷，《荊園小語》一卷等傳世。

36. **湯斌**　字孔伯，號荊峴，晚號潛庵，河南睢州人。少好學，於書無不讀，而尤好習守大儒，曾從夏峰而學，以陸王爲宗，而兼治程朱。順治八年（1651年）進士，改庶起士，授國史院檢討，議修明史。應詔陳言，引宋、元史成例，爲上所嘉，而出潼關道副史，招撫流民，追擒盜賊，民咸感恩；父歿，終喪，閉不出戶，潛修凡十餘年。康熙十八年，舉博學鴻詞，尋授明史總裁，曾有書問亭林史書義例，亭林亦作書答之[88]，詳述原委。康熙二十五年湯斌被任命爲禮部尚書兼太子首席講師。上任後，湯斌悉心講授，盡力輔佐太子，然而胤礽積習已久，成效有限。明珠便以「教導無方」爲由參奏湯斌，康熙信以爲眞，便將湯斌治罪，降官職五級。消息一出，民怨四起，於是改詔赦免。湯斌晚潛心聖賢之學，盡性至命，一以誠正爲本，一以忠孝爲先，尙力行，不尙講論。其一生清正廉明，是實踐朱學理論的倡導者，所到之處體恤民艱，弊絕風清，政績斐然，被尊爲「理學名臣」。及其歿，遺有《潛庵先生遺稿》、《洛學編》、《明史稿》、《睢州志》等書。

37. **朱彝尊**　字錫鬯，號竹垞，浙江嘉興人。生有異稟，書過目能覆誦，年十七，棄舉子業，肆力於古學，凡天下有字之書，無不披覽。長而出遊，載經史自隨，南踰嶺，北出雲朔，東泛滄海，登芝

86 見《亭林詩集卷四，雨中送申公子涵光》。

87 見《亭林佚文輯補，與王山史手劄》。

88 見《亭林文集卷三，答湯荊峴書》。

罘，經甌越，所至叢祠荒塚，金石斷闕之文，莫不搜剔考證，與史傳參互同異。爲文典雅淵懿，根柢盤深。詩與王漁洋並峙，爲南北兩大宗。亭林於康熙五年（1666年）遊太原時與其定交，頗稱其才，謂其「書能搜五季，字必準先秦」[89]。並謂其「文章爾雅，宅心如厚」[90]，嘗出所撰《日知錄》，錫鬯爲之改定數條，寧人深服之。康熙十八年詔開博學鴻詞科，以布衣入選，授翰林院檢討，預修《明史》，又曾議修《一統志》，多所釐定。尋充日講官，知起居住，典試江南，家居藏書八萬卷。著有《經義考》三百卷，博採晚周先秦以來，迄至明諸說經之書，舉其綱要，錄其序跋，及諸家評騭，分爲存、佚、闕、未見四類，始二千年傳經原委，一一可稽，號稱詳贍。又搜集北都地理，山川，與夫掌故文獻，加以辨證，成《日下舊聞》四十二卷，其餘還著有《明詩綜》一百卷，《詞綜》三十八卷及《曝書亭集》八十卷，今均傳於世。

38. **屈大均**　初名紹隆，字介子，號翁山、萊圃，廣東番禺人。明諸生，國亂後爲僧，後加冠巾，遊秦隴，與秦中名士李因篤交，作「華岳百韻」，固原守將，見而慕其才，以甥女妻之。康熙五年（1666年）亭林遊太原時，大均由秦中來會，亭林曾有詩贈之曰：「弱冠詩名動九州，紉蘭餐菊舊風流」[91]。大均詩名甚佳。與陳恭尹、梁佩蘭合稱「嶺南三大家」，詩有李白、屈原的遺風。著有《翁山詩外》、《翁山文外》、《翁山易外》、《廣東新語》及《四朝成仁錄》，等合稱「屈沱五書」。其餘著作尚有三十餘種。

39. **張弨**　字力臣，號及齋，江蘇山陽人（淮安），父致中爲復社魁首，藏書甚富，精小學，辨體審音，正訛釐謬，爲士林所宗仰。力臣傳其家教，通經博古，尤嗜金石文字，遇荒村野寺，古碑殘碣，

---

89 見《亭林詩集卷四，朱處士彝尊過餘於太原東郊贈之》。

90 見《亭林文集卷六，廣師》。

91 見《亭林詩集卷四，屈山人大均自關中至》。

埋沒榛莽之中者，靡不椎拓，家雖貪，儲藏鼎盉碑版文甚富。嘗登焦山，乘江潮歸壑，入巖下，仰讀「瘞鶴銘」，聚四石繪爲圖聯，以宋人補刻字證爲顧況書，授據甚覈。又謁唐昭陵，通拓從葬諸王公墓碑及六馬圖贊。與亭林善，嘗往來問學，究心於小學，謹守許愼之說。辨鄉壁虛造之字，其學識遠出戴桐、楊桓之上，尤精書法，世稱能品。亭林曾有詩讚其才，謂：「張君二徐流，篆分特精妙……尤工蒼雅學，深鄙庸儒剽」[92]。康熙六年（1667年）亭林開雕《音學五書》於淮上，力臣父子爲之校勘手書寫定，亭林甚爲推服謂：「精心六書，信而好古，吾不如張力臣」[93]。

康熙九年（1670年）張弨離家出遊，每到一地，輒請當地名流題詠，先後在《符山堂圖》上題詠的有王士禎、朱彝尊、程穆青、王宜輔等人。此珍貴文獻，曾爲丁默存收藏，第二年冬，張弨「漢南過雲棧，冒雪至醴泉」（今陝西禮泉縣），過華陰，登臨西嶽華山，至太宗廟遺址，遍拓唐親王諸碑，又考察昭陵六駿圖，「拓數紙而歸」。完成〈昭陵六駿圖贊辨〉，收入於《四庫全書》。力臣晚歲耳聾，攜兩子一孫客居京師，猶著述不輟，嘗遍遊五獄，悉爲之圖，皆加考證，後人輯其所著爲《張亟齋遺集》。

40. **程先貞**　字正夫，號葸庵，晚號海右陳人，山東德州人。年輕時無書不讀，尤專注于史學。深受其祖父程紹的器重，爲程氏得意之裔生。對《明實錄》，幾能成誦，舉凡邸報、野史、家乘，無不遍覽熟悉。爲其從事《州乘》研究，打下堅實基礎。以祖廕歷官工部員外郎。亭林於康熙四年（1665年）至德州與其定交，並有詩贈之[94]，其後精誼漸篤，亭林每至德州，輒主其家。並爲程氏所作「程氏先

92 見《亭林詩集卷四，贈張力臣》。

93 見《亭林文集卷六，廣師》。

94 見《亭林文集卷四，酬程工部先貞》。

賢詩」，作詩序[95]，並曾於康熙九年（1670年）於先貞家講易三月；亭林《日知錄》初刻成，先貞曾有文〈贈顧徵君亭林序〉[96]，以讚之，稱亭林爲今世大儒，所著《日知錄》爲明經術、扶王道，讚仰備至。其後先貞於康熙十二年（1673年）卒，亭林哭之甚哀，而有詩記之謂：「高秋立馬鮑山旁，旅雁初飛木葉黃，十載故人泉下別，交情多媿郅君章」[97]。

先貞著書甚多，有《海古陳人集》、《蒠庵雜著》、《燕山遊稿》、《還山春事》、《德州志略》、《安德詩文搜》等數十卷。

41. **李濤**　字紫瀾，別字述齋，直隸故城人。幼聰穎，十歲能文，年十六應州府暨道試俱第一，因喪除服，下帷苦讀，每至徹曉。康熙十五年（1676年）進士，授編修，充明史纂修。後外放知江西臨江府統轄四邑，誅除境內水寇，勤政愛民，斷獄公正，康熙南巡至浙，曾特書「惠愛」兩字褒之。與亭林爲友，情甚篤，曾有〈答李紫瀾書〉[98]往來論學，康熙五十六年（1717）卒，享年七十三。

42. **李浹**　字霖瞻，號陶菴，山東德州人。順治三年（1646年）進士，知延慶州，調補湖南茶陵州知州，後調山西官芮城知縣，慕陶靖節之爲人，嘗築一室曰陶菴，日吟哦其中，意氣自得。亭林於康熙丁巳年（1677年）至德州與其定交，時有書信往來論學[99]，情誼深篤。著有《陶庵集》。

43. **閻若璩**　字百詩，自號潛邱，山西太原人。幼患口吃，性頗鈍，讀書千遍不能熟也，年十五，冬夜讀書，寒甚，漏四下。堅坐沈思，心忽開，自是穎悟絕人。是歲補學官弟子，一時名士皆折輩與交，

---

95 見《亭林文集卷二，程正夫詩序》。

96 見〈同志贈言〉，此序為康熙九年八月所寫。

97 見《亭林詩集卷四，自章邱回至德州，則程工部逝已三日矣》。

98 見《蔣山傭殘搞卷二，答李紫瀾書》。

99 見《亭林文集卷四，與李霖瞻書》。

年二十讀尙書至古文二十五篇，即疑其僞。沈潛三十餘年，盡得其癥結所在，作《尙書古文疏證》八卷。康熙元年遊京師，尙書龔鼎孳爲之延譽，由是知名。旋歸太原，亭林於壬子年（1672年）遊太原，與之相交，以其所撰《日知錄》相質，而爲之改訂數十則，而亭林心折矣！康熙十七年，召試博學鴻詞，不弟，留京師與汪琬反覆問難以糾其謬，徐乾學服其學問至博，延爲上客，每詩文成，必屬裁定。若璩爲學長於考證，反對空談，遇有疑義，反覆窮究，必得其解乃已，又精於地理之學，山川形勢、州郡沿革，瞭若指掌。亭林地理之著，曾蒙其糾正[100]。潛邱生平著述頗多，有《四書釋地》六卷、《釋地餘論》一卷、《潛邱劄記》六卷、《日知錄補正》、《眷西堂集》、《困學記聞注》等傳於世。江藩《漢學師承記》將閻若璩推爲清代漢學家第一。

44. **戴廷栻** 字楓仲，號符公，山東祁縣人，博學好古，家多藏書及書法名畫，並刊刻數十種古籍。與傅青主、閻若璩、王漁洋等相交甚篤。亭林於康熙十四年（1675年）抵山西祁縣，得識楓仲，並主其家，楓仲曾爲亭林築室於祁之南山，而作圖書室，內藏十四經、廿一史，暨明累朝實錄，插箋於架，以供後學，其後亭林曾有書與楓仲往來論學。楓仲學術造詣頗深，博雅能文，著述豐厚。顧炎武稱其古文繼承散文家歸有光「唐宋派」風格，並有所創新。其著作有《補岩集》、《半可集》、《楓林一枝》、《歲寒集》等。

45. **張雲翼** 字又南，咸寧人，其父勇之爲甘肅提督，曾削平亂賊有功。又南以父廕官大理寺卿，亦隨其父征旅，大破賊於鞏昌，收復寧州等之陷賊者，而得晉封侯爵。康熙二十五年（1686年）授福建陸路提督，以大理卿駐泉州六載，統屬隊伍，井井有條。暇則與人

---

100 閻潛邱補正《日知錄》，凡四十一條，復糾《肇域志》，如言晉穆侯，晉境不得至界休之非等張穆《亭林年譜》所引。

酌酒論文，弈棋賦詩。尤喜與賢士交，與王山史、李子德皆爲忘年交，亭林於乙卯年至祁縣時，又南過訪，其後亭林著《左傳杜解補正》，又南曾捐貲刻之。著有《式古堂集》。

亭林一生交遊學侶，何止文中所舉戔戔之數，唯可知者，輒忠義之士，或論學之友，或與亭林交誼深厚。亭林於其友，輒自揣鄙陋，不吝稱之爲師。其於〈廣詩〉[101]一文中，對其學友，如「學究天人，確乎不拔，吾不如王寅旭；讀書爲己，探賾洞微，吾不如楊雪臣。獨精三禮，卓然經師，吾不如張稷若；蕭然物外，自得天機，吾不如傅青主……」於此可知，亭林雖學貫古今，以經爲體，以史爲用，洵足以存諸家之精，補百代之蔽，開有清樸學之先，爲開國儒宗。卻仍自謙如此，其爲一代宗師之風範，於此可知也。

第三節　著述考辨

亭林爲學，崇實務廣，自少至老，未嘗一日廢書，出必載書數簏自隨，旅店少休，亦必披尋搜討，而無倦色。嘗曰：「君子之學，死而後已」，其於書也，無所不窺，尤留心經世之學。舉凡經義、史學、文字、音韻、金石、輿地、天文、儀象、河漕、兵農之屬，莫不窺源究委，心通其義，口墨其辭。著述之富，汗牛充棟，皆足以闡天人之奧，綜朝野之規，析山川名物之始，契禮樂兵農之領，抽關啓鑰，盡見其全。其辯詳以覈，其論典以要，其思平實以遠，其義純粹以微。本乎經而不泥於古，原乎史而不拘於成說，其有裨於世風學術巨矣！

今就亭林著作，廣加搜輯，詳予辨析，務期精審，以免遺漏，並依經、史、子、集四部分類，羅列於次，既述提要，復考版本，以明其治學之博。如其書已不傳，則但列其目，並明出處，使知亭林確有是書，以俟他日詳考也。

---

[101] 見《亭林文集卷六，廣師》。

㈠經部

1.《左傳杜解補正》三卷

是書以杜預《左傳集解》時有闕失，賈逵、服虔之注，樂遜之《春秋序義》，今又不傳。故博考典籍，參以己見，而作此書。書中推求文義，研究訓詁，率皆精核，多能得左氏之意，補正其闕失，故四庫提要評之曰：「炎武甚重杜解，而又能彌縫其闕失，可謂掃除門戶，能持是非之平矣。」

（清四庫經部春秋類著錄，張海鵬借月山房彙鈔本，嚴傑學海堂經解本，錢熙輔補刊指海本，亭林遺書十種本，亭林遺書彙輯本）

2.《五經同異》三卷，顧衍生書目無。

是書乃採取宋、元、明以來，先儒說經之文，雖離乎考據古今，而大要仍以說理為主，皆取先儒成說，而不自為論斷也。

（蔣光弼省吾堂四種本，蔣光弼清惠棟九經古義附刻本，朱記榮重刻九經古義附刻本，亭林遺書彙輯本）

3.《九經誤字》一卷

是書以國子監所刊諸經，字多偽脫，而坊刻之誤，又甚於監本，乃考唐石經及諸舊刻摹本，以正監本之誤。

（清四庫五經總義類著錄，借月山房彙鈔本，錢熙輔指海本，王先謙南菁書院讀經解本，亭林遺書十種本，亭林遺書彙輯本）

4.《音學五書》三十八卷

亭林鑑於當時學者不知古音，往往以今世之音，任所改易古人之文，致有改經之病，為正本清源計，故提倡「讀九經自考文始，考文自知音始」[102]，窮極三十餘年，凡五易稿而手書者三乃成，是書集《音論》三卷，《詩本音》十卷，《易音》三卷，《唐韻正》二十卷，《古音表》二卷，茲分述如下：

---

[102] 見《亭林文集卷四．答李子德書》。

⑴《音論》三卷

是書乃探討音之本原，列古今音之變，而究其所以不同，皆引論古說以相證佐，為《音學五書》之綱領也。

⑵《詩本音》十卷

亭林考證三代以上之音，以注三百五篇詩，而成是書。皆先載經文，而注古音於句下，蓋主陳第《毛詩古音考》，詩無協韻說，本經所用之音，互相參證，並證以他書，以明古音原作是讀，其考證較陳氏為密，故此書出，自南宋以來隨意協讀之謬論，乃一一廓清，厥功甚偉。

⑶《易音》三卷

是書即周易以求古音，取其屬辭之切者，上卷為彖辭、爻辭；中卷為彖傳、象傳；下卷為繫辭、文言、說卦、雜卦，體例與詩本音同，其於易音之考核，頗為精確，於古音之探討，可作為旁證矣！

⑷《唐韻正》二十卷

是書辨沈氏（沈約）以來分部之誤，而一一以古音定之。所據之本即宋眞宗大中祥符元年陳彭年等人奉詔重修《廣韻》。以唐人二百六韻俱在，故改稱唐韻，其曰正者，以古音正唐韻也。其卷首有云：「凡韻中之字，今音與古音同者，即不復注。其不同者，乃韻譜相傳之誤，則註云古音某，並引經傳之文以正之。」其條例極為分明，與所作韻補正皆為善本。

⑸《古音表》二卷

是編據廣韻凡分十部，皆以平聲為部首，而三聲隨之，其移入之字與割併之部，即附見其中，考以古法，多相脗合，其配隸古音，實足糾吳棫以來之謬者。

（音學五書，清四庫著錄於經部小學類，音學五書本，嚴傑學海堂經解本，今有商務印書館國學基本叢書排印本）

5.《韻補正》一卷

是書於吳棫所著《韻補》有所補正，其自序稱：「才老多學而識矣，未能一以貫之，故一字數葉，若是之紛紛也。」故亭林就其古音協讀之桀誤，今韻通用之乖方，分條注之，以正其誤。

（四庫全書經部小學類著錄，借月山房彙鈔本，楊尚文連筠簃叢書本，音學五書本，亭林遺書十種本）

6.《**唐宋韻補異同**》**：未刻，今佚。**

書名見於吳映奎輯《顧亭林先生年譜》。

㈡史部

1.《**顧氏譜系考**》**一卷**

是書辨顧氏得姓之本，博引古史以辨路史之誤，及吳郡顧氏之世系。皆陳以表之，使人一窺而明亭林家族淵源與遷居地世系也。是一部考據精詳之顧氏譜系研究之力作。

（四庫全書史部傳記類存目，亭林遺書十種本）

2.《**天下郡國利病書**》**一百二十卷：鈔本，蘇州府志載一百卷**

是書乃亭林取二十一史、十三朝實錄、天下圖注、旁逮文編說部，邸抄之類，凡有關國計民生者，隨讀隨錄，斟酌損益，並參以實地考察所得，爲之考證。其內容以政事爲主，概分兵防、賦稅、水利三部，而以郡國利病貫穿全書。歷二十餘年而成，爲未定之手稿本。其自序云：「崇禎乙卯，秋闈被擯，退而讀書，感四國之多虞，恥經生之寡術，於是歷覽二十一史，以及天下郡縣志書，一代名公文集及章奏文冊之類，有得即錄，共成四十餘帙，一爲輿地之記，一爲利病之書」[103]書皆繩頭小楷，密比行間，原稿無分卷次，其傳寫本則分三十四冊，今第十四冊已佚。

（清四庫地理類存目，今藝文印書館就傳寫本線裝五十冊，商務印書館則收入四庫叢刊續編）

---

103 見《亭林文集卷六・天下郡國利病書序》。

3.《肇域志》一百卷・未刻

此書爲明代地理總志，爲亭林未定稿本，專記明代地域形勢沿革，山川阨塞，兵事成敗以及賦稅戶口之多寡，官職驛舖之省置，至於體國經野，理財治安之道，至纖至悉，皆能詳其沿革，陳其利害。其自序云：「此書自崇禎乙卯起，先取一統志，後取各省府、州、縣志，後取二十一史參互書之，凡閱志書一千餘部，本行不盡，則注之旁；旁又不盡，則別爲一集曰備錄」[104]。按亭林〈天下郡國利病書序〉，同時尚有《輿地記》一編，此《肇域志》疑即初名《輿地記》。據此，則此志與《天下郡國利病書》同時纂輯，一究生民之利病，治亂之得失；一考建置沿革之規，山川形勢，兵事成敗之要，其意各有所主也。

此書乾嘉年間，諸先達多有見其手稿，皆繩頭小楷，每頁上下左右，多有補記。此手錄稿本原爲二十冊，乾隆五十八年（1793年）德清許慶宗從粵東李氏手中買到《肇域志》稿本，而李氏則購自吳門。[105]許慶宗得到此志，攜至杭州，傳凡四世。咸豐四年（1854年），海寧衍芬草堂[106]主人蔣寅昉曾委託他人據許家所藏稿本抄錄四十冊。清咸豐丁巳（1857年），江南兵燹，蔣寅昉先將所藏之書從硤石衍芬草堂，移藏於澉山之西澗草堂。咸豐庚辛之際，鑒於形勢難以預測，蔣寅昉又攜此珍本善本，屢涉江海，輾轉多處。對於蔣寅昉於流離患難之中，屢經兵燹，屢涉江海，寧敝屣萬物，獨以藏書自隨。曾國藩曾贈聯有感而云道：「虹穿深室藏書在，龍護孤舟渡海來。」

同治時曾國藩輾轉覓得《肇域志》稿本，總制兩江金陵，開官書

---

104 見《亭林文集卷六・肇域志序》。

105 許慶宗友人胡虔記述：「乾隆癸丑正月，周生公車過桐城，告虔曰：『予得《肇域》于廣南』，自此《肇域志》藏於許家。

106 清乾隆年間，蔣雲鳳舉家自蔣村移居硤石，是為蔣氏硤石分支始祖。雲鳳公定居硤石後，開始經營商業和房地產業，繼又經營典當業，興盛時擁有典當鋪達八家之多，成為硤石鎮一大富豪望族。而蔣氏設兩大藏書樓「別下齋」和「衍芬草堂」尤為著名。「別下齋」在咸豐年間毀於一旦，「衍芬草堂」仍保存至今。

局，募人抄錄，其副本欲用活字版擺印，以廣流傳，後因曾公調督直隸，刊印之事遂作罷。其後原稿散亂，所知收藏者有杭縣丁仁八千卷樓單鈔浙江布政司本，（後歸金陵官立圖書館）近人劉師培藏南直隸十卷，程瑤田傳鈔山東布政司一冊・今國家圖書館及中研院歷史語言研究所均藏有《肇域志》鈔本，惟均已殘[107]。

4.**《歷代帝王宅京記》二十卷：《蘇州府志》引《乾隆志》云：一作《歷代都城宮闕考》**

此書所錄皆歷代建都之形制及其沿革，上起伏羲，下迄於元，仿《雍錄・長安志》，體例備載，其城郭宮室都邑寺觀及建置年月事蹟，皆各按時代，詳載本末，徵引詳考。是我國第一部輯錄都城歷史資料的專書。全書分二十卷，前二卷爲總論，後十八卷各按時代，詳細記載歷代都城的城郭、宮室、都邑、寺、觀及其建築年月、規制、典故，徵引詳核，考據精審。

（清四庫史部地理類箸錄，嘉慶十三年顧氏刊本，朱記榮槐廬叢書三編本，顧亭林遺書彙輯本）

5.**《營平二州史事》六卷：今佚，書名載《蘇州府志》**

張穆《亭林年譜》云：「先生返至永平之昌黎，著《營平二州史事》六卷。」炎武遊永平時，郡人以志屬之，炎武未應其求，因摭古來營平二州故實纂爲六卷，付之題曰營平二州史實，其自序謂：「獨恨燕史之書不存，而重違主人之請，於是取二十一史、通鑑諸書，自燕、秦以來此邦之大事，迄元至正年而止，纂爲六卷，命曰《營平二州史事》，以質諸其邦之士大夫。」今其書已佚。

6.**《營平二州地名記》一卷**

是書載營平二州古地名，自三代至唐，依時爲次，所記爲隨筆雜鈔，當爲未定之稿本，《四庫全書提要》疑其爲營平二州史事六卷之

107 國家圖書館所藏肇域志殘本乃金陵書局時待梓之草稿本（見《國家圖書館善本書目序》）。

一，或爲可信，書雖殘闕，於地理考證，不爲無補焉。

（四庫全書史部地理類纂錄，朱記榮槐廬叢書本，亭林遺書彙輯本）

7.《昌平山水記》二卷

此書雜記昌平附近，京都明十三陵之建造規制及近京一帶形勝之地，多實地考察，並以歷史辨證其沿革，條錄而成。

顧炎武從清順治十六年（1659年），四十七歲取道山東到北京昌平萬壽山拜謁十三陵起，到康熙十六年（1677年），十九年間他六次到十三陵拜謁，不僅表達故國遺民對前朝的追思、拜陵。還在拜謁過程中，詳細考察十三陵的陵制、建築、地理，帝後的入葬情況，而完成《昌平山水記》二卷。王山史《山志》云：「《昌平山水記》二卷，巨細咸存，尺寸不爽，凡親歷對證三易稿矣」[108]。

（清四庫史部地理類存目，顧亭林遺書彙輯本）

8.《十九陵圖志》六卷：未刻，今佚，其書目見於《蘇州府志》

張穆《顧亭林先生年譜》引徐譜案，潘稼堂呈先生詩注云：「有昌平山水等圖，當即此書。」

9.《山東考古錄》一卷

此書雜考山東古地名及史蹟傳說，末題辛丑臘望日庚申，是日立春，蓋作於順治十八年（1661年），時亭林爲四十九歲，《四庫全書總目提要》引王士禎《居易錄》云：「此書記炎武嘗預修山東通志，或是時所遺稿本，未可知也。」案《居易錄》明言通志修於癸丑，是爲康熙十二年（1673年）也。提要所引爲誤。

（清四庫史部地理類存目，顧亭林遺書彙輯本著錄）

10.《京東考古錄》一卷

此書就《一統志》與史書所載京東地名之誤，博考地志，加以辯

108見《顧寧人學》所引。

證，《四庫全書總目提要》存目謂此文皆見於《日知錄》及《昌平山水記》，殆吳震方編《說鈴》時勦取別行，僞立此名。案張穆《顧亭林年譜》云：「衍生書目本有此名，提要殊武斷」。

（清四庫史部地理類存目，顧亭林遺書彙輯本）

11.《譎觚十事》一卷

此書因樂安李煥章（象先）僞稱與炎武書，駁正地理十事，炎武特作此書以辨正，俾免貽誤後學。其曰：「忽見時刻尺牘，有樂安李象先名煥章〈與顧寧人書〉，辯正地理十事，竊念十年前與此君曾有一面，而未嘗與之劄，又未嘗有李君與僕之劄；又劄中言僕讀其所著《乘州人物志》、《李氏八世譜》而深許之，僕亦未嘗見此二書也。其所辯十事，僕所著書中有其五事，然李君亦未嘗見，似道聽而爲之說者。而又或以僕之說爲李君之說，則益以徵李君之未見鄙書矣。不得不出其所著以質之君子，無俾貽誤來學，非好辨也」。[109]駁斥李煥章之論甚明也。如其論〈孟嘗君之封於薛〉，及〈臨淄之非營邱〉諸條，皆於地理之學有所補正。

（四庫史部地理類存目，清張海鵬借月山房彙鈔本，澤古齋重鈔本、錢熙輔指海本、亭林十種本、顧亭林遺書本）

12.《求古錄》一卷

此書乃炎武周遊天下，廣搜金石之文，手自抄纂，上自漢曹全碑，下至明建文霍山碑，每刻必載全文，凡五十六種，依宋．洪適《隸釋》之例，志其地理，考其建立之由。古字篆隸，皆詳考原委，辨證音釋，可以正字書之譌，補史傳之闕[110]。

（清四庫史部目錄類著錄，朱記榮金石叢書行素堂本，朱記榮槐廬叢書本，顧亭林遺書彙輯本）

---

109 見《顧亭林遺書十種．譎觚十事》。

110 是書經與《金石文字記》核之前後，俱屬相同，唯中一段大異，知是書當屬《金石文字記》初稿，至成書後，易以今名。見《鄭堂讀書記卷三十四》。

13.《金石文字記》六卷

此書所錄自商以下碑刻，以時代爲次，每碑下各綴以跋，其無跋者，亦具其立石年月，撰書人姓名，及發現地點，抉剔史傳，詳加博考，辨正僞誤。所錄凡三百餘種，後又有炎武門人潘耒補遺二十四種，碑字間有異者，又別爲摘錄於末，所錄能補《集古》、《金石》二錄之遺，而詳核過之。足以彰顯亭林先生在清代金石學的開山地位。

（清四庫史部目錄類著錄，張海鵬借月山房彙鈔本，錢熙輔指海本，澤古齋重鈔本，亭林遺書十種本，遺書彙輯本）

14.《石經考》一卷

是書敘歷代石經本末得失，詳其沿革，博列眾說，互相參校，怯除疑竇，尤足決經史之舛僞也。[111]

（清四庫史部目錄類，借月山房彙鈔本，錢熙輔指海本，澤古齋重鈔本，亭林遺書十種本，亭林遺書彙輯刻本）

15.《官田始末考》一卷　未刻，今佚

清《蘇州府志》作《宜田始末考》一卷。

16.《北平古今記》十卷　未刻，今佚。

書名見於《蘇州府志》，清桐城胡虔云：「此書共八卷，仍仿《三輔黃圖》之例而作者」[112]。

17.《健康古今記》十卷　未刻，今佚

書名見於《蘇州府志》。

18.《萬歲山考》一卷　未刻，今佚

書名見於《蘇州府志》。

19.《海道經》未刻，今佚

書名見於吳映奎所輯《亭林年譜》。

111 衛恒《四體書勢》以為《三體石經》非邯鄲淳所書，又據《周書・宣帝紀》、《隋書・劉焯傳》以正《經籍志》自鄴載入長安之誤。

112 見《顧頡剛、馬太玄顧炎武著述考所引》。

20.《岱嶽記》八卷　未刻，今佚

書名見於《蘇州府志》作二卷，又見於《亭林遺書》作四卷。

21.《二十一史年表》十卷　未刻，今佚

書名見於《蘇州府志》。

22.《三朝紀事闕文》二十卷　未刻，今佚

是書乃亭林彙輯其祖所抄錄之明史料，並旁加搜輯以補之。其自序謂：「臣伏念國史未成，記注不存，爲海內臣子所痛心，而臣祖二十年抄錄之勤，不忍令其漫滅，以負先人之志，於是旁搜斷爛之文，采而補之，書其大略，其不得則闕之，名曰《三朝紀事闕文》」[113]，惜其書今已佚。

23.《熹廟諒闇記》一卷　鈔本

此書係亭林先生以編年體形式記載自明泰昌元年九月光宗即位至駕崩[114]，明熹宗繼位，至該年底朝廷中發生之爭鬥。包括明代「梃擊」、「紅丸」、「移宮」等三大案之作，爲研究明史者提供頗多可貴之資料。據亭林門人李既足〈與人論亭林遺書箋〉：「先師當日著作甚富，即以晚所見而言，尚有《岱嶽記》四卷，《熹宗諒闇記》一卷，《昭夏遺書》二卷，今諸書不知在於何處，深爲可惜」[115]。知《熹廟諒闇記事》原稿曾經李雲霑（李既足）手錄，在亭林逝世後不久，已不知流傳何處。至乾隆下令查繳違礙書籍以後，在《外省移咨應燬各種書目》中已列有無名氏《熹廟諒闇記事》，應即爲亭林所撰之書。故知此書原本在乾隆下令焚書時，必然已遭焚燬。今所傳抄本爲大阪府立圖書館所藏，而爲世界書局影印附於蔣山傭殘稿後。

---

113 見《亭林餘集・三朝紀事闕文序》。

114 明神宗萬曆四十八年（1620年）七月二十一日，駕崩，八月太子朱常洛於即位，改元泰昌，是為明光宗。即位之初，廢礦稅、餉邊防、補官缺，但因本身縱慾過度，即位不久就病倒，太監崔文升進以瀉藥而狂瀉。又因九月初一光宗服用李可灼進貢之紅丸而猝死，在位不足三十天。

115 見李既足〈與人論亭林遺書箋〉，載國粹學報七朝（光緒三十一年七月二十日出版）。

24.**《昭夏遺聲》二卷　未刻**

昭夏者，中夏也。乃亭林選明季殉節諸公詩，每人有小序一篇，爲亭林門人李雲霑手錄，今佚。

25.**《明季實錄》不分卷（李慈銘《越縵堂讀書記》謂所見鈔本《明季實錄》分四卷）。**

是書記闖賊陷京城，崇禎殉國始末，至福王登基之明史實。亭林輯其所聞，彙爲一編，舉凡朝臣之忠逆，闖賊之暴行，皆縷言述之，雖不待論斷，自可見其褒貶之旨。其書沈楙悳跋謂：「亭林先生具良史之才，就當時所見聞彙爲一編，名曰實錄，未嘗參贊一詞，蓋將使後之覽者，懍然知君子之可爲，而小人之必不可爲，庶幾世道人心，日歸於正。」李慈銘《越縵堂讀書記》云：「閱鈔本《明季實錄》，題顧炎武寧人輯，蓋僞也。」並謂其中許多史事，皆已盡采入《南北略》，《南疆繹史》諸書，惟所載當時議論公文，則本之案牘。其遇明事皆治格寫，是福王立國時人所爲也。今以李慈銘所列篇目與遺書本篇目對照，不盡相同，其篇次亦不同，且遺書彙輯本不分卷，知朱記榮所採刻本與李慈銘所閱不同也。

（清王晫張潮昭代叢書癸集本，朱記榮槐廬叢書四編本，埽葉山房印本二冊，明季稗史續編本）

26.**《聖安紀事》二卷（一名《聖安皇帝本紀》）**

此書所記爲南明弘光一朝之史事，起崇禎甲申四月史可法督師勤王於浦口，至乙酉弘光被執北狩而止。亭林以其信史之筆，述福王敗政，大臣爭寵，權奸誤國，皆依時繫事，條析縷言，足可徵春秋大義，而補明史之闕也。書凡二本，一爲二卷本，題《聖安紀事》，見於《明季稗史》本，《亭林遺書彙輯》。一爲六卷本，題《聖安本紀》，見於明陳仁錫《荊駝逸史》，其書有自序，附錄，發明，所敘事蹟較詳，惟據謝國禎考知六卷本乃文秉之甲乙事案，後人誤爲一書也。[116]

（今《聖安紀事》二卷本，見於《明季稗史》初編，商務印書館印行，又與六卷本並見於台銀經濟研究室編印之台灣文獻叢刊第一八三種）

27.**《海甸野史》五卷本**

是書乃謄抄明、清易代之際，二十二種筆記彙集而成。內容敘述當時明、清兩軍對陣、農民起義戰爭，以及清軍入關後，各地義軍的抵抗、降附等情形。

民國八年，北大《國故月刊》中曾刊卷六，題云：「古吳亭林老人手輯」，惜祇五卷[117]。

28.**《皇明修文備史》一百五十六卷，抄本**

是書爲亭林彙集邊報邸鈔，隨手輯錄鈔本，以備全史採擇之用。其內容所記自帝紀以至外夷，大而兵刑禮樂，小而筦庫出納，人物之臧否，議論之短長，行事之法戒，形勢之要害，莫不備載。其考證精詳，可補明史之闕漏。蓋亭林有志於明史，而未暇成書者。原稿凡七十種，合四十軼，今已佚大半[118]

㈢子部

1.《日知錄》三十二卷

此書乃亭林積三十餘年所成，爲其一生精力之所注。凡經史子集之要，修齊治平之道，盡在其中。其學皆有用之學，論證皆有本之言。考炎武之學，皆有本原，博贍而能通貫，每一事皆詳其本末，參以證佐而後筆之於書，故引據浩繁，而牴牾者少。其自序謂：「所著《日知錄》

---

116 見謝國禎《晚明史籍考・卷十》。

117 見於顧頡剛、馬太玄所著〈顧炎武著述考〉，載國立中山大學圖書館週刊二卷二期（西元一九五八年五月十三日出版）。

118 見謝國楨《顧寧人學譜》引中國學報第一期。

三十餘卷，平生之志與業，皆在其中」[119]。至其內容言：「上篇經術，中篇治道，下篇博聞，共三十餘卷，將以見諸行事，以躋斯世於治古之隆，而未敢爲今人之道也」[120]。是知《日知錄》之作，乃炎武稽古有得，隨時劄記，久而類次成書者也，其於經義、史學、官方、吏治、財賦、典禮、輿地、藝文之屬，皆能書通其源流，考正其謬誤，其規切時弊，尤爲深切，學博而識精，理到而辭達，是其特色也。

《日知錄》流傳版本甚多，今分述如下：

(1)《日知錄》八卷本

① 符山堂初刻本：吳壽暘拜經樓藏書題跋記云：「亭林先生《日知錄》初本八卷，後附《譎觚》十事，符山堂刻」。

② 舊鈔本，潘承弼按舊鈔本八卷，得之坊肆，封面有光緒癸卯舜水仲虎騰氏跋語，稱是先生手筆。然細審字跡，實不類。惟全書塗改處甚多，意必當時流傳之稿本，而非先生手錄者。

(2)《日知錄》三十二卷本

① 康熙三十四年潘氏遂初堂刻本：此爲潘次耕所校亭林原稿，刊諸閩中者，次耕懲於史禍，于全書文字，涉禁諱之處，悉行改避，殊失原本面目。

② 乾隆六十年重刻本：是本以潘本重刊，文字異同，互有得失。惟目錄略有變易，末附《日知錄之餘》二卷。

③ 皇清經解本：阮元將之刊入經解，文字刪略，已非完書也。

④ 石印巾箱本；爲清朝坊間通行石印本。

除刻本外還有鈔本、底稿本、校鈔本，皆爲其時流行之本，不再贅述[121]。

---

119 見《亭林文集卷三・與友人論門人書》。

120 見《亭林文集卷四・與人書二十五》。

121 見潘承弼〈日知錄原本考略〉，載《章氏國學講習會學報》第一號（民國二十六年四月一日出版）。

(3) **《日知錄》三十二卷集釋本，黃汝成箋。**

此本自道光初刻後，曾經數次翻刻及活字版排印本。在台灣流行之《日知錄》乃為民國廿二年張溥泉（繼）在北平購得《日知錄》原抄本（已經章太炎披閱，黃侃持與通行本校刊）再持與山東省立圖書館藏另抄本校刊過，溥泉歸道山後，其夫人崔震華攜至台，由東海大學教授徐文珊向之借出點校後，排印出版[122]。

另有商務印書館國學基本叢書出版《日知錄》乙套亦為排印本。（四庫全書收入子部雜家類。）

2. **《日知錄之餘》四卷本**

是書當是潘耒整理顧炎武遺稿，刊刻《日知錄》後，沒有收錄的殘存稿件。有好事者不忍心其泯滅，遂收拾遺存，編成四卷，行之於世。內容涉及書法、歷代禁止之事、徙民、國史律令等方面，雖大多抄錄史傳各書編輯而成。然廣博該洽，識見高妙，體現顧炎武經世致用思想，是研究顧炎武之不可或缺的重要史料。鄧實新校風雨樓叢書有《日知錄之餘》四卷。卷一書法，卷二禁令，卷三道佛，卷四雜錄[123]。

其流傳版本有：

(1)乾隆六十年刊本。

(2)刊巾箱本（皆附錄於《日知錄》之後）。

(3)宣統二年吳中鄒氏重刻本（鄒福保自序云：「此編余於家藏舊書中檢得，原版已亡，士林罕見，重寫授梓，以廣流傳」）。

(4)四川刻本。

(5)風雨樓排印本。

(6)舊鈔本（丁氏持靜齋書目著錄《日知錄之餘》四卷，舊鈔本，梁蕉林所藏）。

---

122 可參閱明倫書局出版之「原抄本日知錄」敘例。

123 見謝國楨《顧寧人學譜》、顧頡剛〈顧亭林著述考〉。

3.《菰中隨筆》三卷（顧亭林遺書彙輯本僅存一卷）

此書爲炎武平日讀書所得，隨手劄記，全書可以分爲《四庫提要》稱其旁及常言俗諺及生平問答之語，而今所見遺書本之《菰中隨筆》則無答問語，詞皆雅馴，前半冊論官人選士之法，後半則雜記古今事蹟，援據考辨，足補《日知錄》之所未備。

《菰中隨筆》可分爲三卷本和一卷本。三卷本由顧衍生自顧炎武手稿中抄出後，主要在江南藏書家之間傳抄，所錄較廣，舉凡遊蹤所至，於當地民風土俗，吏治民瘼，以及治學立身之方，養生涉世之道，言之尤競競，因爲其中有大量涉嫌違禁的內容，如以明遺民身份口吻自居、追懷明朝先帝、鄙夷滿清等等，因此在文字獄嚴苛的雍、乾、嘉時期不便流行，可能只是好友之間秘密傳抄。

《菰中隨筆》一卷本則流行於北方，江南藏書家罕能見到，內容所述，已刪去違禁文字，篇帙較簡。

（清四庫子部雜家類存目著錄，潘德佘海山仙館叢書本，亭林遺書彙輯本）

4.《區言》五十卷　未刻，今佚，書名見鄭文焯《南獻遺徵》

何焯序菰中隨筆云：「先生所著區言五十卷，皆述治天下之要，余曾在相國處見一帙，言治何事，亦如此細書者」知此書未有刻本。

5.《救文格論》一卷

此書所記皆爲炎武平日讀史心得，分條劄記，其論史家之誤，古人著史之體例，言簡意賅，考證精微。

（清四庫子部雜家類存目，亭林遺書彙輯本）

6.《雜錄》一卷

此書爲亭林讀書劄記，或言字，反切之由來。或論史書之誤，皆有所見而發，足見亭林平日讀書之廣，用心之細矣！

（清四庫子部雜家類存目附於《救文格論》後，亭林遺書彙輯本）

7.**《經世篇》十二卷　未刻，今佚**

《四庫提要》云：「其書門類，悉依場屋策目，每目一篇，附以諸家雜說，頗爲弇陋，蓋應科舉者鈔撮類書爲之，而坊賈託名於炎武也。」此書至今未見，僅見錄於《四庫子部類書存目》及《蘇州府志》，《四庫提要》之說或爲存眞，惟因題顧炎武所著，始暫錄於此。

8.**《懼謀錄》四卷　鈔本**

書名見於丁丙《八千卷樓書目》著錄，列子部兵家類。

9.**《下學指南》一卷　未刻**

此書乃亭林取慈谿《黃氏日鈔》所摘，謝氏、張氏、陸氏之言以別其源流，而衷諸朱子之說，謂其能繇朱子之言，以達夫聖人下學之旨[124]。

（清徐乾學傳是樓著錄，李元度先正事略作下學指南）

10.**《當務書》六卷　未刻，今佚**

書名見於《蘇州府志》。

11.**《茀錄》十五卷　未刻，今佚**

書名見於《蘇州府志》。

㈣集部

1.**《亭林文集》六卷**

是書乃亭林論學之集，發抒其經世思想，敘而爲文，慷慨激動，研理深邃。彭紹升《亭林先生餘集》序：「亭林顧先生間代通儒，有扶世立教之志，而生逢革命，無所發抒，孤忠磊磊，至老不渝。其所爲文，至於家國存亡之際，慷慨傷懷，或揚聲哀號，或幽憂飲泣，以視屈原、賈生諸公時遇不同，同一天性激發而已矣。」。其推崇可謂備至矣！

124見《亭林文集卷六・下學指南序》。

（葛氏金石叢書本，上海涵芬樓四部叢刊原刊本，董金南學古齋金石叢書，亭林十種本，亭林遺書彙輯本）

2.《亭林餘集》一卷

此書所錄皆亭林與友人之書札及墓誌銘，原爲吳江潘耒編《亭林遺書》時爲避文字之禍，所抽出來加刊刻者。後經長洲彭紹升所得而輯錄，共十六篇，流傳於世。

（董金南學古齋金石叢書本，彭紹升刊本，四明葛氏金石叢書本，亭林遺書彙輯本）

3.《亭林詩集》五卷

此書乃亭林卒後，其門人潘次耕捐資刊刻。乾隆中軍機處奏准抽燬書目謂：「中有偏謬詞句，應行銷燬。」故處於異族文網中，曾刪改亭林詩中所多忌諱字眼，清末徐嘉撰《顧詩箋注》十七卷，其凡例云：「潘氏初刊是詩，中多闕文，他刻因之，未窺原稿，廬難補輯。光緒甲申，鎮江書賈出眎舊本，朱書補完，每卷下方鈐梁清標印，知爲蕉林相國什藏。」徐氏所得梁清標本，乃據原稿本或鈔本補寫，近人無錫孫毓修曾得鈔本《蔣山傭詩集》，發現刻本刪改處頗多，故做校補一篇，商務印書館編《四部叢刊》，將校補列於詩集後。

朱錫鬯《靜志居詩話》論寧人詩云：「詩無長語，事必精當，詞必古雅，抒山長老所云：『清景當中，天地秋色，庶幾近之』。繆天自永謀云：『詩有俚語，經顧寧人筆輒典』」。

（清四部叢刊影印原刊本，亭林遺書十種本，遺書彙輯本）

4.《亭林佚詩》一卷

徐嘉箋注顧詩凡例云：「吳縣朱氏記榮刻亭林佚詩十八首，是編成後獲見。當時之所指陳、潘氏刪之宜也。」是知《亭林佚詩》，乃爲潘耒刊刻《亭林詩集》而刪餘之詩。蒯光典序《亭林餘集》：「敬孚尚有亭林軼詩及同志贈言一冊。」後來朱記榮編《亭林遺書彙輯本》，其佚詩亦從敬孚處摹刻得來。

5.《亭林詩文集 詩律蒙告》一卷　未刻，今佚

是書爲合集本，包括亭林文集和詩集。由於亭林詩文，在其生前未曾付雕刊印，去世後，則由弟子潘耒刊印。此合集本內容，文集有《亭林文集》六卷、《亭林餘集》一卷、《蔣山傭殘稿》一卷、《亭林佚文輯補》一卷，四部分組成；詩集則由《亭林詩集》五卷、《亭林先生佚詩》一卷、《亭林集外詩補》一卷，三部分組成。

李既足〈與人論亭林遺書〉箋曰：「又有《詩律蒙告》一卷，霑曾錄一本，前帶在虞山，爲友人潘姓者借去，今尚可查取也」[125]。

6.《同志贈言》一卷

此書所錄爲友人贈亭林之詩文，爲清沈岱瞻彙編纂輯，從中可窺亭林與友人交誼之篤，論學之廣，友人對亭林稱譽之至，信服之誠也。

（光緒十一年　上海埽葉山房本、光緒十四年　朱記榮校刊本、亭林遺書彙輯本）

7.《蔣山傭詩選》

亭林詩今存四百卅首，其中十之八九都有強烈的家國興亡之感，絕少世俗酬應之作。在亭林詩集中，篇篇有感而發，充滿忠憤之慨，愛國之忱，無一吟風弄月閑適之語。由弟子潘耒在亭林逝後刊印出版。

8.《蔣山傭殘稿》三卷

此書原稿已佚，其傳錄之本據聞有二：一爲常熟瞿鏞鐵琴銅劍樓所藏，一爲上海涵芬樓所藏，（惟於一二八事變，日本侵略上海時付之一炬）瞿氏所藏不見於箸錄，今所傳乃爲日本大阪府立圖書館所藏，原稿共有文九十九篇（內有數篇文字殘闕），除記與孝感熊先生語一篇外，皆爲書劄。題目下間或有小字注文，係出亭林嗣子顧衍生之手，殘稿與亭林文集中重複有三十九篇，其餘六十篇爲殘稿所有，爲文集所無，文中凡涉及明朝皇帝如「肇下」、「奉旨」諸字，均跳格書寫，保持原稿

125 見《國粹學報七期》（光緒三十一年七月二十日出版）。

面目。

（原抄本藏大阪府立圖書館，今爲世界書局所影印刊行）

(五)亭林勘定之書

1. **《西安府儒學碑目》**

是書乃亭林對西安府境內各石碑親訪之，並依崇禎十一年《西安府志》所載，比對校核，漏者增，謬誤者改，務必將碑上文字紀錄，重新勘定。《西安府儒學碑目》序云：「西安府儒學先師廟之後，爲亭者五，環之以廊，而列古今碑版於中，俗謂之碑洞。自嘉靖末地震，而記志有名之碑，多毀裂不存，其見在者，猶足以甲天下，余遊覽之下，因得考而序之」[126]。

2. **《家訓》**

見顧衍生《亭林著述目錄》及張穆《顧亭林先生年譜》。有亭林手跡。

3. **《近儒名論甲集》**

《亭林佚文輯補・與顏修來手札》：「弟向日錄有《古今集論》五十卷，……刪取其切於經學治術之要者，付諸梓人，名曰《近儒名論甲集》」[127]。

4. **《易解》**

亭林〈答汪苕文書〉：「弟方纂錄《易解》，程朱各自爲書，以正《大全》之謬」[128]。

5. **《南都十事》**

亭林〈與戴耘野書〉：「昔年有纂錄《南都時事》一本可付既足持

126見《亭林文集卷二・西安府儒學碑目序》。

127見《國粹學報第六十九期》，宣統二年七月二十日出版。

128見《亭林文集卷三・答汪苕文書》。

來」[129]之語。

6.《點定荀悅漢紀》

錢邦彥《校補亭林年譜》載：「康熙十年辛亥，亭林為太原守周令樹點定荀悅《漢紀》」又張穆《亭林年譜．潘耒重刻漢紀序》云：「先生年五十九歲時，點定荀悅漢紀」。

7.《備錄》

亭林《肇域志序》：「凡閱志書一千餘部，本行不盡，則注之旁，旁又不盡，則別為一集曰備錄」[130]。

8.《姓氏書》

《日知錄卷二十四．姓氏書》謂：「愚嘗欲以經傳諸書次之，首列黃帝之子，得姓者十二人。次則三代以上之得國受氏，而後人因以為姓者。次則戰國以下之見於傳記，而今人通謂之姓者。次則三國，南北朝以下之見于史者。又次則代北複姓遼、金、元姓之見于史者。而無所考者，別為一帙」[131]。

第四節　思想淵源

凡一代學術之興衰流變，其起也，或承先儒之成業而加闡發，或由前賢學說相激相盪而成，罕有憑空而起者。亭林生當明清之際，為學浩涵閎肆，流風所被，開有清樸學之先。後之學者，承其端以引申，濡染成風，影響即深且鉅。故梁任公推亭林為清學開山之祖[132]，今欲探究亭林之學術，必尋其思想之淵源脈絡，明其徯徑，以為師教鄉習，繩繩相繼，綿延相承，而成一代學術之宗，非偶然之故也！

---

[129] 見《亭林文集卷六．與戴耘野書》。

[130] 見《亭林文集卷六．肇域志序》。

[131] 見《原抄本日知錄卷二十四．姓氏書》。

[132] 見梁啓超《清代學術概論》。

亭林嘗自述其學術淵源曰：

今之言學者，必求諸語錄。語錄之書，始於二程，前此未有也。今之語錄幾於充棟矣，而淫於禪學者實多。然其說蓋出於程門。故取慈谿黃氏日抄所摘謝氏、張氏、陸氏之語，以別其源流，而衷諸朱子之說。夫學程子而涉於禪者上蔡[133]也，橫浦[134]則以禪而入於儒，象山則自立一說，以排千五百年之學者，而其所謂「收拾精神，掃去階級」，亦無非禪之宗旨矣。後之說者遞相演述，大抵不出乎此，而其術愈深，其言愈巧。[135]

蓋亭林之學，遠紹兩宋道問學之傳，源深而流長，上承晦庵之教，持論同乎黃東發，治學近乎王伯厚。章實齋嘗分清學爲浙西、浙東兩派；謂浙西尚博稚，宗顧亭林，其淵源自朱子，並追溯朱子之傳緒曰：「朱子求一貫於多學而識，寓約禮於博文，其事繁而密，其功實而難；然沿其學者，一傳而爲勉齋[136]、九峯[137]，再傳而爲西山[138]、鶴山[139]、

---

[133] 謝良佐，字顯道，宋、壽春上蔡人。師從程顥、程頤。為程門高弟。其學以仁、天理為主體，講究修身養性，且摻雜禪學思想。創立上蔡學派，是心學的奠基人，學者稱為上蔡先生。著有《論語說》、《觀復齋記》。其核心思想被門人曾恬、胡安國輯錄《上蔡先生語錄》，事跡見《宋史・道學傳》。

[134] 張橫浦，名九成，字子韶，號無垢，又號橫浦居士。錢塘人，南宋紹興二年（1132年）殿試為狀元。授鎮東軍簽判，因與上司意見不合，棄官歸鄉講學。後應召為太常博士。他為官不附權貴，主張抗金，反對議和，為秦檜所忌，以「謗訕朝政」罪名，謫居南安軍14年。秦檜死，重新起用，出知溫州。因直言上疏，不納，辭官歸故里，不久病卒。追贈太師，封崇國公，謚文忠。張九成致力經學，雜以佛學。著有《橫浦集》、《中庸說》等多種，對經學有獨創見解，後形成「橫浦學派」，著有「橫浦學案」。

[135] 見《亭林文集卷六、下學指南序》。

[136] 黃幹，字直卿，號勉齋，閩縣人。少受業於朱子，朱子對其厚望，以女妻之。甯宗朝，補將仕郎。歷知漢陽軍、安慶府。晚年隱居於武夷，潛心閩學研究，世稱「勉齋先生」。

[137] 蔡沈，字仲默，號九峰，南宋建州建陽（福建）人，學者稱九峰先生。專意為學，不求仕進，少從朱熹學。慶元黨禁時，隨父元定赴道州（湖南道縣）謫所。父死，歸隱九峰，受朱熹之托，鑽研《尚書》數十年，發明先儒之未所及。著有《書集》、《九峰公集》等書。

東發[140]、厚齋[141]，……五傳而爲寧人、百詩[142]，則皆服古通經，學求其是，而非專已守殘、空言性命之流」[143]。皮錫端《經學歷史》亦曰：『朱子能遵古義，故從朱學者如黃震、許謙、金履祥、王應麟諸儒、皆學有根柢……國朝輯古佚書之派，王、顧、黃三大儒，皆嘗潛心朱學而加以擴充[144]』。是浙西之學淵源深遠，其立說往往受朱學之影響；亭林

138真德秀，字景元，後改景希，號西山，後世稱西山先生。福建浦城人。為南宋著名儒家學者，屬朱熹理學一派。宋寧宗慶元五年登進士，歷官太學博士、中書舍人，禮部侍郎、泉州、福州任知府 戶部尚書、參知政事等官職，旋即因病辭職，同年逝世，諡文忠。著有《西山甲乙稿》、《大學衍義》、《西山先生真文忠公文集》等書。

139魏了翁，字華父，號鶴山，南宋蒲江人。生於淳熙五年（1178年）。幼年，勤學聰穎，讀書過目不忘，被鄉裡稱為神童。慶元五年進京應試，甯宗主考，他應對如流，而考中進士第三名。歷官國子監國子正職、校書郎、嘉定知府。後辭官歸故鄉，潛心在家鄉興辦教育。嘉定三年（1210年），了翁於蒲江北門白鶴山上創辦蒲江鶴山書院，各地慕名求學者絡繹不絕，書院以「博學、審問、慎思、明辨、篤行」為治學準則，由他躬親授教，孜孜不倦。興學育才，成效卓著。他博極群書，崇尚理學，反對佛老學說，師承朱熹學派，後又受陸九淵派學說影響，終至「折衷朱陸」將兩派學說融會變通，而以心學為主，成一家之言。生平著述頗豐，有《鶴山全集》、《九經要義》、《經史雜鈔》、《鶴山詩集》等書。

140黃震，字東發，浙江慈溪人。南宋寶祐四年（1256年）中進士，調吳縣縣尉，後擢史館檢閱，預修宋寧宗、宋理宗兩朝《國史》、《實錄》編撰。因言弊政，出通判廣德軍，紹興府，知撫州。後為浙東提興常平。多有惠政，為權豪所忌。宋亡，隱寶幢山而死。其學宗程朱，兼葉適「功利之學」，反對空談義理，大膽批判理學「人心道心」、「即心即道」論。力排佛老，以為陸九淵、朱熹學皆雜禪。著有《黃氏日抄》、《戊辰修史傳》、《古今紀要》等。

141王應麟（1223-1296）字伯厚，號厚齋。慶元府鄞縣（浙江）人。理宗淳祐元年（1241年）舉進士，有感於當時學風之空疏，遂潛心於典章之學。寶祐四年中博學宏詞科，在朝廷正直敢言，故多忤逆權臣。累官至禮部尚書兼給事中，因左丞相留夢炎進用私黨，極言其非。遂辭官而歸，專事著述二十年。宋亡後不出。厚齋學問淵博，著作豐富，所著有二十餘種，約六百餘卷。最著名為有《困學記聞》二十卷及類書《玉海》二百卷等。

142閻若璩字百詩，號潛丘。山西太原人。幼患口吃，資質愚鈍，讀書數十遍還背不熟。直至十五歲時，忽覺開朗，讀書竟過目不忘。曾潛心研究《古文尚書》三十餘年，撰成《古文尚書疏證》八卷，引經據典，確定《古文尚書》為東晉梅賾所偽著。康熙四十三年（1695年）為皇四子胤禛（雍正皇帝）召見，抱病赴京，1704年卒於京城。一生勤奮著書，著有《古文尚書疏證》、《潛邱劄記》、《困學記聞注》、《孟子生卒年月考》等書。

143見《文史通義卷三、朱陸》。

144見皮錫端《經學歷史》。

巍巍之志節品學，除遠紹朱學之傳緒，其於家學亦有所資。今述亭林學術思想淵源如下，以爲知人論世之資焉！

一、宗朱晦庵

宋之理學，朱子實開其新統，其學不僅匯濂溪、橫渠、二程而爲一，並溢出其前，兼匯北宋理學之大儒，又上溯於漢唐、先秦。六經百家文史之部，靡不博通條貫。朱門後起，能得其奧旨者，殆不多見。東發之《日抄》、伯厚之《紀聞》，庶乎窺其門牆，而亭林則專意精微，尊崇朱子，於陸王禪學頗加斥之。全謝山論其學術淵源曰：「本朱子之說，參之以慈谿東發《日抄》，所以歸咎於上蔡、橫浦、象山者甚峻」[145]。亭林推本晦翁、東發之意，斥上蔡（謝良佐），橫浦（張九成）、象山（陸九淵）三家入禪日深、去儒愈遠。故欲返諸孔孟之眞意，以經緯斯世、撥亂反正；必衷諸朱子之說，以挽時弊。蓋亭林生當晚明之時，目睹人心趨惰、風俗日偷，士子競逐於帖括之學[146]。而王學之末流，多流於禪寂，至率天下以不學，爲力矯明學之空疏誤國，故極力提倡經世致用之學，以斂華就實爲主。斥王學爲禪學，而篤志於經學，曰經學即理學也，其與〈施愚山書〉云：

理學之名，自宋人始有之，古之所謂理學，經學也，非數十年不能通也。今之所謂理學，禪學也，不取之五經，而但資之語錄，校諸帖括之文而尤易也[147]

145 見《鮚埼亭集・亭林先生神道表》。

146 帖括泖指科舉應試之文，《唐書・選舉志》：「明經者但記帖括。」唐制以帖經試士，後以應試者多至帖孤章絕句以惑之，應試者因取其難者，編為歌訣，以便記憶，謂之帖括。意謂包括帖經之門徑也，後世因引伸泛指科舉應試之文。

147 見《亭林文集卷三・與施愚山書》。

亭林所倡「經學即理學」乃指漢至宋，五經中平易可行之理，以其合於經、同於經、故曰即經學；後之理學，乃指明，以其不取之五經，但資之語錄，專言心性虛寂之學，故亭林予以排斥，其曰：

命與仁，夫子之所罕言也，性與天道，子貢之所未得聞也。性命之理，著之《易傳》，未嘗數以語人。其答問士也，則曰：「行己有恥」；其爲學，則曰：「好古敏求」。……今之君子則不然，聚賓客門人之學者數十百人，「譬諸草木，區以別矣」，而一皆與之言心言性，舍多學而識，以求一貫之方，置四海之困窮不言，而終日講危微精一之說[148]。

於明學之空疏敝陋，亭林尤歸罪於陽明之心學，曾曰：「以一人而易天下，其流風至於百有餘年之久者，古有之矣！王夷甫[149]之清談，王介甫[150]之新說，其在於今，則王伯安之良知是也」[151]。又曰：

五胡亂華，本於清談之流禍，人人知之。孰知今日之清談，有甚於前代者，昔之清談談老莊，今之清談談孔孟，未得其精而已遺其粗，未究其本而先辭其末；不習六藝之文，不考百王之典，不綜當代之務，舉夫子論學論政之大端，一切不問，而曰一貫，曰無言。以明心見性之空言，代修己治人之實學，股肱惰而萬事荒，爪牙亡而四國亂，神州蕩覆，宗廟丘墟[152]。

---

148 見《亭林文集卷三・與友人論學書》。

149 王衍（256-311年），字夷甫，琅邪臨沂（今山東臨沂）人。西晉大臣，喜談老莊，宣導玄學，正始名士、「竹林七賢」之一的王戎是從兄弟。王戎善清談，為竹林七賢之一。

150 王安石，字介甫，號半山，官至宰相，封荊國公，世稱王荊公，諡號文，也稱王文公。為北宋政治改革家、思想家、文學家，其散文雄健峭拔，是唐宋八大家之一。著有《臨川集》。

151 見《原抄本日知錄卷二十・朱子晚年定論》。

152 見《原抄本日知錄卷九・夫子之言性與天道》。

亭林視「良知」、「清談」同爲流禍天下之學，其指斥陽明學說乃峻厲如此。故梁任公云：「炎武對於晚明學風，首施猛烈之攻擊，而歸罪於王守仁」[153]。晚明學風，尙空談，務虛習，亭林本朱子之說[154]，斥陸王之學入禪而非之，其時反王學不僅亭林也，清初大儒皆攻王學之空疏，如王夫之云：「姚江之學出，橫拈聖言之近似者，摘一句一字以爲要妙，竄入其禪宗，尤爲無忌憚之至」[155]。黃宗羲亦云：「明人講學，襲語錄之糟粕，不以六經爲根柢，束書而從事於遊談」[156]。黎州之學，上宗姚江，蕺山，持論猶如此，可知清初學界潮流所趨，而亭林瓣香所宗在朱子，故惡夫禪與語錄者，尤甚於清初諸儒。

亭林嘗自述其爲學標的，曰「博學於文」，曰「行已有恥」。其〈與友人論學書〉云：

愚所謂聖人之道者如之何？曰「博學於文」，曰「行已有恥」，自一身以至於天下國家，皆學之事也；自子臣弟友以至出入、往來、辭受、取與之間，皆有恥之事也。恥之於人大矣！不恥惡衣惡食，而恥匹夫匹婦之不被其澤，故曰：「萬物皆備於我矣！反身而誠。」嗚呼！士不先言恥，則爲無本之人；非好古而多聞，則爲空虛之學。以無本之人，而講空虛之學，吾見其日從事於聖人而去之彌遠也。[157]

153見梁啓超《清代學術概論》。

154朱子於玄學、佛學，每斥為異端而非之，如《朱子語類卷一百一・程子門人》云：「古之聖賢，未嘗說無形影話，近世方有此等議論，蓋見異端好說玄、說妙、思有以勝之，故亦去玄妙上尋，不知正是他病處。」又如〈答汪叔耕書〉亦云：「忘心忘形，非寐非寤，虛白清靜，火珠靜月，每現輒變之說，則有大不可境者，不知儒者之學，自六經孔孟以來，何嘗有是說，而吾子何所授受而服行之哉？」此皆朱子排佛去禪之論也。

155見《船山全集・俟解篇》。

156見全謝山《鮚埼亭集・黎州先生神道表》。

157見《亭林文集卷三・與友人論學書》。

究亭林之意，欲矯明學之空疏，遂以「博學於文」爲倡。欲嚴華夏之辨而勵氣節，故倡以「行已有恥」。自爲針對時弊而言，亦即對宋明理學有所補偏救弊。溯其本源，則仍考亭之學，未嘗離其宗也。晦庵教人，每以「博學」爲先，曾曰：「博學謂天地萬物之理，修己治人之法，皆所當學。」[158]又曰：「大凡學者無有徑截，一路可以教它了得，須是博洽，歷涉多，方通。」[159]

晦庵謂學應求博，方可以明萬物之理；亭林承其教，一生讀書博涉強識，舉凡經、史、天文、地理、山川、水利、財賦之書，無所不窺。所閱者博，所識者精，故欲人之爲學以明事物之理，所倡「博學於文」，乃欲明道以救世也，其〈與人書〉曰：「君子之爲學，以明道也，以救世也，徒以詩文而已，所謂雕蟲篆刻，亦何益哉？」[160]又曰：

> 孔子之刪述六經，即伊尹、太公救民於水火之心，而今之注蟲魚、命草木者，皆不足以語此也。故曰：「載之空言，不如見諸行事。」……愚不揣，有見於此，故凡文之不關於六經之指，當世之務者，一切不爲。[161]

亭林以爲學之鵠的，乃以經世致用，明道救世爲主。而非騖虛名而趨詭詐，疑眾而媚世，以求權貴之寵而登利祿之路，藉讀書之名，行無恥之實，故孜孜以「行已有恥」爲中流砥柱，而斥行僞媚世之人曰：

> 古之疑眾者行僞而堅，今之疑眾者行僞而脆，其於利害得失之際，且不能自持其是，而何致人之信乎？故今日好名之人，皆

158 見《朱子語類・卷八》。

159 見《朱子語類・卷八》。

160 見《亭林文集卷四・與人書二十五》。

161 見《亭林文集卷四・與人書三》。

不足爲患，直以凡人視之可爾[162]。

亭林憤慨當時無恥之風瀰漫，故以「明恥」爲倡，其自謂：「某雖學問淺陋，而胸中磊磊，絕無闇然媚世之習」。[163]並以「不登權門，不涉利路」[164]教潘次耕，其立身之不苟，風格之嚴峻，眞所謂有恥無愧者，所言「行己有恥」非僅持躬端敬，亦爲救國拯民之端。故曰：

君子之爲學也，非利己而已也，有明道淑人之心，有撥亂反正之事，知天下之勢之何以流極而至於此，則思起而有以救之」。[165]

欲拯天下國家爲已任，其於自身出處，去就、辭受、取予之間，乃不得不以持守方正、行之有恥，是知亭林「博學於文」乃治人之學，而「行已有恥」乃持躬之學，兩者皆所以「明道救世」也，推其本亦晦庵之教也。其〈答曾景建書〉云：

至於讀書，則固吾事之不可已者，然觀古今聖賢，立言垂訓，亦未始不以孝弟忠信，收斂身心爲先務，然後即吾日用之間，參以往訓之指，反覆推窮，以求其理之所在，使吾方寸之間，虛明洞徹，無毫髮之不盡，然後意誠、心正、身修，而推以治人，無往而不得其正。[166]

162見《亭林文集卷四・與人書十五》。
163見《亭林文集卷四・與人書十一》。
164見《亭林文集卷四・與次耕書》。
165見《亭林餘集・與潘次耕札》。
166見晦庵先生《朱文公文集・卷六十一》。

晦庵所言「讀書之學」即亭林所提倡「博學於文」之先導，唯亭林論學範圍較晦庵爲廣，乃自一身推而及於天下國家，皆爲學之事。而晦庵所言「意誠、心正、身修，而推以治人」，亭林則衍之而倡「行已有恥」以爲明道、救世之端，故求其精神，終是上承考亭。[167]

亭林以峻絕之姿，學至聖之道，稟晦庵之教，以爲治學當從日常生活平易處著手，循序漸進，以趨聖人之道，其曰：

古之聖人所以教人之說，其行在孝弟忠信，其職在灑掃、應對、進退，其文在詩書、禮、易、春秋。其用之身在出處、去就、交際。其施之天下在政令、教化、刑罰。[168]

所論「其行」、「其職」、「其文」、「其用」、「其施」五者，亦即朱子「持守誦習」之說，朱子曰：

聖人教人，不過孝、弟、忠、信，持守誦習之間，此是下學之本。今之學者以爲鈍根，不足留意。其平居道說，無非子貢所謂不可得聞者。[169]

又曰：

聖門日用功夫，甚覺淺近，然推之理，無有不包，無有不貫，及其充廣，可與天地同其廣大。故爲聖、爲賢，位天地育萬

---

[167] 考亭即朱熹。考亭書院為宋代大理學家朱熹晚年居住著書立說、聚徒講學之所，舊址在建陽城西3公里外的考亭村附近，故名。

[168] 見《原抄本日知錄卷二十・內典》。

[169] 見《原抄本日知錄卷九・夫子之言性與天道》。

物，只此一理而已。[170]

晦庵教人，於持守誦習之間，講明孝、弟、忠、信。其理雖平淺，然可適用於天地，而無所不包，亦即亭林論學所宗也。

亭林深受亡國之痛，感於明末士子徒知應考，而不知讀書經世；其尤疚心痛切者，認其經學之所以亡，心性空疏之學所以興，皆由於八股，《五經大全》之害，故曰：「自八股行而古學棄，大全出而經說亡」。[171]又曰：「今之經義論策，其名雖正，而最便於空疏不學之人」。[172]

有明一代，科舉盛行，士皆汲逐於功名，而置國家民主於不顧。寇賊姦宄乃得而乘之；《五經大全》行，士盡棄宋、元以來所傳之實學。經學廢，至此始也。亭林以為士子但習精義論策，棄聖賢治平之實學而不顧，以是科名所得，類皆不學之徒，故於科舉之弊，尤深惡之。而曰：「八股之害，等於焚書，而敗壞人才，有甚於咸陽之郊」。[173]言之痛切如此，故於《五經大全》、八股之害時政、廢經義，力主改易，其法為讀史書與經書。夫史可考治亂、明制度、鑒古今之變；經可明大道、正人倫、致至治之成法也。

亭林曾屢嘆明人不讀經史，遂致國衰時亂，其曰：

嗟乎！八股盛而六經微，十八房興而二十一史廢。昔閔子騫以原伯魯之不說學，而卜周之衰。余少時見一、二好學者，欲通旁經而涉古書，則父、師交相譙呵，以為必不得顓業於帖括，而將為坎軻不利之人，豈非所謂大人患失而惑者與？若乃國之盛

170 見《朱子語類・卷八》。

171 見《原抄本日知錄卷二十・書傳會選》。

172 見《原抄本日知錄卷十九・經義論策》。

173 見《原抄本日知錄卷十九・擬題》，其意八股之害，有甚於秦之焚書坑儒。

衰，時之治亂，別亦可知也。[174]

爲激勵士子讀經史，惟科舉考試時「其表題專出唐宋，策題兼問古今，人自不得不讀通鑑矣」。[175]選生員，必「選夫五經兼通者而後充之，又課之以廿一史與當世之務而後升之」。[176]考試取士乃爲國培植人才之初步，亭林自此著眼，設想讓士子讀經史之途，以挽明學之衰頹，其見亦遠，其識亦宏矣！

至若明人經學之廢，亭林以爲乃不讀注疏之故，嘗一再慨嘆言之：

愚幼時，四書本經俱讀全註，後見庸師窳生欲速其成，多爲刪抹，而北方則有全不讀者。欲令如前代之人，參伍諸家之註疏而通其得失，固數百年不得一人，且不知十三經注疏爲何物也。[177]

學者不讀注疏，則經義不明，得失不知，焉能明經治國。爲補救明人只讀時文之弊，亭林以爲應試者須讀注疏，考試時亦應考注疏之學，並引《宋史．劉恕傳》以證注疏選士之要。

宋史劉恕傳：舉進士，詔能講經義者別奏名，應詔者才數十人。恕以春秋、禮記對，先列注疏，次引先儒異說，末乃斷以己意，凡二十問，所對皆然，主司異之[178]。

---

174 見《原抄本日知錄卷十九．十八房》。
175 見《原抄本日知錄卷十九．擬題》。
176 見《亭林文集卷一．生員論上》。
177 見《原抄本日知錄卷十九．北卷》。
178 見《原抄本日知錄卷十九．擬題》。

考試之法，既為問疑意，擬對策。能條舉眾說，斷以己意，學者自非讀注疏不可。亭林重注疏之學，實遙承晦庵之教也；晦庵論學，每重注疏，以為注疏明，則文義明，可反覆思味其學也，《朱子語類．學五》云：

學者觀書，先須讀得正文，記得注解，成誦精熟。注中訓釋文意、事物、名義，發明經指，相穿紐處，一一認得，如自己做出來底一般，方能玩味反覆，向上有透處[179]。

欲求文義事物之詳，當更求之於注疏，其《論語要義目錄序》有云：「學者之讀是書，其文義名物之詳，當求之注疏，有不可略者」。[180]注疏之學不僅可明經義，曉文物，亦可以通訓詁，正音讀，其曰：「本之注疏，以通其訓詁，參之釋文，以正其音讀」。[181]

晦庵之重注疏，有類於此，並深譏其時不讀注疏者，為「祖宗以來，學者但守注疏，其後便論道，如二蘇直是要論道，但注疏如何棄得」。[182]又云：「今世博學之士，不讀正當底書，不看正當注疏」。[183]對當時學者不讀注疏，頗為鄙之，故每為文以譏之。

晦庵於音韻之學亦頗講求，其〈答楊元範書〉云：

字書音韻，是經中一事，先儒多不留意。然不知此處不理會，卻枉費了無限亂說，牽補而卒不得其意，甚害事也[184]。

179見《朱子語類．卷十一》。

180見晦庵先生《朱文公文集．卷七十五．論語要義目錄序》。

181見《朱文公文集．卷七十五．論語訓蒙口義序》。

182見《朱子語類．卷一百廿九》。

183見《朱文公文集．卷五十七》。

184見晦庵先生《朱文公文集．卷五十》。

字書音韻不明，即無法得經之本義，故晦庵於字音之考定頗爲重之，陳澧曾舉例言之：「有歐陽希遜問論語，孟子比字，舊音毗字反，集注皆作必二反，朱子答書云：『記得比字是用賈昌朝，群經音辨改定』」。[185]其於音讀審定，詳博如此。至若文字之訓詁，晦庵亦不輕忽，其〈答黃直卿書〉云：

近日看得後生，且是教他依本子，認得訓詁文義，分明爲急。自此反復不厭，日久月深，自然心與理熟有得力處。今人多是躐等，妄作誑誤，後生輾轉相欺，其實都不曉得也[186]。

又〈答何叔京書〉云：

李先生教人，大抵令於靜中體認大本未發時，氣象分明，即處事應物，自然中節，此乃龜山門下相傳指訣。然當時親炙之時，貪聽講論，又方竊好章句訓詁之習，不得盡心於此[187]。

晦庵早年從學，即已好章句、訓詁。其後研之愈精，經學造詣亦深，亭林遙承其緒，於音韻、訓詁之學，均爲講求。每慨嘆古音不明，後人率意逕改，其答〈李子德書〉云：「近日鋟本盛行，而凡先秦以下之書，率意逕改，不復言其舊爲某，則古人之音亡，而文亦亡，此尤可歎者也」。[188]亭林以爲音韻、文字乃治學之基礎，蓋不知音韻，則不能解文字、明訓詁。文字訓詁不明，而欲窮千載以前之書與理，則不可得也，故曰：

---

185 見陳澧《東塾讀書記卷廿一．朱子》。

186 見晦庵先生《朱文公文集．卷四十》。

187 見《朱文公文集．卷四十六》。

188 見《亭林文集卷四．答李子德書》。

愚以爲讀九經，自考文始，考文自知音始，以至諸子百家之書，亦莫不然[189]。

爲端正經書音讀，亭林竭才盡智，博引旁徵，務求有據，而著《音學五書》，於經書字音之考定，詳舉眾說以斷，且每有獨見，而救經學於衰頹。

綜上述知亭林治學，每有所宗，於晦庵之教，頗尊仰之。曾捐資與人共建朱子祠堂於華陰，所撰〈華陰縣朱子祠堂上樑文〉有云：

兩漢而下，雖多保殘守缺之人，六經所傳，未有繼往開來之哲。惟絕學首明於伊雒，而微言大闡於考亭，不徒羽翼聖功，亦乃發揮王道，啓百世之先覺，集諸儒之大成。[190]

其推崇朱子，幾近仰止之誠，亭林爲學廣博，群經之外，兼及諸史，溯其學宗，端在朱子矣！

二、師黃東發

朱子之學，博大精深，舉凡性理經史，皆臻至極，流衍於後，儒者治朱學，能得其奧旨者，殆莫踰於東發，全謝山編東發學術之源曰：「四明之專宗朱氏者，東發爲最，《日抄》百卷，躬行自得之言也[191]」。又曰：

婺學出於長樂黃氏，建安之心法所歸，其淵源固極盛，先生則獨得之遺籍，默識而冥搜，其功尤巨。試讀其《日抄》諸經說

189 見《亭林文集卷四・答李子德書》。

190 見《亭林文集卷五・華陰縣朱子祠堂上樑文》。

191 見全祖望《宋元學案・東發學案》。

閒，或不盡主建安舊講，大抵求其心之所安而止，斯其所以爲功臣也。[192]

東發論學，大抵尊考亭之說，遠而上溯孔孟六經大旨，驗之於篤行，以爲實用。其《日抄》經說，於經、史、子、集、罔不蒐羅。其學博、其識醇，而擯斥心學尤力，即伊川、晦庵亦必糾其違誤。亭林深崇朱子，故於東發之闡述朱學，頗爲好之，其於《日知錄》中，屢引其說，如斥心學近禪之非曰：「夫子述六經，後來者溺於訓詁，未害也。濂洛言道學，後來者藉以談禪，則其害深矣！」[193]

道學入於禪，其害大矣！亭林反王學，其立說多據黃東發之論而闡之，如引《日抄》解尚書「人心惟危，道心惟微，惟精惟一，允執厥中」四句曰：

近世喜言心學，捨全章本旨，而獨論人心、道心，甚者單摭道心二字，而直謂即心是道，蓋陷於禪學而不自知，其去堯舜禹授受天下之本旨遠矣！蔡九峯之作書傳，嘗述朱文公之言曰：古之聖人，將以天下與人，未嘗不以治之之法而併傳之，可謂深得此章之本旨者。九峯雖亦以是明帝王之心，而心者治國平天下之本，其說固理之正也。其後進此書傳於朝者，乃因以三聖傳心爲說，世之學者，遂指此十六字爲傳心之要，而禪學者藉以爲據依矣！愚按心不待傳也，流行於天地間，貫徹古今，而無不同者，理也。理具於吾心而驗於事務。心者所以統宗此理，而別白其是非，人之賢否，事之得失，天下之治亂，皆於此乎判，此聖人所以致察於危微精一之間，而相傳以執中之道，使無一事之不合乎

---

[192] 見全謝山《鮚埼亭集外篇卷十六・澤山書院記》。

[193] 見《原抄本日知錄卷九・夫子之言性與天道》。

理，而皆無過不及之偏者也。禪學源於莊列滑稽戲劇肆無忌憚之語，懼理之形彼醜謬，而凡聖賢經傳之言理者，皆害已之具也。故以理爲障，而獨指其心曰不立文字，單傳心印，此蓋不欲言理爲此遁辭，付之不可究詰云耳。聖賢之學由一心而達之天下國家之用，無非至理之流行，明白洞達，人人所同，歷千載越宇宙有不期而同。[194]

傳心之語，朱子已先二陸鵝湖會言之，東發宗仰朱子，論說每據考亭而發，唯蔡九峯〈書集傳序〉，單拈心學以爲發揮，實失師門宗旨，故東發爲文以辨《虞書》十六字傳心之訣，並指爲禪學而非之。然此傳心之說，直至晚明，猶嘵嘵不輟，貽害學術頗大。亭林詳錄其說，必斥其非，則其贊同黃氏，自不待言。而於明學之空疏入禪，亭林亦引東發說以釋心學之本義，其曰：

慈谿黃氏（震）日鈔曰：心者，吾身之主宰，所以治事而非治於事。惟隨事謹省，剋心自存，不待治之而後齊一也。孔子之教人曰：「居處恭，執事敬，與人忠。」曾子曰：「吾日三省吾身，爲人謀而不忠乎？與朋友交而不信乎？傳不習乎？」不待言心而自貫通於動靜之間者也。孟子不幸，當人欲橫流之時，始單出而爲求放心之說，然其言曰：「君子以仁存心，以禮存心，則心有所主。」非虛空以治之也。至於齋心服形之老莊，一變而爲坐脫立忘之禪學，乃始瞑目靜坐，日夜仇視其心而禁治之。及治之愈急而心愈亂，則曰：「易伏猛獸，難降寸心。」嗚乎！人之有心，猶家之有主也，反禁切之，使不得有爲，其不能無擾者勢

194 見《黃氏日抄卷五・人心惟危一章》。

也，而患心之難降歟[195]。

亭林疾當時陽明心學之盛行，故每爲文以駁之，並倡以經史之學以挽其弊，其立說輒依東發之論，而上尊考亭，如引《日鈔》解論語曾子三省章[196]，東發摘取朱陸兩說牽合者，歸罪於上蔡諸人。亭林則引錄東發全文，以斥心學近乎禪，推其本，亦考亭之學也[197]。

東發之學，雖專崇朱子，然於其說，亦時有糾正。黃百家[198]謹案：「當宋季之時，吾東浙狂慧充斥，慈湖（楊簡）之流弊極矣！果齋[199]、文潔（即黃東發）不得不起而救之，然果齋之氣魄不能及於文潔，而《日鈔》之作，折衷諸儒，即於考亭亦不肯苟同，其所得者深也」。[200]是東發雖尊朱子，然於朱子語亦多糾挽，如「傳心」一語，朱子在鵝湖會屢有提及，東發則明加反對，如上引「心學」之說，亭林採東發語以反考亭說之不當，其曰：「中庸章句引程子之言曰：此篇乃孔門傳授心法，亦是借用釋氏之言，不無可酌處」。[201]此承東發說，於朱子之言，有所異議，惟措辭較東發爲緩；又如釋「忠恕」之說，亭林亦引東發語以糾朱子所釋之不當。

延平先生答問（門人朱熹編）曰：夫子之道，不離乎日用之間，自其盡己而言則謂之忠，自其及物而言則謂之恕。莫非大道

---

195 見《日知錄卷一，艮其限》。

196 曾子三省章，孔門未有專用心於內之說，用心於內，乃近世禪學。見《日知錄卷廿・內典》。

197 《黃氏日抄》此條原文有「此說今視晦庵殊不侔，始晦庵集注於今日，謝氏之說不知亦收載否？」而亭林則易為「後有朱子，當於集注中去此一條」其餘則亭林全錄東發之說。

198 黃百家，浙江餘姚人，黃宗羲之子。原名百學，字主一，號耒史。曾參與《明史》之修訂，在其父黃宗羲辭世後，繼續編寫《宋元學案》。為清初有名之術數家、曆法學家、經學家、武術家。

199 李果齋，邵武人，博學能文，端謹純篤。他是朱熹弟子黃榦的門人。

200 見《宋元學案卷八十六・東發學案》。

201 見《原抄本日知錄卷二十・心學》。

之全體，雖變化萬殊於事爲之末，而所以貫之者未嘗不一也。曾子答門人之問，正是發其心爾！豈有二邪？若以爲夫子一以貫之之旨甚精微，非門人所可告，姑以忠恕答之，恐聖賢之心不若是之支也。如孟子言堯舜之道孝弟而已矣！人皆足以知之，但合內外之道，使之體用一原，顯微無間，則非聖人不能爾。

朱子又嘗作忠恕說，其大指與此略同，按此說甚明，而集註乃謂借學者盡已推已之目，以著明之，是疑忠恕爲下學之事，不足以言聖人之道也。然則是二之，非一之也。慈谿黃氏曰：「天下之理無所不在，而人之未能以貫通者，已私間之也。盡已之謂忠，推已及人之謂恕，忠恕既盡，已私乃克，此理所在，斯能貫通，故忠恕者所以能一以貫之者也」。[202]

以忠恕者能一以貫之，而糾朱子集註之非，此亭林承東發之說而糾之矣！

東發於學，無所不窺，而尤長於史學。所著《日抄》外，復有《古今紀要》，上自《左傳》、《國語》，下迄北宋，其於史書，或撮其綱領，或採其粹語。時代先後，人物本末，皆能博綜條貫，簡約扼要，間附折中之論，其《日抄》中有《讀史》五卷、《讀雜史》四卷，其於《史記》、《漢書》等正史，《國語》、《國策》等雜史，皆有所評騭，史書之謬誤，皆爲之針貶訂正。亭林於史學，實博洽通貫，其於史書之評，亦仿東發《日抄》之體，於《日知錄》中，摘條詳述，所論雖有出已之創見，然頗有承東發之說而論之[203]。

---

202 見《原抄本日知錄卷九．忠恕》。

203 亭林評蘇子由古史改《史記》之不當，亦引《日抄》之論以說之，《黃氏日抄》言，蘇子由古史改《史記》多有不當，如樗里子傳，《史記》曰：「母韓女也，樗里子滑機多智」。古史曰，「母韓女也，滑稽多智，似以母為滑稽矣。然則樗里子三字豈可省乎？……」見《日知錄卷廿一．文章繁簡》。

東發之學重考據，尚義理，視辭章爲末道小技，嘗與人曰：「非聖人之書不可觀，無益之詩文不可作也」。[204]故其讀唐宋人文集，崇尚載理明道之文，若有義理不合者，即爲之辨正。亭林承其說，於文章亦重有益明道之文，其曰：「文之不可絕於天地者，曰明道也，紀政事也，察民隱也，樂道人之善也。若此者有益於天下，多一篇多一篇之益矣[205]」。又曰：「凡文之不關六經之旨，當世之務者，一切不爲」。[206]其於文章務求明道有用，經時治世，不屑於無稽諛佞之文，其立論之說，頗多承東發而述也。

東發著作甚多，其《日抄》百卷，爲公餘之暇，批閱經史子集諸書，隨手劄記，疏其精要，明其原委。凡微詞疑義，則反覆辯證，而斷以己意，不主於一家，不立於門戶，蓋多深造自得，有所創發之論。而亭林《日知錄》纂輯之艱，猶采銅於山，皆日夜誦讀，反覆尋究，有所得輒記之，積三十餘年，乃成一編，其體則仿自東發之例，逐條論之，而考證之精，則有過之。

綜上所述，知亭林論學，每承東發而闡之。東發論學，力排佛老，其經義之說，乃宗考亭而發，尤臏斥象山之心學。然東發於朱子成說，亦時有糾之，不務墨守。亭林師其說，斥陸王心學之非，每引東發說以據，即東發糾朱子語，亭林亦襲而用之。至他論如經史之觀，亦無不受東發立論之影響，《日知錄》之體亦仿東發《日抄》而作，以此可知亭林師東發學亦深矣！

三、法王伯厚

有宋之學，朱（朱熹）、陸（陸九淵）、呂（呂東萊）鼎而爲三，混三人之學而爲一，則王伯厚也。全謝山述其學術之源曰：「四明之

---

[204] 見《宋史列傳第一百九十七卷・儒林八》。

[205] 見《原抄本日知錄卷二十一・文須有益於天下》。

[206] 見《亭林文集卷四・與人書三》。

學[207]，多陸氏、深寧（即伯厚）之父，亦師史獨善（史蒙卿），以接陸學。而深寧紹其家訓，又從王子文以接朱氏，從樓迂齋（昉）[208]以接呂氏，又嘗與湯東澗遊，東澗亦兼治朱、呂、陸之學者也，和其斟酌，不名一師。」[209]樓迂齋嘗從學於東萊，厚齋之父王謙甫爲迂齋高弟，是伯厚紹其家學，並私淑東萊，考亭。而於東萊文獻之學，尤師之[210]。象山好經世實學而非性命之理，亭林承朱學之流衍，師法伯厚亦多。其論學立說每承伯厚而發揮，如亭林言天道、人事之思想，乃源出於《困學紀聞》，伯厚曰：

易於（蠱），終則有始，於（剝）消息盈虛，於（復），反復其道，皆曰天行也，然則無與於人事歟。曰：「聖人以天自處，扶陽抑陰，盡人事以回天運，而天在我矣。」[211]

易道至廣至大，盈虛反復，實得其理，於天道人事無所不包。亭林探伯厚之微而直言曰：「易於天道之消息，人事之得失，切實示人，學者玩索其義，處事自有主張」。[212]其〈與友人論易書〉曰：「子所雅

207 四明之學為南宋末史蒙卿所創。蒙卿為鄞縣（今寧波）人，曾自號「靜清處士」，因稱所創學派為「靜清學派」，史稱「四明之學」。文天祥稱：「廣平（舒璘）之學，春風和平，定川（沈煥）之學，秋霜肅凝。瞻彼慈湖（楊簡），雲間月澄；瞻彼潔齋（袁燮），玉澤冰瑩。源皆從象山弟兄，養其氣翳，出其光明」，在學術思想上承陸九淵心學，以傳授陸的學說為主。四明學派的學者辦書院，集中講學在今寧波月湖一帶。參見《宋元學案卷八十七．靜清學案》。

208 樓昉，字暘叔，號迂齋，浙江鄞縣人。宋紹熙四年進士，以其學教授鄉里，從遊者數百人，著名學生有鄭清之、王撝。長於史學、文學。著有《東漢詔令》、《宋十朝綱目》、《崇古文訣》等。

209 見《宋元學案卷八十五．深寧學案》。

210 全謝山曾謂：「深寧論學，蓋亦兼取諸家，然其綜羅文獻，實師法東萊，況深寧少師迂齋，則固明招之傳也。」見《宋元學案．深寧學案》。

211 見《困學紀聞卷一．易言天行有人事》。

212 見《亭林餘集．與任鈞衡書》。

言，詩、書、執禮。詩、書、執禮之文，無一而非易也。下而至於春秋二百四十二年之行事，秦漢以下史書百代存亡之跡，有一不該於易者乎」。[213]能明易理之變化，則天道、人事自可瞭然於心，故易理精奧深微，於史事之變，皆有含蘊。亭林〈與友人論易書〉云：「且以九四或躍之爻論之，舜禹之登庸，伊尹之五就，周公之居躡，孔子之歷聘，皆可以當之」。[214]此易經史事一說，實源出《困學紀聞・易著商周事存乎其人》，王伯厚曰：

阮逸云：《易》著人事，皆舉商、周。帝乙歸妹，高宗伐鬼方，箕子之明夷，商事也。密雲不雨，自我西郊，王用亨於岐山，周事也[215]。

以商周史事皆存於《易》中，故由易理即可窺知史事之跡。伯厚論學，上承晦庵之教，輒引朱子語以證其說，其於天命之理，心性之學，輒不喜而非之曰：「氣志有交勝之理，治亂有可易之道，故君相不可以言命，多福自我求，哲命自我貽」。[216]

福命之得，非命所定，乃自我求之也。尋求之道，乃以仁存心。伯厚釋「仁」謂：「仁，人心也，此孟子直指本心處，但禪學有體無用」。[217]已心爲仁，猶不足爲，必將此仁心推及他人，伯厚曰：

善推其所爲，此心之充拓也，求其放心，此心之收斂也。致堂曰：「心無理不該，亡而不能推，則視之不見，聽之不聞，癢

---

[213] 見《亭林文集卷三・與友人論易書》。

[214] 見《亭林文集卷三・與友人論易書》。

[215] 見《困學紀聞卷一・易》。

[216] 見《困學紀聞卷六・左氏》。

[217] 見《困學紀聞卷八・孟子》。

痾疾痛之不知，存而善推，則潛天地，撫四海，致千歲之日至，知百世之損益」，此言充拓之功也[218]。

孟子所言求放心，伯厚釋之極詳，並推其義乃以仁存心，亭林承其說，亦曰：

君子以仁存心，以禮存心，是所存者非空虛之心。夫仁與義未有不學問而能明者也。孟子之意蓋曰能求放心，然後可以學問。[219]

亭林疾晚明之時，士子專務虛習，而上推孟子求放心之說，故承伯厚之說以辨孟子「求放心」非空虛之心，乃以仁存心。

至若風俗之教，乃世道人心之表，伯厚以為「清議所以維持風俗也，清議廢，風俗壞，則有毀宗澤而譽張邦昌者，有貶張浚而褒秦檜者，觀民風設教，居賢德善俗，可不諱哉。」[220]

風俗之衰微，繫於清議之存亡，伯厚處亂世之際，躬歷亡國之痛，故於當時風俗之衰蔽，頗為慨嘆！亭林與伯厚同生鼎革亂世改代之際，而風俗比伯厚之時更壞，士皆務名趨利，而非仁義之教，故亭林深惡之，而引伯厚之說以闡發，並備古史以言清議之功，其曰：

古之哲王所以正百辟者，既已制官刑儆於有位矣，而又為之立閭師，設鄉校，存清議於州里，以佐刑罰之窮。移之郊、遂，載在《禮經》，殊厥井疆，稱於《畢命》。兩漢以來，猶循此

218同《困學紀聞卷八・孟子》。

219見《原抄本日知錄卷十・求其放心》。

220見《困學紀聞卷一易，觀風設教證史》。

制，鄉舉里選，必先考其生平，一玷清議，終身不齒。君子有懷刑之懼，小人存恥格之風。[221]

清議存，則風俗自淳樸；清議亡，則風俗自頹壞。亭林感於其時已無清議，故直曰：「天下風格最壞之地，清議尙存，猶足以維持一、二，至於清議亡，而干戈至矣。」[222]

亭林於清議之教，析之甚詳，然尋其脈絡，乃伯厚之傳也。伯厚治學，上承考亭、東萊之說，而以實用爲宗，故於史地實用之學，頗爲講求。其所著述，於天道、曆數、地理、諸子、考史、田制、河渠、漕運等有關民生之學，皆有論及。亭林亦好經世實學，一生奔走於南北，考其山川都邑，尋其民生利病，舉凡闡說立論固有所創見，然亦有承伯厚而發也。

伯厚沈潛經籍，博洽多聞，於漢唐取其博，於兩宋取其純，融會貫通，不主一說，不名一家，而集諸儒之大成。其著述頗多，而皆上承東萊之學。頗爲亭林所取法，如伯厚著《通鑑地理考》、《通鑑地理通釋》、《詩地理考》等闡釋地理之書。亭林亦著《天下郡國利病書》、《肇域志》、《歷代帝王宅京記》等諸書，以明地理形勢之險要；而《困學紀聞》之體，尤爲亭林所法，是書爲其劄記考證之文，亦爲其精力所聚之名著。伯厚自序嘗云：「幼承義方，晚遇艱屯，炳燭之明，用志不分；困而學之，庶自別於下民；開卷有得，述爲紀聞。」[223]此書之善，爲宋人考訂書之最精核者，《四庫提要》於此書頗有好評而曰：

應麟博洽多聞，在宋代罕其倫比，雖淵源亦出朱子，然書中

---

221 見《原抄本日知錄卷十七，清議》。

222 見《原抄本日知錄卷十七．清議》。

223 見王應麟《困學紀聞．自序》。

辨正朱子語誤數條，如《論語注》不舍晝夜舍字之音。《孟子註》曹交曹君之弟及謂《大戴禮》爲鄭康成注之類，皆考證是非，不阿附朱子觀點……蓋學問既深，意氣自平。能知漢唐諸儒本本源源，具有根柢，未可妄砥以空言，又能知洛閩諸儒，亦非全無心得，未可蓋視爲弇陋。故能兼收並取，絕無黨周伐異之私。所考率切實可據，良有以也。[224]

是知此書啓迪後學頗深，而影響亭林尤巨。亭林《日知錄》之作，亦仿《困學紀聞》劄記之體，分條敘列，其內容自說經、天道、地理、風俗、制度無不窮源究委，而考證精詳與《困學紀聞》一也。

伯厚論學，本晦庵、東萊之學，於歷代史傳之事要，制度名物之原委，以至博學巨儒之時文議論，皆有所發，啓迪後儒頗深。亭林學宗考亭，於東發、伯厚之學皆有師法，或承其思想，或襲其立說，所著述《日知錄》、《天下郡國利病書》、《肇域志》等書，亦皆仿東發，伯厚之著作，其淵源脈絡，皎然可尋也！

四、家學

亭林之學，遠源於晦庵、東發、伯厚之教，而於家學亦有所取法。其先曾祖章志爲嘉靖丙午舉人，歷爲官宦，獨嗜詩書，並以之傳家，家中藏書頗多，亭林述其家學之源曰：

炎武之先，家海上，世爲儒，自先高祖爲給事中，當正德之末，其時天下爲王府官司及建寧書坊，乃有刻版；其流布於人間者，不過四書、五經、通鑑、性理諸書，他書即有刻者，非好古之家不蓄，而寒家已有書六、七千卷。嘉靖間，家道中落，而其

224見《四庫全書總目提要卷一百十八部・雜家類》。

書尚無恙。先曾祖繼起爲行人，使嶺表，而倭闌入江東，郡邑所藏之書與其室廬俱焚，無孑遺焉。洎萬曆初，而先曾祖歷官至兵部侍郎，中間蒞方鎮三四，清介之操，雖一錢不以取諸官，而性獨嗜書，往往出俸購之。及晚年而所得之書，過於其舊，然絕無國初以前之板；而先曾祖母每言「余所蓄書，求有其字而已，牙籤錦軸之工，非所好也。」其書後析而爲四。炎武嗣祖太學公，爲侍郎公仲子，又益好讀書，增而多之；以至炎武，復有五、六千卷[225]。

家中藏書多，啓迪亭林思想頗巨。其先祖紹芾公學博識精，天才駿發，通曉國家典章，下筆數千言，貫穿《左氏》、《史記》，出入諸子，旁通金丹釋氏之學。其詩豪宕深穩，不入時人蹊徑，其文磊落可誦，書法遒勁，而負氣伉爽，不肯少徇俗流，所與交皆一時錚錚有聲者，而爲京師諸公所重。[226]亭林九歲時，紹芾公即授讀《左傳》、《國語》、《史記》等書。年十一，授以《資治通鑑》。亭林曾述其祖紹芾家訓曰：「臣祖父某，蓋古所謂隱君子也。年五十一而始抱臣炎武爲孫，……一日，臣祖指庭中草根謂臣曰：『爾他日得食此幸矣！』遂命之讀古兵家《孫子》、《吳子》諸書，及《左傳》、《國語》、《戰國策》、《史記》」。[227]其後續讀詩、書、邸報，自明崇禎己卯年（1639年）後，歷覽郡縣志書，以至公牘邸抄之類，於是其史學知識，乃沛然而興矣！

紹芾先生讀史漢及通鑑，皆標記其地形兵法，及有一策可用者，皆表而出之。足跡遍天下，復通曉國家典章，平日喜抄古書，邸報成帖，至年耄猶抄錄不輟，此影響亭林甚大。亭林治學，足跡亦遍及天下，遊

225見《亭林文集卷二·鈔書自序》。

226見《天啓、崇禎兩朝遺詩小傳》。

227見《亭林餘集·三朝紀事闕文序》。

歷所至，以騾馬載書自隨，凡西北阨塞，東南海陬，必呼老兵退卒詢其曲折，與平日所聞不合，即發書校勘[228]。至是能考證精詳，無所疑誤。其於抄書亦頗重之，或手抄、或摹人抄之，所著《日知錄》、《天下郡國利病書》、《肇域志》等皆手錄彙輯而成，溯其源，實承紹芾公之教也。

亭林學博識遠，身逢鼎革亡國之痛，目擊時艱，感四國之多虞，恥經生之寡術，故致力於經世致用之學，推其本，亦紹芾公之教，亭林曰：

及臣益長，從四方之士徵逐爲名；臣祖年益老，更日以科名望臣。又當先帝頒孝經、小學，釐正文字之日，臣乃獨好五經及宋人性理書，而臣祖乃更誨之，以爲士當求實學。凡天文、地理、兵農、水土、及一代典章之故不可不熟究[229]。

紹芾公以實學勉亭林，自是亭林研學均以實學自任。凡國家典制、郡邑掌故、天文儀象、河漕兵農，經濟時務，舉凡事關民生國命者，莫不窮源究委，討論其所以然。足跡半天下，所至，交其賢豪長者，考其山川利病，尋其經世之法，故終能開清初經世之風也。

此外亭林生祖紹芳公，亦多方訓誨，其〈鈔書自序〉云：

自炎武之先人，皆通經學古，亦往往爲詩文，本生祖贊善公，文集至數百篇，而未有著書以傳於世者。昔時嘗以問諸先祖，先祖曰：「著書不如鈔書，凡今人之學，必不及古人，今人

228 見《全謝山鮚埼亭集・亭林先生神道碑》。

229 見《亭林餘集・三朝紀事闕文序》。

所見之書之博，必不及古人也。小子勉之，唯讀書而已」。[230]

紹芳爲萬曆丙午舉人，丁丑進士，學博識醇，以清節自聞，平日喜以鈔書自娛，亭林承其教，於鈔書終身行之，而能成其學之大矣！

亭林本生父同應公，端行淳備，仁厚剴切，幼孤讓產爲宗黨所稱。與人交，重然諾，敦行義，其文踔厲豪宕，海內傳之。其詩辭澹意遠，有白雲自出山泉冷然之致[231]，亭林承其父風，交遊遍天下，皆以重然諾爲人所稱。

亭林一生稟受母教實多，王氏夫人鞠亭林於繦褓，撫雛守節，事姑至孝，曾斷指療姑疾。崇禎九年，巡按御史王一鶚請旌於朝，而蒙報可，旌其門曰「貞孝」。乙酉，目睹明室淪亡，絕食而卒。遺言囑亭林曰：「我雖婦人，身受國恩，與國俱亡，義也。汝無爲異國臣子，無負世世國恩，無忘先祖遺訓，則吾可以瞑於地下」[232]。

自承母教遺訓，亭林終身不仕，即如清廷開明史館，廣徵遺臣碩儒參與編纂，內閣大臣有薦亭林者，亭林亦以死辭，其〈與葉訒庵書〉云：

頃聞史局中復有物色及之者，無論昏耄之資，不能黽勉從事，而執事同里人也，一生懷抱，敢不直陳之左右。先妣未嫁過門，養姑抱嗣，爲吳中第一奇節，蒙朝廷旌表，國亡絕粒，以女子而蹈首陽之烈，臨終遺命，有「無仕異代」之言，載於誌狀，故人人可出，而炎武必不可出矣！……七十老翁何所求？正欠一死，若必相逼，則以身殉之矣！[233]

230見《亭林文集卷二・鈔書自序》。

231見《天啓，崇禎兩朝遺詩小傳》。

232見《亭林餘集・先妣王碩人行狀》。

233見《亭林文集卷三・與葉訒菴書》。

亭林稟母教「無仕異代」言，於此書信中直陳無隱，其昭昭之志，實可知也！而亭林幼承庭訓，始成其巍巍之品學，亭林於〈先妣王碩人行狀〉中曾云：

初，吾母爲婦十有七年，家事並王母操之，吾母居別室中，晝則紡績，夜觀書至二更乃息。次日平明起，櫛縱問安以爲常，尤好觀《史記》，《通鑑》及本朝政紀諸書，而以劉文成、方忠烈、于忠肅諸人事，自炎武十數歲時即舉以教[234]。

王氏博通經史，自亭林幼時，即於閨中授《大學》，七歲就外傳，授《周易》、《左傳》、《戰國策》及《史記》等，以奠亭林學之基。亭林耿介之操守、忠貞之氣節、淵博之學識，實嗣母王氏啓之也。

綜上可知，亭林學有本源，遠紹兩宋道問學之傳，源深而流長，上承晦庵之教，持論同乎黃東發，治學近乎王伯厚。其受家學影響尤深。自幼稟受母教，而奠學基。長而受生祖紹芳公、紹芾公之教，以鈔書自娛，以實學自任，推尋經傳，探討本原，每承祖訓，以抄書、遊歷諮詢爲之，而人格之耿介，忠貞之氣節，豪宕助人之個性，承家學尤多，其所以成一代經世大儒，良有以也。

234見《亭林餘集・先妣王碩人行狀》。

第二章
亭林學術之時代背景

夫有一代之變，即有一代救變之學，天下之變無窮，而天下之學亦無窮。學術者所以通時變而爲用者也。故欲觀一代之學，須先明一代之變也，究一代之變，則須明其高明碩儒學之爲倡也，是知一代之學與一代之變互爲表裡，不可分也。梁任公嘗云：「作史如作畫，必先設構背景；讀史如讀畫，最要注察背景」[1]。又云：「有許多偉大人物，可以做某個時代的政治中心；有許多偉大人物，可以做某種學問的思想中心」[2]。知人、知時，方可以縱論學術，今昧於其世，又遑知其人，而欲暢論學術之變，猶如問道於盲，不可解矣！

亭林生當明清之際，感異族之侵逼，痛神州之覆亡，乃奮而有所自樹，發而爲學，綜貫百家，上下千載，詳考其得失，而斷之於心，筆之於書，審辨通微。言足以救世，術足以匡時，其學影響於後世深矣！今欲探知亭林學術之源，則須先明其所處之時代，故敘論明、清之學風與政風，以爲窺測其學術之大端也。

第一節　晚明之學風與政風

有明之衰，肇因繁多，然其亂則始自神宗萬曆，秕政叢起，礦稅貂璫，苛毒遍敷天下。而黨議開敗政之端，閹宦禁清議之評，邊患爲橫徵之緣，饑饉益流寇之勢。而王學末流則率天下以不學，社會風氣益形卑下，士人囿虛習，而不務實學，只知有己而不知有國，且君隔於上、臣慢於下，欲其不亡，誰能挽之？況萬曆以降，繼統之君率多昏虐，熹宗

1　見《中國歷史研究法第六章・史蹟之論次》。

2　見《中國歷史研究法補篇第二章・人的專史的對象》。

嬖幸閹人，國政日非，忠良被棄，清流摧折，是以國脈垂絕，元氣盡喪。崇禎登基，雖思以奮發，然其性剛愎自用，卞急多疑，而外緣於清興，內困於流寇；臣逞以私圖，民痛於徵歛，今讀李自成之檄文「君非甚暗，孤立而煬蔽恆多，臣盡行私，叱黨而公忠絕少」、「獄囚累累，士無報禮之心，徵歛重重，民有偕亡之恨」[3]。未嘗不嘆息其時之情勢矣！而晚明君昏政非，佞幸竊位，終至於敗潰覆亡，鼎革易朝，良有以也。《明史》析之極詳，如：

雖以武之童昏，亟行稗政，中官倖夫，濁亂左右。而本根尚未盡撥，宰輔亦多老成，迨盜賊四起，王瓊獨典中樞，陸完、彭澤分任閫帥，委寄既專，旁撓絕少，以故危而不亡。莊烈帝承神、熹之後，神宗怠荒棄政，熹宗暱近閹人，元氣盡澌，國脈垂絕。向使熹宗御宇復延數載，則天下之亡不再傳矣！莊烈之繼統也，臣寮之黨局已成，草野之物力已耗，國家之法令已壞，邊疆之搶攘已甚，莊烈雖銳意更始，治核名實，而人才之賢否，議論之是非，政事之得失，軍機之成敗，未能灼見於中，不搖於外也，且性多疑而任察，好剛而尚氣……是故明之亡，亡於流賊，而其致亡之本，不在於流賊也。[4]

是則有明之亡，雖亡於流賊，然而覆亡之道非一，要而言之，黨爭伐異，清議止息，以致政治腐化。國庫空虛，民生疾苦，以致流賊蠭起。王學末流務虛廢實，以致空談誤國，今試逐項敘述，以探其源。

一、黨爭伐異，清議止息

黨議之爭，歷代皆有，初或為所見不同，意氣之爭。其後愈演愈

3 見《明季北略・李自成檄文》。

4 見《明史卷三百零九・流賊》。

烈，遂釀成門戶異同之見，各聚黨徒，排斥異己，甚而不擇手段，爭奪政權，終至於敗國亡家。諸如東漢黨錮之禍，唐代清流之厄，宋代新舊黨爭，莫不有流血屠殺殘酷之暴行，而禍延宗社，以迄敗亡，夏允彝曾感慨言之：

自三代而下，代有朋黨，漢之黨人，皆君子也；唐之黨人，小人爲多，然亦多能者；宋之黨人，君子爲多，然朋黨之論一起，必與國運相終始，迨於敗亡者，以聰明正直之士，世道攸賴，必以黨目之。……此黨衰，彼黨興，後出者愈不如前，禍延宗社，固有所也。[5]

是則黨議之爭，所爭之人、所爭之事，雖各有不同，然其禍延宗社一也。溯有明之黨爭，起於神宗萬曆初，張居正輔國，事必躬親，而政風爲之一變，吏治澄清，國庫漸盈，《明史・張居正傳》云：

爲考成法以責吏治，初，部院覆奏行撫按勘者，嘗稽不報。居正令以大小緩急爲限，誤者抵罪，自是一切不敢飭非，政體爲肅。[6]

然居正剛愎自用，僭越專權，如《明史本傳》云：「及居正歸葬，大事必馳驛江陵聽處分！」其專寵如此，故趙翼論曰：「禮絕班行，幾與賈似道休沐葛嶺，吏抱文書，就地呈署無異矣」[7]又曰：「張居正攬權久，操下如束溼，異己者，輒斥去之，科道皆望風而靡」[8]其大權獨

5 見《明季北略卷二十四・門戶大略》。

6 見《明史卷二百一十三・張居正》。

7 見趙翼《二十二史劄記卷三十三・明內閣首輔之權最重》。

8 見趙翼《二十二史劄記卷三十五・明言路習氣先後不同》。

覽於一身，凡異己者皆排斥以去，如給事中余懋學請行寬大之政，居正以爲諷己，遂削其官職；御史劉臺論居正專恣不法，居正大怒，令杖一百，貶斥遠方，卒死戍所。至萬曆五年，居正丁父憂，戶部侍郎李幼孜首倡奪情，爲清議所不容，翰林王錫爵、吳中行、趙用賢等皆以爲不可，黨議遂起。其後員外郎艾穆，主事沈思孝，進士鄒元標相繼爭論，皆坐廷杖，謫斥有差，《明史・趙用賢傳》云：「自是朋黨論益熾，中行、用賢、植、東之創之於前；元標、南星、憲成、攀龍繼之，言事者益裁量執政，執政日與枝柱，水火薄射，迄於明亡云」[9]。黨論之興，燎原於此。

至萬曆十年，居正卒後，大權又落於內閣與科道並立之勢，言官爭相抨擊當道，夏燮《明通鑑》云：

> 初，言路爲居正所抑，至是爭礪鋒鋭，搏擊當路。羊可立、李植、江東之並荷上寵，三人更相結，亦頗引吳中行、趙用賢、沈思孝爲重，執政惡之。未幾……許國尤不勝憤，專疏求去，言：「昔之專恣在權貴，今乃在下僚；昔顛倒是非在小人，今乃在君子，意氣感激，偶成一二事，遂自負不世之節，號召浮薄喜事之人，黨同伐異，罔上行私，其風漸不可長。」意蓋指中行、用賢等也。自是言官與政府日相水火矣」[10]。

言官與當道之爭，愈爲激烈，遂變政見不合爲意氣水火之爭，而樹黨立門，排斥異己。如清算張居正的幾員幹將李植、江東之、羊可立等官員。又拉攏趙用賢、沈思孝等臭味相投之人，形成最初的集團性勢力。在這種情況下，其他官員逐漸或主動或被動地加入不同集團之中。

---

9 見《明史卷二百二十九》。

10 見《明通鑑卷六十八》。又見《御批歷代通鑑輯覽卷一百十一・明》

黨派對立在萬曆二十一年癸巳京察中急劇激化，此後，朝中正、邪兩黨涇渭分明，「物議橫生，黨禍繼作」。[11]萬曆三十五年（1607年）黨派已經形成。朝中有以宣城人湯賓尹爲首的宣黨，有以昆山人顧天峻爲首的昆黨，有以顧憲成爲首的東林黨。神宗則怠於政事，任憑內閣與言官明爭暗鬥，《明史・葉向高傳》云：「帝不省章奏，諸臣既無所見得失，益樹黨相攻。」趙翼亦論之云：「萬曆末年，帝怠於政事，章奏一概不省，廷臣益務爲危言激論，以自標異。於是部黨角立，另成一門戶攻擊之局」[12]。至此各樹黨羽，並與閹宦暗結，其所爭議皆非爲國興利除弊之見，舉凡「內閣以爲是者，臺諫必以爲非；臺諫以爲非者，內閣必以爲是。」兩者互爲抨擊抵制，至四明沈一貫當國，連絡言官，使與內閣合流，以弭爭議，然黨爭依舊未息，且一變爲朝野之爭。兔起鶻落，朋黨之勢益爲激烈，終至不可收拾，夏允彝析黨議甚詳，而謂：

國朝自萬曆以前，未有黨名，及四明沈一貫爲相，以才自許，不爲人下。而一時賢者，如顧憲成、孫丕揚、鄒元標、趙南星之流，蹇諤自負，與政府每相持，附一貫者多言路，而憲成講學於東林，名流咸樂趨之，此東林之黨所由始也。[13]

東林者，初非黨名，先是無錫有東林書院，爲宋楊時講道論學之處；萬曆中，顧憲成以議朝廷政事招忌，削籍歸里復修之，與高攀龍、錢一本講學於此，天下之士，聞風而集。往往諷議時政，裁量人物，朝士慕之，遙相應和，由是東林之名大著，忌者益多。其後孫丕揚、鄒元標、趙南星等，相繼講學，是爲東林黨議之起。其時在朝有宣黨、崑黨、齊楚浙三黨，聲勢相倚，務以攻東林，排異己爲事。《明史・夏嘉

11 見《明史卷二百三十一・贊曰》。

12 見清・趙翼《二十二史劄記卷三十五・明史》。

13 見《倖存錄・門戶大略》。

遇傳》云：

> 臺省之勢，積重難反，有齊楚浙三方鼎峙之名。齊爲亓詩教、韓浚、周永春輩；楚爲官應震、吳亮嗣輩；浙爲劉廷元、姚文宗輩，其勢張甚。湯賓尹輩，陰爲之主，於是有宣黨、崑黨種種別名。宣謂賓尹，崑謂顧天峻也。天峻高亢自喜，而賓尹淫汙無行。庚戌之榜，如韓敬、錢謙益、王象春、鄒之麟皆負才名，急富貴而相妬軋，之麟附亓詩教，韓浚求銓部不得，遂反攻之，於是之麟之友皆爲時貴所抑……。[14]

東林雖被斥，然三黨亦互爲軋轢，分歧詆訟。殆光宗即位，有意革新朝政，遂召回在野之東林黨人，重行執政，以冀澄清吏治，端肅政風，《倖存錄》云：

> 神祖殂落，光廟首召葉向高，而閣臣劉一燝，冢臣周嘉謨，俱以召用。名流爲首輔，自鄒元標、趙南星、曹于汴之屬，皆爲銓憲大臣，即附麗東林者，亦無不由田間起，相次爲顯宦，齊楚浙前此用事之人俱放斥，一時以爲元佑之隆不過也。[15]

東林黨人雖重被起用，然於朝政依舊一籌莫展，無補於國事之敗壞；且在野之時，兼容並包，以致份子複雜，良莠不齊。此時既入掌政權，皆夤緣而入，於是「附麗之徒，惟營躁進，京卿添注累累，已不滿人意」。[16]其呼朋引類之任用私人，雖自命清高賢士大夫，亦不能免。而又抱持黨同伐異之態度，終乃演成「議論高而事功疏，名位軋而猜忌

---

14 見《明史卷二百三十六．夏嘉遇傳》。

15 見《倖存錄．門戶大略》。

16 見《倖存錄．門戶大略》。

起，異己者雖清，必驅除；附己者雖穢多容納，雖領袖之賢諤諤可重，而彙之者眾矣」[17]！其東林領袖雖以矜正清高自許，然附麗之徒卻「急功名，多議論，惡逆耳，收附會，其習如前」[18]。以附會東林諸人爲攫取功名富貴之途，則使東林黨聲譽因而敗壞；考東林聲譽之衰，始於淮撫李三才之附麗東林；三才者，於萬曆中爲淮陽巡撫，有治績，然其性貪鄙，未能持廉，《倖存錄》云：

淮撫李三才，家居三輔，年少早貴，所至有赫赫聲。但負才而守不潔，及爲淮撫，垂涎大拜，多結遊客日譽於憲成左右。憲成因而悅之，亦爲遊揚，糾三才者，即以爲東林玷。三才挾縱橫之術，與言者爲難，公論益絀之，而東林並受累不小。[19]

三才雖貪瀆行不潔，而涇陽（顧憲成）卻爲之辯白，其〈上葉相國臺山先生書〉云：

淮上修吾李司徒，憲與之交三十年矣，中心實信服者，乃今言者紛如，又率借東林爲案，其借東林爲案也。或引而內之，或推而外之，又若冰炭然何也？……夫憲何以服司徒也，語云：「觀人必於其素。」又云：「觀人必於其所忽」，以其日用平常安排所不到也。憲始與司徒同官戶曹，一日過訪，適當午，遽問飯乎？憲曰：「未也」，因遂留飯，相對一蔬，一腐、一肉而已。察其色，充然自得，絕無歉意，憲心異之。他日復過訪，復留飯，加饌至數品，憲訝而問之：「何前倨而後恭也？」司徒

17 見《倖存錄・門戶大略》。

18 見《倖存錄・門戶大略》。

19 見《倖存錄・門戶大略》。

曰：「偶然耳，無而爲有，有而爲無，所不能也。」憲益異之，以爲車塵馬蹄之間，誰能有如此襟度，遂與定交。[20]

以一飯之食不同，未能細心觀察其人品之良窳，即率爾論定其爲治國之良才，而與之定交。遂使憲成陷於識人不明之譏，終爲社會所詬病，其知人亦鈍矣！《明史・光宗紀》言：

總督漕運李三才挾縱橫之術，與言者爲難，公論絀之。時工部主事輔忠論其結黨徧天下，前圖枚卜，今團總憲，四岳薦鯀，漢臣�莽，天下之大可憂也！顧憲成爲左右所紿，則謂三才至廉至淡漠，勤學立行，爲古醇儒，當行勘以服諸臣心。

淮撫既與東林合，雖公論絀之，涇陽亦不顧，若有糾之則斥爲非東林，凡忤東林者即共指爲奸邪，故自視爲君子者，輒引東林以自重。而凡爲政論所不容者，亦輒指東林爲邪黨，至是兩黨賢否混淆，交相攻擊，終使國事敗壞，以致不可收拾。夏允彝於兩黨之爭而感嘆曰：

若兩黨之最可恨者，專喜逢迎附會，若有近和平之說者，即疑其異己，必操戈隨之；雖有賢者畏其鋒而不能自持，又有因友及友，並親戚門牆之相連者，必多方猜防，務抑其進而後止，實有和平無競，公正無偏者，亦不之信者也！激而愈甚，後忿深前，身家兩敗，而國運隨之，謂皆高皇帝之罪人可也！但後世之論，必一賢一邪，有難渾者。余亦以前輩所愛重，欲推而納之清流禍中，然余不以此稍懷偏忿，持平言其實，庶鬼神之可質也。[21]

20　見《顧端文公遺書卷一・疏》。

21　見《倖存錄・門戶大略》。

兩黨爭論既起，則積忿愈深，而忠奸莫辨。凡黨同則有百是而無一非，伐異則有百非而無一是，門戶分立，而攻擊愈厲。然終無補於國事，夏允彝析兩黨是非，頗爲中允。

二黨之於國事，皆不可謂無罪。而平心論之，東林之始而領袖者爲顧、鄒諸賢；繼爲楊、左，又繼爲文震孟、姚希孟，最後輩如張溥、馬士奇輩，皆文章氣節足動一時。而攻東林者，始爲四明，繼爲亓、趙，繼爲魏、崔，繼爲溫、周，又繼爲馬、阮，皆公論所不與也。東林中亦多敗類，攻東林者亦間有清操獨立之人；然其領袖之人，殆天淵也。東林之持論高，而於籌虜制寇卒無實者。攻東林者自謂孤立任怨，然未嘗爲朝廷振一法紀；徒以忮勝，可謂之聚怨而不可謂之任怨也。其無濟國事也，則兩者同之耳。[22]

熹宗立，魏閹得勢，群宵如王紹徽、阮大鋮、崔呈秀、魏廣微等盡投魏閹，狼狽爲奸，傾陷忠良，務攻東林於死地。竟先後編造《封疆案》，《東林同志錄》、《東林點將錄》，任意將朝中大臣以筆墨分差等，目爲邪人，或擯，或斥，甚而殺戮禁錮，最終導致良將熊廷弼含恨而死。

魏廣徵以己意用筆墨點縉紳一冊，分差等，目爲邪人，其人則葉向高、韓爌、何如寵、錢謙益、成基命、繆昌期、姚希孟、陳子壯、侯恪、趙南星、高攀龍、楊漣、左光斗、魏大中、黃尊素、周宗建、李應昇等約六、七十人。密達於忠賢，以漸擯斥，復手書所欲起用之人黃克纘、王紹徽、王永光、徐大化、霍維

22 見《倖存錄・門戶大略》。

華、阮大鋮等五十六人，指爲正人，以次點用。[23]

至楊漣、左光斗、周順昌、李應昇、高攀龍、黃尊素等忠貞大臣，先後遭毒害後，東林清議之士爲之殆盡。而魏閹勢益大，凡忤忠賢者，雖非東林，亦必削籍，重或充軍，死必追贓，破其家。至是國之忠良因而殞折，社會清議亦息，至有潘汝禎、閻明泰、曹爾禎、劉宏光等督撫大吏，爭請爲忠賢立生祠，監生陸萬齡至請以忠賢配孔子，以忠賢父配啓聖公，其士風無恥之極，而國事不可爲也。故亭林嘆曰：「天下風俗最壞之地，清議尙存，猶足以維持一二。至於清議亡而干戈至矣」。[24]

既而崇禎踐祚，魏閹伏誅，其黨皆入逆案，永遭禁錮，莊烈且禁內閣與外廷大臣相往還，政風爲之一新。然閹黨餘孽仍陰結內廷，續迫害東林，自溫體仁、周延儒以下，每以權位利祿賄賂公行，因而時局大壞；有志之士，乃以文結社，砥礪名節，切磋道義，以興復絕學爲職志，經世致用爲依歸，圖挽明之衰敗與世道人心，而創「復社」。主其事者爲張溥，學問道德爲儒林所重，其後社友超逾數千，每藉文章品題，評議朝政，遂遭權貴所忌，攻訐備至，黨禍繼起。復社之人或遭斥逐，或遭礫死，清議漸息而秕政叢起，流寇肆虐，國脈大傷，終至無可救者，黨禍實萌其衰也。

二、民生凋蔽，流賊蠭起

晚明自萬曆天啓以後，財政日漸支絀，加以軍費日漸浩繁，且年有增加；而屯田制度廢，龐大軍費無法賴地方供應，皆依賴政府供應。邊方缺乏糧食，米價日漲，人民生活維艱，而政府財政日漸困乏，雖想整頓治理，卻無成效可言。而宮廷生活則日尙奢侈，浪費驚人。影響所及，凡政府官員皆崇尙奢靡，上下交征利，於是貪汙風行而財聚於上，

23 見《明史紀事本末》。

24 見《原抄本日知錄卷十七・清議》。

今讀萬曆二十七年閏四月，朝鮮陳奏使右議政李恒福在其《朝天記聞》中記道：

> 東征事起，府庫虛耗，又起乾清、坤寧等宮，窮極侈靡，以龍腦沉檀屑，雜以椒末塗屋壁。又督珠市，盡納其珠，擇其大顆絡爲障子。又遣太監，採珠於外，南方貢一珠，其重四兩，天下所貢，無大於此。

言神宗萬曆宮中生活，極盡奢靡。爲此向民間徵斂財物，無所不用其極。使者李恒福又與副使李廷龜向朝鮮皇帝宣祖覆命，言及天朝萬曆之貪婪曰：「不獨十三省，太監分出天下，言利之道大開。臣行一路處處設皇店，榜曰：『奉諭聖旨，徵收國助』，雖一蔬一菜，亦皆有稅。道路之人，爭相怨詈曰『皇上愛錢不愛人，未有如此而享國長久之理，我等不久亦將流離如汝等』」將萬曆朝廷横徵暴斂之醜態，一一道出。又如萬曆二十七年五月，朝鮮接伴使沈喜壽向宣祖報告：「天朝遣中使聚財之舉，雖出於非正之供，而市民至於綁縛太監，無所顧忌，人心風俗，極爲寒心。『皇上愛錢不愛人』，『朝廷爺愛銀不愛民』」。明朝百姓用極爲生動之語言，道出神宗皇帝的貪財好貨。

《朝鮮實錄》，記萬曆三十年六月，朝鮮史臣依據使者彙報而得出印象，天朝賄賂公行之狀，有云：

> 是時天朝貪風大振，賄賂公行，頃年大軍之來，諸將官皆納銀圖差。及到我國，先事誅求，至於賫詔差官之往來，得紬子數百疋，人參百餘而去。將官，武夫也，差官，下賤也，不足深怪。頃日天使顧天峻以翰林學士奉天子命，來臨外國，公然責受銀子千餘兩，飲食器皿，亦皆換銀而歸，爲外國人所唾鄙，中原

之事可知矣[25]！

其貪風之盛行，自皇帝以下諸將官皆公然索賄，不僅廉恥，而苞苴公行，政以賄成的醜態，頗爲朝鮮人所鄙視，而政治之腐化，實不堪言表。

至熹宗時，以周應秋爲吏部尚書，貪汙之風更盛，竟而賣官鬻爵，爲後世所詬病。

吏部尚書周應秋，由御史推升者也。素極貪穢，及爲冢宰，秤官索價，每日勒足萬金，都門有「周日萬」之號，手復狠辣，凡門户中糾本參及者，輒借推升題補，以供誅求，遂至削奪無虛日。[26]

應秋素極貪穢，去年冬求司空缺，於趙高邑（趙南星）前屈膝不已，趙鄙之，常語人曰：「吾入山三十年，不意士風掃地至此。」至以媚璫陞冢宰，拜官索賄，每日勒足萬金，都門有周日萬之目。[27]

以如此貪婪之人爲首輔，秤官索價，朝政焉得不壞？且宰輔求之於百官，百官取之於小民，又何怪其貪汙風氣不日趨熾盛？夫官吏既可因貪汙而獲致暴利，無恥之徒，乃不擇手段營私納賄，終乃不可收拾，而朝政愈敗，民生則愈困苦矣！大學士王應熊奏疏有云：

---

25 見李光濤《明季流寇始末》所引。

26 見明．文秉《先撥志始．第五章》。

27 見《三朝野紀．卷二》。

州縣長令，民之所託命也。甲乙明經選除之外，有保舉，有宗室換授，有明經特恩，號爲御進士，一時彬彬，無不頌皇上愷悌作人，愛育黎首之德意，然純良之績，未見大著。蓋保舉之法，知人實難，夤緣請託，參乎其間，至於換授亦然。其盈缺於銓司，通賂於胥吏，無以異也！幹謁於巡方，乞援於貴要，亦無以異也！然皆取償於窮民之骨髓。[28]

其保舉之法，竟成賄賂求吏之途，果爾爲官，則層層剝削，所苦者爲小民也。其不堪需索，被迫挺而走險者，屢屢皆是，而虐民者非僅貪官也，其諸多苛政，皆足以殘民。如萬曆二十四年，因寧夏用兵，耗費巨資，國用大匱，而採徵礦稅，致礦稅監吏縱橫繹騷，吸髓飲血，以供進奉，入公帑者不及什一。而天下蕭然，生靈塗炭，其廷臣有敢諫者，輒加重譴；而稅監益驕，流毒更甚，明室之亡，實肇於此矣！故亭林評曰：「自萬曆中礦稅以來，求利之方紛紛且數十年，而民生益貧，國計亦愈窘」[29]。國計愈窘，又逢遼患興起，遂議增天下田賦，以爲軍餉；且以糧稅銀，致穀多且賤。徵糧之日，賣妻鬻子，慘不忍聞。亭林論曰：

今來關中，自鄠以西至於岐下，則歲甚登，穀甚多，而民且相率賣其妻子。至徵糧之日，則村民畢出，謂之人市。問其長吏，則曰：「一縣之鬻於軍營而請印者，歲近千人，其逃亡或自盡者，又不知凡幾也。何以故？則有穀而無銀也，所獲非所輸也，所求非所出也」。[30]

---

28 見《崇禎長編・卷一》。

29 見《原抄本日知錄卷十六・言利之臣》。

30 見《亭林文集卷一・錢糧論上》。

納稅之人，有穀而無銀，而官則定稅銀而非稅穀，乃不得不賣穀以得銀兩納稅；競賣穀而穀愈賤，甚而無人購買。於是輸官之日，相率賣其妻子，冀得銀以納稅；而逃亡自盡者，又不知凡幾，其民生困苦至此，實人間地獄也。然猶不爲足，至天啓間又有關稅，鹽稅之加派，病民尤甚。而額外雜稅之附加，倍於正稅之十八，尤使貧民不勝負荷，紛紛逃去，亭林爲之慨歎曰：

嗚呼！自古以來，有國者之取於民爲已悉矣，然不聞有火耗之說。火耗之所由名，其起於徵銀之代乎？此所謂正賦十而餘賦三者與？此所謂國中飽而姦吏富者與？此國家之所峻防，而汙官猾胥之所世守，以爲子孫之寶者與？此窮民之根，匱財之源，啓盜之門，而庸懦在位之人所目睹而不救者與？[31]

其生民之困，未有甚於此時矣！至崇禎時，因滿州兵興，而軍需浩繁；陝北流賊起，軍餉益增，其時有所謂遼餉、剿餉、練餉之目，而國力窘甚，遂又增田賦以補[32]，甚且出之於預借、預徵，民雖無田而仍須繳納稅糧，或民眾逃徙，土地荒廢，猶責令現存之民戶，代納逋欠。督責既酷，而人民拋荒逃之者益眾，故亭林評預借之不當，曾引詩慨嘆之：

詩云：碩鼠碩鼠，無食我苗。謝君直曰：苗禾秀而食之，貪之甚也。今之爲豫借者，食苗之政也。有不驅民而適樂郊者

31 見《亭林文集卷一・錢糧論下》。

32 崇禎二年，以兵餉不足，兵部尚書梁廷棟請增天下田賦，於是戶部尚書畢自嚴，議於每畝加九釐之外，再增三釐。十年，楊嗣昌又請增二百八十萬，舊額之糧，每畝加六合，計石折銀八錢，帝乃下詔，不集兵，無以平賊，不增賦，無以餉兵。其後又增練餉七百三十萬，先後共增千六百七十餘萬。見《二十二史箚記・卷三十六・明末遼餉、剿餉、練餉》

乎？[33]

其苛政荼毒百姓，莫此爲甚，加以天災連年，貪官横行，致使國帑奪於上，民力殫於下。而徭役之繁重，督吏之殘虐，迫使百姓憤而走險，而爲流賊，竄亂天下，最後竟至明室淪亡，崇禎殉國，鼎祚更易，良可嘆也！

流賊之亂，其來有自也。萬曆之末，遼事既起，餉不足而加賦無已，民失其樂生之心，兵弊軍制廢除之律，班軍困於戰役，而京營不足爲用。衞所之軍，徒供豪富所差遣，舉天下之兵，不足以任戰守。雖召募勤求衞國之士，然所聚皆遊手好閒，無尺籍可稽之民，假以器械，教以技擊，而赴警則脫逃譁潰，既窮且悍之眾，乃遍於閭里，遂爲流賊嘯聚之資。至崇禎初，陝北連歲大饑，赤地千里，飢民乃刦府庫爲賊，強者各立名號，相從日眾，刦殺淫掠，無所不爲，竟爾燎原於中夏，一發不可收拾。

考流賊蠭起之初，其組成有六：曰叛卒、曰逃兵、曰驛卒、曰飢民、曰難民、曰響馬，而皆起於陝西。蓋秦地山高土厚，民多強悍，好勇鬥狠，故六者之亂，亦始於此，而足以亡天下也。叛卒者，欠餉之饑軍，掠官府而合於群盜者也。崇禎元年冬，陝西欠餉至一百三十八萬兩之鉅，宋遼之川湖兵，亦積欠至四個月，故兵士不堪，相率叛亂，而其時清軍入關，四路勤王之師，亦多以飢困而自合於流寇。逃兵者，乃指歷次援遼之役敗逃之卒，自萬曆四十七年，奴兒哈赤事起，以至崇禎二年之「己巳虜變」[34]其徵調之兵，有遇敵則遁，有中道奔潰，因而逃兵

33　見《原抄本日知錄卷十四・豫借》。

34　崇禎二年己巳，女真人突逼京畿，後金可汗皇太極率兵十餘萬直逼明都北京。崇禎帝令孫承宗、袁崇煥馳援，女真攻至北京之下，陣斬明將趙率教、滿桂、孫祖壽，大肆劫掠後返回滿洲。且設下反間計，使崇禎誤信袁崇煥通敵，袁被崇禎淩遲而死，此乃皇太極一手策劃。史稱「己巳虜變」。

日聚日多，其爲禍害不僅沿途劫掠而已！崇禎元年，兵部尚書王在晉曾上奏言，慨談流賊之起曰：

竭海內之力以供餉，功既無成，財復大匱。柳河之敗，止存兵五萬八千，即如樞輔疏以十二萬，此六萬二千兵歸於何有？[35]

其逃兵之多，頗爲驚人，而相聚劫掠，爲害地方，不可勝傳！今養兵本以保民，兵而爲盜，天下安得不亂？聞之殊令人嘆息！驛卒者，多山陝無賴之徒，藉驛站以果其口腹，本不敢爲非者也。崇禎二年，給事中劉懋上疏，請裁各省驛站，帝從之，且嚴令各省遵辦，山陝遊民，凡仰驛糈養者，無所得食，卒至窮饑迫身，相逐爲盜。其時給事中許國榮，御史姜忠睿等，先後上疏，備陳驛站不當廢，而崇禎悉未採納，卒使賊起禍興，中原鼎沸，其害皆始自劉懋病民也！飢民者，為百姓以年凶歲荒，而罹於凍餒者也。進士馬懋才於崇禎元年五月上〈備陳大飢疏〉描述陝北災情。

臣鄉延安府，自去歲至今，一年無雨，草木焦枯。八、九月間，民爭採山間蓬草而食，其粒類糠皮，其味苦而澀，食之僅可延以不死。至十月以後而蓬盡矣，則剝樹皮而食。諸樹惟榆皮差善，雜他樹皮以爲食，亦可稍緩其死。迨年終而樹皮又盡矣！則又掘其山中石塊而食。石性冷而味腥，少食輒飽，不數日則腹脹下墜而死，民有不甘於食石而死者，始相聚爲盜……[36]

飢民之被迫而爲盜，實不得已也！而朝廷因災不恤，因饑不賑等失

35 見《崇禎長編・卷十三》。
36 見《崇禎長編・卷九》。

政之策，皆爲致盜之因也。難民者，流離之百姓也，蓋因陝西饑荒，民無以爲食，遂流離於途中。乞之不足遂搶之，相聚愈多，益無忌憚，並與飢民合爲流寇也。響馬者，山林之寇賊也，專以搶掠行人之財貨爲生，有司無以爲治，徒坐其勢愈大，並與叛軍、逃卒相應，而嘯聚山澤，淩虐地方。未幾，流寇勢愈大，竟而蹂躪中原矣！

流賊聚勢而竄亂，起於閹黨喬應甲巡撫陝西，朱童蒙巡撫延綏，此皆貪黷而虐民之官，民起爲盜置之不問，反脅地方官吏責以重賂，盜以此日橫。而山陝又連歲大饑，民飢而爲盜。崇禎元年冬，有白水賊王二，通於縣役，糾眾墨其面，掠蒲城之孝童，韓城之淄川等諸鎮，與府谷賊王嘉胤，宜川賊王左掛、飛山虎等，一時並起扯旗造反攻城堡，殺官吏。安塞馬賊高迎祥，李自成舅也，迎祥自稱闖王，漢南賊王大梁自稱大梁王，與饑民聚眾應之。已而驛卒、叛卒相率應之，關中寇勢大熾。未幾，參政劉應遇擊殺王二、王大梁，洪承疇擊破王左掛，賊勢稍緩。然山西、甘肅巡撫之勤王兵，於途中竟譁變，而與群盜合，勢益盛，其後賊由陝西渡河犯山西，山西各縣大擾。而延安人張獻忠據米脂縣諸寨，自稱八大王，是爲張獻忠稱號於賊中之始。山西賊首王嘉胤，於崇禎四年六月爲其黨所殺，更推王自用爲賊魁，號紫金梁，與迎祥、獻忠共三十六營，眾二十餘萬，皆聚於豫北一帶。崇禎六年在武安作戰受傷，退入山中，不久病死。

米脂人李自成，世居陝西榆林。童年時給地主牧羊，曾爲銀川驛卒。亦往從高迎祥，勇猛有識略。滎陽大會時，提出「分兵定向、四路攻戰」之方案，受到各部首領之贊同。高迎祥戰死後，他繼稱闖王。當時中原災荒嚴重，民不聊生，闖王部將李岩提出「均田免賦」等口號，獲得廣大農民之歡迎，竟而擴充至百萬之眾，成爲義軍之主力。

明崇禎則以楊鶴爲三邊總督捕賊，督諸將捕盜。然鶴畏賊勢盛，乃主安撫，有剽掠之賊匿不奏，有自稱降者，給免死牒，而賊淫掠如故，其勢更盛，楊鶴遂以撫賊不效誤國，逮赴謫戍。而以洪承疇代之，督諸將曹文詔、楊嘉謨剿賊，所向克捷，剿寇幾盡，陝地略定。既而曹文詔爲言官劾去，賊勢復盛，流竄河南、湖廣，入四川，蹂躪彌廣。

崇禎七年春，朝議委陳奇瑜特設山西、陝西、河南、湖廣、四川五省總督，專辦剿賊。奇瑜困迎祥、自成於車箱峽（陝西省興安縣境），賊勢大蹙。自成以計賄奇瑜左右詐降，奇瑜輕賊遽許之。自成等既出車箱峽而復叛，自陝西竄擾河南，所過州縣盡屠，其勢復振。遂於賊內漸露頭角，與張獻忠輩名相埒矣！奇瑜則因撫詔無功，被逮下獄，以洪承疇代，時賊屠掠關中，圍隴州四十餘日，承疇遣將破之，賊東竄河南。

崇禎八年春正月，群賊大會於滎陽，自成倡議分賊眾抗各路官軍，並許以賊眾，凡攻破城邑，子女玉帛惟均分。一時賊勢大熾，遂陷鳳陽，燒享殿，焚皇陵。明廷調集各省精兵七萬餘在中原進行會剿，諸賊屢分屢合，時敗時振，官兵迭有傷亡，卒不能請。

崇禎九年二月，山西大飢，以致人與人相互食之。七月，陝西巡撫孫傳庭擊迎祥盩厔之黑水峪，擒之，俘獻闕下，磔死。賊黨乃共推自成爲闖王，承疇、傳庭合擊賊，大破之，自成盡亡其卒，而獻忠亦爲明將左良玉所敗而降，自成勢亦衰。然遼事亟，明徵承疇改薊遼總督，而平賊事悉委楊嗣昌、熊文燦，皆不能有所爲，賊勢復張，而流賊亡明之禍遂成。

嗚呼！流賊之蠭起，肇於明朝政之不脩，任官之非人。而財用之不足、民生之凋蔽，則使飢盜之民愈多，聚而爲亂，騷擾地方。而朝廷拙於探民隱、救民困，以致流賊之勢逐漸坐大。明廷始匆促用兵，未能克敵求勝，剿撫合用，無一定準則，而流賊遂乘勢燎原，蹂躪愈廣，竟至亡明，誠可嘆矣！然睹明季之敗政，重斂虐民者比比皆是，所謂秕政亂於上，飢民困於下，賊寇流於內，清虜迫於外，而水旱天災頻仍，饑荒遍野，明室之傾覆，勢所必至，理有固然矣！

三、王學末流、空談誤國

有明儒學，以王學爲宗，流衍廣被，影響深遠，至其末流，則流弊叢生，學者但知頓悟談玄，遊談無根之說，甚者放言自肆，詆毀先儒，號召門徒，虛聲附合，用詐任情，壞人心術，亭林謂：

> 今之學者，偶有所窺，則欲盡廢先儒之説而駕其上，不學則借一貫之言以文其陋，無行則逃之性命之鄉，以使人不可詰。[37]

以性命之鄉隱乎身，摭拾性命之語，陳陳相因，而學者束書不觀，徒成標榜之習，以致學風愈形空疏，士氣益爲卑弱，溯其源，亭林以爲王伯安之良知也，其曰：「以一人而易天下，其學風至於百有餘年之久者，古有之矣，王夷甫之清淡，王介甫之新說，其在於今，則王伯安之良知是也」[38]。夫陽明良知之學，乃爲明學之中柱，原乎其興，本亦糾朱學末俗窮裡之弊。蓋考亭之學，盛於明初，其時學者日浸淫於四書五經之大全，牽於訓詁，溺於記誦，而競逐於科舉功名之途。陽明出，痛斥功利之毒，淪浹於人之心髓，而習以成性，乃揭「良知」以爲教之本旨，去私慾之蔽，立聖賢之志，舉知行合一之說，以爲學問思辨之功夫，重實踐而輕空言，省察克治，戒愼謹獨，以臻於聖人之境。故其學乃爲救時弊而發，至其末流，學者遺其精華，而取糟粕，弊端乃現，亭林述王學末流之傳云：

> 王門高第爲泰州（王艮），龍溪（王畿）二人，泰州之學一傳而爲顏山農（顏鈞），再傳而爲羅近溪（羅汝芳）、趙大洲（趙貞吉）。龍溪之學一傳而爲何心隱（梁汝元），再傳而爲李

37 見《日知錄卷二十・朱子晚年定論》。

38 見《原抄本日知錄卷二十・朱子晚年定論》。

卓吾（李贄），陶石簣（陶望齡）。昔范武子論王弼、何晏二人之罪深於桀紂，以爲一世之患輕，歷代之害重，自喪之惡小，迷眾之罪大；而蘇子瞻謂李斯亂天下，至於焚書坑儒，皆出於其師荀卿，高談異論而不顧者也。[39]

王學末流之弊，蓋始於龍溪、泰州二人之傳，龍溪治學主四無之說，頓悟之法，深受佛家禪學之影響，其《天泉證道記》謂陽明之教法有兩種。

四無之說，爲上根人立教；四有之說，爲中根以下人立教；上根之人，悟得無善無惡心體，便從無處立根基，意與知物，皆從無生。一了百當，即本體便是工夫。易簡直截，更無剩欠，頓悟之學也。中根以下之人，未嘗悟得本體，未免在有善有惡上立根基。心與知物皆從有生，須用爲善去惡功夫，隨處對治，使之漸漸入悟，從有以歸於無，復還本體，及其成功一也……但吾人凡心未了，雖已得悟，不妨隨時用漸修功夫，不如此，不足以超凡入聖，所謂上乘兼修中下也。[40]

是陽明之教，雖有頓悟與漸修二端，然所重爲漸修也。而龍溪則以了悟爲學之歸趣，其有「悟說」一篇言入悟之法：

君子之學，貴於得悟。悟門不開，無以徵學。入悟有三：有從言而入者，有從靜坐而入者，有從人情事變鍊習而入者。得於言者，謂之解悟，觸發印正，未離言詮。譬之門外之寶，非己家

39 見《原抄本日知錄卷二十・朱子晚年定論》。

40 見《龍溪先生全集卷一・天泉證道記》，又見《王畿集・卷一》。

珍。得於靜坐者，謂之證悟，收攝保聚，猶有待於境，譬之濁水之初澄，濁根尚在，纔遇風波，易於淆動。得於鍊習者，謂之徹悟，磨礱煆煉，左右逢源，譬之湛體冷然，本來晶瑩，愈震盪愈凝寂，不可得而澄淆也。根有大小，故蔽有淺深，而學有難易，及其成功，一也。[41]

龍溪以為頓悟為致良知之法，殊不知良知須涵養以得，不能普傳。陽明居夷處困，動忍增益，其悟良知始徹。凡人無此經驗，驟然發良知以為天理，其弊自生，龍溪言良知之學，以一念為宗，其曰：

良知者，是非之心，其機存乎一念，發一念而安，都是是；發一念而不安即是非。安則必為之，舉世非之，有所不顧不安則必去之，得盡便宜，有所不為方為實。致其良知，方為自慊，方能出得俗套。[42]

又曰：

良知在人，本無汙壞，雖昏蔽之極，苟能一念自反，即得本心。譬之日月之明，偶為雲霧所翳，謂之晦耳，雲霧一開，明體即見，原未嘗有所傷也。此原是人人見在具足，不犯做手本領工夫，人之可以為堯舜，小人之可使為君子，舍此更無從入之路，可變之幾，固非以為妙悟而妄意自信，亦未嘗謂非中人以下所能及也。[43]

41 見《龍溪全集卷十七．悟說》。

42 見《龍溪全集卷十五．冊付丁賓收受後語》。

43 見《龍溪全集卷六．致知議辨》。

以己之一念爲良知，自反而安，即得本心。非經閱歷漸修，以頓悟即可得良知，影響所及，流弊叢生，且龍溪承陽明之教，以良知爲人人所具有，故人皆可以爲堯舜，其曰：「良知不學不慮，本來俱足，眾人之心與堯舜同」[44]。推其良知說爲大眾之學，是則愚夫俗子，不識一字，皆可做聖人。順是之說，則使人倡狂自恣，狂誕悖戾，而風俗也愈頹壞。

龍溪之學傳至李贄，其弊愈顯，卓吾於龍溪頗爲推崇仰慕。

聖代儒宗，人天法眼，白玉無瑕，黃金百鍊，今其沒矣！後將何仰？……遂令良知密藏，昭然揭日月而行中天，頓令洙、泗淵源，沛乎決江河而達四海。蓋直斯文之未喪，實見吾道之大明。先生之功，於斯爲盛。[45]

其生平之學，宗服龍溪，而於陽明良知之學發揮盡致，陽明以爲良知乃人人具有，龍溪更以良知爲現有，不待外求，而卓吾則推而以爲人人俱生良知，人人便可成佛。

天下寗有人外之佛，佛外之人乎？若必待仕宦婚嫁事畢然後學佛，則是成佛必待無事，是事有礙於佛也。有事未得作佛，是佛無益於事也。佛無益于事，成佛何爲乎？[46]

於是凡人皆可發己之良知而成聖人，而於古聖人之教，未可盡信。直言「咸以孔子之是非爲是非，故未嘗有是非。」[47]又曰：

44 見《龍溪全集卷五．雲門問答》。
45 見《焚書卷三雜述．王龍溪先生告文》。
46 見李贄《焚書卷一．答周西岩書》。
47 見李贄《焚書卷一．答周西岩書》

夫是非之爭也，如歲時然，晝夜更迭，不相一也。昨日是而今日非矣，今日非而後日又是矣。雖使孔夫子復生於今，又不知作如何非是也，而可遽以定本行罰賞哉？[48]

以是非之念定於己心，隨時而變，其思想可謂怪矣！卓吾又以凡人皆有私心，言無私者為畫餅之談也！[49]故其學重功業而輕名教，於董仲舒所云：「仁人者，正其誼不謀其利，明其道不計其功。」[50]頗為反之，而曰：「夫欲正義，是利之也，若不謀利，不正可矣。吾道苟明，則吾之功畢矣；若不計功，道又何時而可明也」。[51]持此觀點以論史，則孟子以來尊王黜霸之定論，悉當一一重翻，另加審決。李贄對當時之道學家，則頗為鄙斥而斥之曰：

今之學者，官重於名，名重於學，以學起名，以名起官，循環相生，而卒歸重於官。使學不足以起名，名不足以起官，則棄名如敝箒矣！無怪乎有志者多不肯學，多以我輩為光棍也。[52]

卓吾以為一般道學家徒有空名而無內涵，故以假道學而排斥之，並謂眞道學乃自然之性，能順服自然之理，雖喫飯穿衣而理亦在其中矣！故曰：「喫飯穿衣，即是人倫物理。除卻穿衣喫飯，無倫物矣。世間種種，皆衣與飯類耳，故舉衣與飯，而世間種種自然在其中」。[53]以穿衣吃飯為人倫之理，自然之性，其理尚實矣！然其怪者，而為人所詬病，

48 見李贄《藏書・世紀列傳總目》。

49 見李贄《藏書卷二十四・德業儒臣後論》。

50 見班固《漢書・董仲舒傳》。

51 見李贄《藏書卷二十四・德業儒臣後論》。

52 見李贄《焚書卷二・書答復焦弱侯書》。

53 見李贄《焚書卷一・答鄧石陽》。

則是以勢利爲吾人稟賦之自然，聖人雖仁義，不能無是非之心，盜跖雖勢利，亦有仁義之心。故人但率性而爲，勿以過高視聖人之爲，其曰：

士貴爲己務自適，如不自適而適人之適，雖伯夷、叔齊同爲淫僻。不知爲己，惟務爲人，雖堯舜同爲塵垢粃糠。[54]

卓吾以自適而視人，雖聖賢亦爲常人，其釋格物，主張人我一體，以爲「聖人知天下之人之身，即吾一人之身，人亦我也，知吾之身即天下之人之身，我亦人也，是上自天子，下至庶人，通爲一身矣。」[55]因此要「無人見無我見」。

綜卓吾學術，皆以斥道學反傳統爲高，而影響當時頗巨，天下學者皆靡然風從焉！其說雖不無見地，然流弊所及，學者不務道德，唯趨功利，以己心爲聖心，則滿街皆是聖人。酒色財氣，不礙菩提路，其說惑亂人心亦廣矣！而卓吾平日之行，猶如其學，肆行不檢，竟至與無良輩遊庵院，挾妓女白晝同浴，勾引士人妻女入庵講法，至有攜衾枕而宿者，其敗行喪德如此，故亭林曰：「愚按自古以來，小人之無忌憚而敢於叛聖人者，莫甚於李贄」[56]。其詬責亦深矣！而王船山則直斥龍溪之學，以卓吾之說爲亡明之禍根也。

王氏之學，一傳而爲王畿，再傳而爲李贄，無忌憚之教立，而廉恥喪。道賊興，皆惟忌於明倫察物，而求逸獲，故君父可以不恤，名義可以不顧，陸子靜出而宋亡，其流禍一也。[57]

---

54 見《焚書・李溫陵集卷二・答周二魯》。

55 見李贄《李溫陵集卷十八》。

56 見《原抄本日知錄卷二十・李贄》。

57 見王夫之《張子正蒙注卷九》。

嗟呼！卓吾之學，肆無忌憚以至於辱罵先賢，以功利之心教人，則世皆逐功利，而忘家國，明之亡實有以也。

至若泰州之學，其傳之愈後，流弊亦愈深，黃宗羲評之曰：

陽明先生之學，有泰州、龍溪，而風行天下，亦因泰州、龍溪而漸失其傳。泰州、龍溪時時不滿其師說，益啓瞿曇之祕而歸之師，蓋躋陽明而爲禪矣。然龍溪之後，力量無過於龍溪者，又得江右爲之救正，故不致十分決裂；泰州之後，其人多能以赤手搏龍蛇，傳至顏山農，何心隱一派，遂復非名教之所能羈絡矣。[58]

其評至爲精當，泰州之學始於王艮（心齋），其治學以格物、安身爲要。重學、重實行爲鵠的，以爲即事是學，即事是道，學非無用，故曰：「即事是學，即事是道，人有困於貧而凍餒其身者，則亦失其本而非學也」[59]。心齋以爲學而致凍餒其身，不算是學；並謂聖人之道，非高不可攀，於日用生活中即可求得。故曰：「聖人之道，無異於百姓日用，凡有異者，皆謂之異端」[60]。以聖人之道寓於百姓日用生活中，其立論亦卓矣！然其格物安身說，則影響後世頗深，其流弊也愈著！

格物知本也，立本安身也，安身以安家而家齊；安身以安國而國治，安身以安天下而天下平也。故曰修己以安人，修己以安百姓，修其身而天下平，不知安身，便去幹天下國家事，是之爲失本，就此失腳，將烹身割股，餓死結纓，且執以爲是，不知身

58 見《明儒學案卷三十二・泰州學案序》。

59 見《明儒學案卷三十二・泰州學案・心齋語錄》。

60 見王艮《心齋遺集》。

不能保，又何以保天下國家哉？[61]

以安身為立本之學，發而為明哲保身之論，遂使後之學者，每託庇於「明哲保身」之說，置國事、天下事而不顧也。故黎州評其安身說而曰：「以緡蠻為安身之法，無乃開一臨難苟免之隙乎」[62]？李贄亦恨其說之不當，而曰：「一旦有警，則面面相覷，絕無人色，甚至互相推委，以為能明哲」[63]。以保身為明哲之要，風勢所趨，人皆私己，國事敗壞至天崩地坼，亦無落吾事，士風如此，國事尚何可為？有明之衰，殆可期也！至心齋後學，每入於禪，務虛尚空，流弊益顯，其再傳弟子顏山農，以人心妙萬物而不測，性如明珠，原無塵埃，並謂先儒見聞，道理格式皆足以障道，故率性所行，純任自然，便謂之道。山農弟子羅汝芳，以赤子良心不學不慮為的，以天地萬物同體。徹形骸，忘物我為大，其學直以孝慈之心，與宇宙人生、世道統體綰合為一，直臻陸王易簡學之極至，可謂聖學中之禪學。至趙貞吉，講學即不諱言禪，認一切理不必向外求，即我本心便自懂得，人人各就自己方便即可成佛、成菩薩；四面八方，皆可通佛地，去佛國。如是則條條雖路而無可由達，上焉者易於倡狂妄行而為狂禪，下焉者未得其徑而入，於是流弊遂生，為人所詬病。泰州學傳至何心隱，亦入釋氏，其學謂有事理則實有是事，無聲無臭，事藏以理。有象有形，理顯於事。又謂孔孟之言無欲，乃寡欲，而非濂溪之無欲，欲可寡而不可無，此即釋氏所謂妙有也。其平生所為好任俠助人，惟其行則狂妄自放，不拘小節，違逆禮教，終至被殺殉身，誠可惜也！黎州評此派之學，頗為不滿，以為學入禪門，則逸出名教之外，故曰：

61　見《明儒學案卷三十二・泰州學案・心齋語錄》。

62　見《明儒學案卷三十二・泰州學案序》。

63　見李贄《焚書卷四雜述・因記往事》。

> 諸公掀翻天地，前不見有古人，後不見有來者，釋氏一棒一喝，當機橫行。放下柱杖，便如愚人一般，諸公赤身擔當，無有放下時節，故其害如是。[64]

夫學入禪門，終至前不見古人，後不見來者，其行則偏激而逸於禮教之外。流風所及，風格隳壞，世道衰蔽，而不復振者。溯其源，乃王學末流之弊也！

陽明心學之傳，至龍溪、泰州各擇一偏而發揮，未能通體徹達，弊端遂起，陸隴其述當時王學之弊而曰：

> 王氏之學徧天下，幾以聖人復，而古聖先賢下學上達之遺法，滅裂無餘，學術壞而風俗隨之，其弊也。至於蕩軼禮法，蔑視倫常，天下之人，恣睢橫肆，不復自安於規矩繩墨之內，而百病交作，至於崇禎之際，風俗愈壞，禮儀掃地，以至於不可收拾，其所從來，非一日矣！[65]

蕩軼禮法，蔑視倫常，遂使天下人以不學。高者汲逐於功名，放縱恣肆，卑者日沈迷於酒色名利，而學者各依王門，日與講學，皆侃侃而談心性與二氏之學。以致清談崇虛之風起，士子束書而不觀，專務遊談無根之玄語，致學風愈卑，而士風愈弱，李恕谷論晚明道學家清談之風習而慨嘆曰：

> 高者談性天，撰語錄；卑者疲精死神於舉業，不惟聖道之禮樂兵農不務，即當世之刑名、錢穀，亦懵然罔識，而溺管呻吟，

---

64 見《明儒學案卷三十二・泰州學案序》。

65 見陸隴其《三魚堂文集・學術辨上》。

自矜有學。[66]

又曰：

宋後二氏學興，儒者浸淫其說，靜坐內視，論性談天，與夫子之言，一一乖反，而至於扶危定傾大經大法，則拱手張目，授其柄於武人俗士。當明季世，朝廟無一可倚之臣。坐大司馬堂批點《左傳》，敵兵臨城，賦詩進講，覺建功立名，俱屬瑣屑，日夜喘息著書，日此傳世業也。卒至天下魚爛河決，民生塗炭。嗚呼，誰生厲階哉！[67]

清談之風行，遂至朝廟無可倚之臣，軍隊無可戰之兵，如此欲扶傾濟危，保國鼎祚，焉能得之？亭林述其時清談之禍，言之甚詳。

五胡亂華，本於清談之流禍，人人知之。孰知今日之清談，有甚於前代者，昔之清談談老莊，今之清談談孔孟，未得其精而已遺其粗，未究其本而先辭其末，不習六藝之文，不考百王之典，不綜當代之務，舉夫子論學論政之大端一切不問，而曰一貫，曰無言，以明心見性之空言，代修己治人之實學，股肱惰而萬事荒，爪牙亡而四國亂，神州蕩覆，宗廟丘墟。[68]

以明心見性之空言，代修己治人經國之實學，以致國事日非，風俗愈壞，終而至國鼎淪亡、宗廟丘墟。咎其責，非王學末流之罪乎？

---

66 見李塨《恕谷後集卷九．書明劉戶部墓表後》。

67 見李塨《恕谷後集．與方靈皋書》。

68 見《原抄本日知錄卷九．夫子之言性與天道》。

第二節　清初學風與政風

明朝末年，滿清以異族崛起關外，乘明社稷之衰頹，寇邊不已。其勢漸壯，至併合蒙古諸部，國勢愈強。流寇李自成陷北京，崇禎殉國，吳三桂欲借清兵掃除闖逆，遂開關引入，清帥多爾袞遂假剿賊之名，而行奪國之計，乘機入關，大敗流寇闖逆，以至京城。及順治定鼎燕京，並揮軍南下，滅南明，擄福王而入主中原。其後復撤三藩，平臺灣，經四十餘年，終滅絕明祀而有天下。

方其初入中國，爲滅漢人民族思想，首下「薙髮易服」之令，一時不甘受辱而死者，不知凡幾。幸而不死則遁跡深山，或削髮披緇而爲僧。其有力者則興師動眾，流血百萬，前仆後繼，橫遭毒戮。及江南底定，初則連歲開科，以籠絡士子，繼又博學鴻詞，以招隱逸。並開明史館，以國史大業牢籠遺民志士，至若砥節之士，不願順服者，則大興文字獄以除之。凡文字之間有擇詞不精，引用不當，或無意中有牢騷抑鬱之詞，一經告訐，輒多獲譴。於是士子論書習字，無不恪謹小心，唯恐罹禍；而其治學則轉而趨向於考據，埋首於故紙堆中，窮經皓首於一字一句之考證。而西學東來，學術趨於廣博，並與古學相合，遂開有清考古博雅之風。其時學者又鑒於明末士大夫，汲汲於陽明學之末流，束書不觀，空言性命之旨，遊談無根，相爭於口舌之間，因思以徵實之道，懲空疏之病，而倡經世之學，以爲復國建國之張本。今述清初之學風與政風如下。

一、思想箝制之獄起

夫思想者，乃蘊藏於內，而形之於外，不因威迫利誘而更易，尤以鼎革易朝之際，每能懍見忠貞之節操，故歷代征服者，莫不以箝制思想爲要。

滿清以夷狄入主中國，威行專制，及南都已破，則首下「薙髮易服」之令，限十日之內，盡使薙髮，凡遲疑者視同逆命之寇，必置重罪，務去明制而就清律。檄下各縣，則有「留頭不留髮，留髮不留頭」之語。凡蓄髮者皆執而薙之，稍一反抗，即殺之而懸其頭於竿上。於是漢人除僧道婦女外，盡爲辮髮胡服矣！然亦有遺民志士，不願屈服於異族淫威之下，遂紛起抗拒，死傷累累。至有江陰、嘉定之屠，其狀甚慘；若無力反抗者，則逃隱山林，削髮爲僧，或建髮塚痛哭致祭，甚者憤而自殺。各地巡撫都督，亦藉「薙髮令」大行肆虐殘殺，此清廷欲借屠殺以立威也。然有志之士，痛故國之淪亡，悲髮服之更易，惡新政之暴虐，思復故國河山，乃揭竿裂裳，聚眾以抗清師。如顧亭林曾糾合同志，起義於吳江，事既敗，則北遊，往來邊塞，而觀形勢，並陰結豪傑，以圖光復。且七謁孝陵，六謁思陵，其眷戀故國之情，終其生而不忘。黃黎州乞師日本未成，歸而興兵於浙江，事敗隨魯王退守舟山，猶與張蒼水、張煌言等力圖匡復，事不成，則發故國之思於史學，興民族大義於其中。朱舜水乞師未遂，拋妻離子，亡命於海外。而其餘因抗拒失敗，橫遭死難之人更眾；然猶前仆後繼，不甘屈服。清廷則愈加施其高壓手段，敕禁士子不得妄立社名，糾眾盟會，違者治罪。自順治以迄康雍之朝，屢發大獄，以樹其威。如順治十八年，江蘇吳縣知縣任維初，貪贿浮征，濫用非刑，諸生金人瑞（聖嘆）、倪用賓等十八人，率眾千餘，於世祖哀詔到蘇，巡撫等官舉行哭臨大典之日，聚眾哭於文廟，並至府堂揭帖自陳。巡撫等指爲聚眾倡亂，搖動人心，不分首從，皆處極刑。其後「江南奏銷案」借摧徵錢糧未完者，加以懲處，列冊者有一萬三千五百餘人，官紳士子，革黜至數千人，械送刑部議處，琅璫手梏，鞭朴紛紛，以致衣冠掃地，斯文辱沒。〈邵長蘅與楊靜山書〉云：「竊見兩年來，新法如秋荼凝脂，縣令如乳虎，隸卒如猘犬，書生以逋賦笞辱，都成常事」[69]。清廷以田賦威虐江南人士，長蘅所述者，

69　見邵長蘅《青門簏槁・卷四》載《邵子湘全集》三十卷附二卷。

乃實情也。其時故明海上之師（鄭成功軍隊）一度深入南京，故清廷積怒於南方人心之未盡帖服，特假大獄以示威，地方官又牽連逆案以成獄。意有不慊，則任情荼毒，殘虐人民。至康熙即位，鰲拜專政，文治武功，斐然盛極。明室遺民，赴義中蹶。知事不可爲，乃發其故國之思於著書言論中。清廷爲防微杜漸，恐學者著書立說以播其排滿復明之思想，於是頻發文字獄，藉以立威，而箝制儒者之思想。康熙二年首發莊廷鑨《明史》之獄，誅戮七十餘人，雖有冤屈，亦不敢奏雪。亭林友吳炎、潘檉章亦遭此難，亭林書此獄甚詳。

蘇之吳江有吳炎、潘檉章，二子皆高才，當國變後，年皆二十以上。並棄其諸生，以詩文自豪。既而曰：「此不足傳也，當成一代史書，以繼遷、固之後。」於是購得《實錄》，復旁搜人家所藏文集奏疏，懷紙吮筆，早夜矻矻。其所手書，盈床滿篋，而其才足以發之。及數年而有聞，予乃亟與之交。……會湖州莊氏難作。莊名廷鑨，目雙盲，不甚通曉古今。以史遷有「左丘失明乃著《國語》」之說，奮欲著書。其居鄰故閣輔朱公國楨家。朱公嘗取國事，及公卿志狀疏草，命胥鈔錄，凡數十帙，未成而卒。廷鑨得之，則招致賓客，日夜編輯爲《明書》。書冗雜不足道也。廷鑨死，無子，家貲可萬金。其父允城流涕曰：「吾三子皆已析產，獨仲子死無後，吾哀其志，當先刻其書而後爲之置嗣。」遂梓行之。慕吳、潘盛名，引以爲重，列諸參閱姓名中。書凡百餘帙，頗有忌諱語。本前人詆斥之辭，未經刪削者。莊氏既巨富，浙人得其書，往往持而恐嚇之，得所欲以去。歸安令吳之榮者，以贓繫獄，遇赦得出。有吏教之買此書，恐嚇莊氏。莊氏欲應之，或曰：「踵此而來，盡子之財不足以給，不如以一訟絕之。」遂謝之榮。之榮告諸大吏，大吏右莊氏，不直之榮。之榮入京師，摘忌諱語密奏之。四大臣大怒，遣官至杭，執莊生之父，及其兄廷鉞及弟姪等，並列名於書者十八人，皆論死。其刻書鬻書，並知府、推官之不發覺者，亦坐之。發廷鑨之墓，焚其骨，籍沒其家產。所殺七十餘人，而吳、潘二子與其難。[70]

清廷藉明史之獄，大肆酷虐之殘毒，無辜者受株連而罹禍，比比皆是。其刻書、訂書、送板、鬻書皆遭同日刑殺；甚而有藏《明史》一部於米棧中，亦被誅死。罪犯妻子族屬徙邊不返者達千人之眾。其禍甚而延及死人，發廷鑨之墓而焚其骨，嗚呼！其酷亦甚矣，其慘亦極矣！究其因，蓋康熙初立，人心未服，欲借此文字獄以滅反清思想也。

然明史之獄僅爲有清文字獄之端緒，其後每每因文字而興大獄。康熙七年因陳濟生所撰《忠節錄》，內有隱諱語，爲奸人姜元衡，誣告其主黃培於此書內有唱和反詩，誹謗清廷，並與顧炎武搜集諸人詩，皆有訕語，且誣指該詩爲顧亭林所作，幾興大獄。亭林聞受累黃培詩獄，即星馳赴鞫，三月下濟南府獄，至十月獄始解。此獄牽連二十餘人，幸而得釋[71]。其後，湖廣朱方旦聚徒講學，謂中道在兩眉之間，山根之上，其徒互相標榜，而刊書流布。康熙廿七年翰林院侍講王鴻緒得朱方旦所刻《中質秘書》遂以奏進，謂其陽托修鍊之名，陰挾欺世之術，廣招黨羽，私刻秘書，並數其有逆天三大罪。至此清廷採之，而以朱方旦煽惑愚民，誣罔世道，立斬，其弟子亦死之。此獄之起，乃因其學未能爲當時社會所接受。惟自西學東漸，科學發達，則知人之思慮在腦，而非道學家所謂「心」，朱方旦因此而遭禍被戮，殆爲冤也。然此文字之禍，尚不及戴名世《南山集》之獄，株連之廣，多至數百人。此獄之起，乃

70 見《亭林文集卷五・書吳潘二子事》

71 見張穆著《顧亭林年譜》。

因方孝標所著《滇黔紀聞》、《鈍齋文集》內多違逆語，戴名世見而喜之，遂采孝標所紀事，摭錄而著有《南山集》。尤雲鍔、方正玉爲之作序，捐資刊行，其書於康熙五十年爲左都御使趙申喬參奏爲狂妄，經九卿會鞫，遂興大獄，康熙五十一年正月，由刑部等衙門奏之於上。

審查戴名世所著《南山集・孑遺錄》內，有大逆等語，應即淩遲。已故方孝標所著《滇黔紀聞》內，亦有大逆等語，應剉其屍骸。戴名世、方孝標之祖父子孫兄弟及伯叔父兄弟之子，年十六歲以上者，俱查出解部，即行立斬。其母女妻妾姊妹，子之妻妾，十五歲以下子孫，伯叔父兄弟之子，亦俱查出，給功臣家爲奴，……今該撫將方孝標同族人，不論服之已盡未盡，逐一嚴查，有職銜者，盡皆革退。除已嫁女外，子女一併即解到部，發與烏喇、寧古塔、白都納等處安插。汪灝、方苞爲戴名世悖逆書作序，俱應立斬。方正玉、尤雲鍔聞拏自首，應將伊等妻子一併發寧古塔安插。編修劉岩雖不曾作序，然不將書出首，亦應革職，僉妻流三千里。[72]

此案所誅戮非僅及戴名世、方孝標，其九族亦受牽連。凡十六歲以上俱斬，而婦女妻子則發爲功臣奴，或流徙塞邊，平日與名世品詩論文之人亦皆坐罪議處，奏上，康熙覽之亦惻然，而諭從寬，得旨而活者三百餘人，可知此獄牽連之廣，誅戮之重也！

至雍正時，文網愈密，羅織愈細，文字之間，若有擇詞不精，引用不當，或無意中有牢騷抑鬱之辭，一經告訐，輒多獲譴，如江景祺以所著《讀書堂西征隨筆》，謂其中有作詩譏訕聖祖仁皇帝，大逆不道，而處以極刑，妻子發往黑龍江，給與窮披甲之人爲奴，五服之親皆革職遣

72 見《清實錄康熙朝實錄》。

戍邊區。查嗣庭以所出試題曰「維民所止」，謂其其譏刺雍正，雖死於獄仍戮屍梟示，其子坐死。呂留良以其所評選詩文，內有論夷夏之防，及井田封建之語，爲曾靜所折服，謀於岳鍾琪欲勸之反，爲清廷獲知而興大獄，死者累眾，雍正並以留良學說深中人心，思有以戢之，乃頒《大義覺迷錄》以駁斥之。陸生柟以所著《通鑑論》，謂其誣引古人言論，以洩一己不平之怨怒，而獲罪於上，斬戮軍前。謝濟世註釋《大學》，謂其謗毀程朱，悖逆已極，雖從寬免死，然亦當苦差，效力贖罪，其書則嚴查燒毀。至乾隆時，海內大定，人民無復有繫念舊君之思，然猶毛舉細故，以興大獄，而株連滿庭。如胡中藻著有《堅磨生詩鈔》，謂其詩中多悖逆之語而遭斬決，家族亦受誅戮。彭家屏、殷昌檄以藏有吳三桂檄文及《明季野史》而遭誅決。徐述夔所著《一柱樓詩》，謂其詩中多詆清人語，且有興明滅清之意，如「大明天子重相見，且把壺兒擱半邊」、「明朝期振翮，一舉去清都」之語，而與其子孫皆戮死。其後又有馮王孫、沈大綬、石卓槐、祝庭錚之獄，皆謂其所著詩文有復明削清之意，而遭誅戮，罪且及於妻孥朋友。斯時文字獄興，如陳鵬年作〈虎邱詩〉，以其詩中有「一任鷗盟數往還」謂其與鄭經陰通台灣，下獄，幾遭不免。徐駿以其詩有「明月有情還顧我，清風無意不留人」之句，而遭奸人告發，逮獄殺之。蔡顯錄引古人〈紫牡丹詩〉，以其詩中有「奪朱非正色，異種盡稱王」之句，而父子並遭誅戮。王錫侯著《字貫》，依《康熙字典》分部，而每部配以千字文，奸者謂其變更《康熙字典》，致攖奇禍，其子孫横遭斬決。自《字貫》獄興，有清一代無敢復言字書者，凡此因文字罹禍之獄，不勝枚舉。故當時學者處於異族淫威之下，國家光復無望，卻每因文字而動輒得咎，甚至於戮及父母兄弟妻子朋友，故承學之士，無不是古非今，移其精神，專心致力於經史考證之學，乃時代環境成之也。

清廷於大興文字獄時，亦兼施懷柔政策，轉移士子反清復明之志，先是於康熙十二年薦舉山林隱逸，十七年詔舉博學鴻儒，然當時負眾望諸大師如顧亭林、黃梨洲、王船山皆始終抱其不屈之精神而不與。康熙十八年開明史館，學者眷戀故國文獻，不忍使其湮滅，有出與夷狄合力者，然亭林亦以死辭明史之纂。康熙中葉之後，遺老大師，凋謝略盡。後起之秀，生於新朝，亡國之恨，既已漸滅，然言論思想禁錮益亟；雍正時亦詔舉博學鴻詞，唯所從不多。乾隆時，文治之粉飾號稱極盛，有《四庫全書》之編，雖爲學術創舉，然卻藉徵書之名，燒毀犯禁之書，其用意亦在泯滅民族思想之傳播。故自清初入關以來，至乾隆盛世，清人無一不亟思箝制漢人民族思想，故屢興文字獄以制之。其兼用懷柔政策，亦使士子轉移其精神於考證訓詁之學，而不再汲逐於復國之道，生於斯世，能明其政風，自可瞭然於學術之源矣！

二、考古博雅之風興

有清一代學術博雅篤實，浩衍繁賾，而考古疏證之學獨盛。溯其源，即前述箝制漢人思想之故，學者處於異族淫威之下，每因文字動輒得咎，甚而禍及妻子朋友，故只得移其精神，專務於古籍經學，畢注心力於名物訓詁之考訂，此實爲種族之禍，致權勢相毆迫，而使聰明才智出於一途，梁任公曰：

> 凡當主權者喜歡干涉人民思想的時代，學者的聰明才力，只有全部用去詮釋古典，歐洲羅馬教皇權力最盛時，就是這種現象，我國雍乾間也是一個例證……雍乾學者專務注疏古典，也許是被這種環境所構成。[73]

文網愈密，則使學者愈不敢從事於知人論世之學，唯盡心智投注於古書字句之斟酌考訂，柳詒徵曰：「文網日密，士無敢談法制經濟，惟

73　見梁啓超《中國近三百年學術史．清代學術變遷與政治的影響》

可講求古書，盡萃其才力聰明於校勘訓詁，雖歸本於清初諸儒，實非諸儒之本意也」[74]。諸儒殫盡心力於古學，則古學自昌盛，舉凡經子之校勘，音韻之考訂，文字之訓詁，莫不成就輝煌。而古代難解、難讀之書，經諸儒之審訂、注疏，至是皆易讀易解矣！阮元序《經義述聞》曰：「書凡古儒所誤解者，無不旁徵曲喻，而得其本義之所在，使古聖賢見之，必解頤曰：『吾言固如是，數千年誤解之，今得明矣。』」[75]此數語最能傳清儒於古書之功，非過譽也。

清學之趨於徵實、考證、博雅，其風實肇自顧亭林也。亭林目睹明學空疏以致亡國，故治學惟求經世，好研究古今史實成敗，地理山川阨塞，以爲匡復之圖，其讀古書欲求眞諦明於世，每好訓詁、名物、典章、制度，而從事於考證之學。《四庫提要》謂：「炎武學有本原，博贍而能貫通，每一事必詳其始末，參以佐證，而後筆之於書，故引據浩繁，而牴牾者少」[76]。亭林治學博贍而務實，論事必舉證，而舉證尤不以孤證自足，必取之甚博。其治音韻亦本陳第「列本證旁證二條，本證者，詩自相證也，旁證者，採自他書者也，二者俱無，則宛轉以審其音，參伍以諧其韻」。[77]而離析音韻分合之道，所著《音學五書》乃「據唐人以正宋人之失，據古經以正沈氏唐人之失，而三代以上之音，部分秩如，至賾而不可亂。乃列古今音之變，而究其所以不同」[78]。其方法之精密，實啓清代研究音韻學之先河，雖後出轉精，而有所成，然亭林開創之功不可沒也！

亭林治經史重證據，富求眞，喜校勘，參博雅。其於書之疑義，必反覆推敲，以求至當。有一獨見，必援古證今，暢其說而後止。於古史

74 見柳詒徵編著《中國文化史》下冊〈清初諸儒之思想〉。
75 見阮元《揅經室集卷二十》。
76 見《四庫全書・日知錄提要》。
77 見陳第《毛詩古音考・序》。
78 見《亭林文集卷二・音學五書序》。

之說，每起懷疑而廣搜博證，以辨其非。於書之謬誤，則旁引他書，或實地予以考證。其於證據之獲得，則備極辛苦，所謂「登危峰、探窈豁、捫落石、履荒蓁」所得證據即用來抉剔史傳，發揮經義，校其僞誤，補其闕遺，流風所傳，蔚爲聲勢。至乾嘉以還，學者或以考據治經，如閻若璩之《尚書古文疏證》力攻晚出古文與孔傳之僞；黃宗羲作《易學象數論》力闢《河圖》、《洛書》方位圖說之謬誤；胡謂著《易圖明辨》以證河圖洛書先天太極之學，皆出於「養生主」之依託；其後毛奇齡之疑《周禮》、《儀禮》，姚際恆《詩經通論》之疑詩序，聲氣所被，大開學者考古疑經之風。而史學大師亦咸以考據學治史學，不言近世，但攻古代；博蒐廣證，訂僞正謬，擘續補闕。一時風氣所趨，如趙翼《二十二史商榷》，錢大昕《二十二史考異》，洪頤煊之《諸史考異》，皆汲其流。而使聰明才智之士，咸趨此途，造成聲勢龐大之歷史考證學派，開清學考證博雅之主流。

然清學之盛，亦繫於清人藏書、刻書風氣之漸盛。蓋藏書多，則用來校勘易；刻書多，則書籍流傳廣。明人尙虛習空談，而不喜讀書，故書之流傳未廣，據費燕峰云：「十三經注疏除福建版外，沒有第二部」[79]。固陋如此，令人驚訝！自萬曆以降，風氣漸變，范堯卿創「天一閣」，藏書之巨，爲一時之冠。大儒黃梨洲、全謝山嘗於天一閣廣覽閱籍，遂能成其學術之大。毛晉父子善刻書，皆精雅，流傳甚廣，而其家藏書亦眾，建閣名「汲古」，專收宋元刻善本及秘本，其影響中國學術頗爲深遠。殆至清初，文網雖嚴，然清廷亦廣徵鴻儒，提倡學術，康熙時曾兩次詔舉博學鴻儒，並開館纂修《明史》，一時碩儒才士，共聚於一堂。康熙於《明史》之纂頗爲重視，若材料之搜集，體例之更正，屢有所言，以補史臣之闕，並獎勵學術，廣搜天下群書，二十五年曾諭禮部翰林院：

---

79 見梁啓超《中國近三百年學術史》所引。

自古帝王致治隆文，典籍具備，猶必博採遺書，用充秘府。蓋以廣見聞，而資掌故，甚盛事也。朕留心藝文，晨夕披閱，雖內府書籍，篇目粗陳，而搜集未備，因思通都大邑，應有藏篇，野乘名山，豈無善本？今宜廣爲訪輯，搜羅罔遺，以副朕稽古崇文之至意。[80]

令下，各府州縣皆獻書以進，於是刻書風氣漸盛，書籍流傳漸廣，而康熙勤勉好學，故每敕撰巨籍，使學者得有所窺，所修諸書，門類甚多，條目繁鉅，雖誤謬蕪雜，在所難免。然綜合群籍，條以綱領，頗便學者，嘉惠士林，所敕撰之書尤以《古今圖書集成》之編，耗時最久，收錄亦眾，成就最大。雍正曾論旨謂此書。

貫穿古今，彙合經史天文地理，皆有圖記；下至山川草木，百工製造，海西秘法，靡不備具，洵爲典籍之大觀。[81]

對此書稱譽備至，而影響士林頗巨矣！至高宗乾隆之時，雖文網愈密，然學風益盛。乾隆好學博文，性耽書畫，爲徵碩儒，亦詔舉博學鴻詞，其得人之盛，視康熙時又或過之；並廣搜遺書，曾兩次頒購求遺書之令（一在乾隆六年正月，一在乾隆三十七年六月），而書籍之纂修，亦較康熙之時爲多，其假朝廷之威力，萃載籍於天府，成絕大之叢書，繫千古之文化者，則爲《四庫全書》之編纂。其於書籍之蒐集保存，頗有其功。惟因其上好書，獎勵學術並敕編書，流風所及，下則亦好焉！私家藏書、刻書之風大盛。清初學者亦因廣覽閱籍，而得以成就其學術，以顧亭林而言，其家藏詩書即有六、七千卷，其書選擇之善，較舊

80 見蕭一山《清代通史一卷・第六篇》所錄。
81 見蕭一山《清代通史》所錄。

日尤爲過之[82]。藏書既多，閱書自博，亭林纂輯《天下郡國利病書》即閱志書一千餘部[83]，若非其時藏書刻書之風盛，亭林焉能廣閱志書而成此一鉅著？且因刻書風氣盛，家藏秘書皆能廣爲流傳，而得公開於世，學者自可用之以校勘古籍，糾謬發覆，明其經義，其貢獻尤著者，爲先秦子書。蓋兩漢以降，子書不見重於世，其學未足與經相抗衡，治之者少，於是傳刻訛舛，漸不可讀，而其義因之愈晦，諸子之學庶幾於亡矣！幸賴清儒校勘糾誤，始能復其原書，明其眞義。所用校勘之法，甚爲精密。或用善本以校正俗本，或用本書及他書之旁證、反證以校正文句之原始訛誤；或細審全書之體例，以校正原有之僞誤，或據他種材料以糾原本之謬誤，如此，舉凡古之典籍，幾無不經一番斲磨，而其義大明，於是世人方知諸子書中尚有許多可寶之名言珠語，而經學一尊之局漸破，其於新思想之浚發，實賴其功也！

清儒於古書之校勘外，於佚書、佚文更發憤輯之。輯佚之法，大都以唐宋間之類書爲據，以漢人子、史書及漢人經注爲輯周秦之古書；以唐人之義疏爲輯漢人經說之佚書，以六朝唐人之史注及各金石刻爲輯遺佚之文，而使佚書遺文得以重現於世，爲人所用，於清學之考古有極大之貢獻。於斯時，清人亦知利用鼎、彝、泉幣、碑版、雕塑、壁畫等古物以治學，並與古書相印證，如清初大儒顧亭林、黃梨洲、王船山、錢大昕、全祖望等，皆善於用金石、古物以博考古史，校其僞誤，尋其眞跡，流風所傳，遂開有清考古博雅之學！

西學之傳入，尤使學者眼界爲之一闊，學術研究爲之一新；先是明萬曆末年以迄天啓崇禎間，耶穌會教士利馬竇（義大利人）、龐迪我（西班牙人）、熊三拔（義大利人）、艾儒略（義大利人）等藉宣揚教義之便，先後將西方之天文、曆算、農政、地理、物理、化學、火器等

82 見《亭林文集卷二・鈔書自序》。

83 見《亭林文集卷六・肇域志序》。

格致之學傳入中國。彼時中土學者如徐光啓、李之藻、楊廷筠等相與往還，於西學皆潛研有得，而釐正「大統曆」，完成明之曆法改革。並傳譯、分譯有關科學之書，不下數百種。包括天文、曆算、倫理學、農政、水利等類科。其於新知識之傳播，無不盡力。而徐光啓之《農政全書》尤爲中國農學界之創舉，含括農家諸書，裒爲一集。凡農本、農事、水利、農器、樹藝、蠶桑、牧養、救荒等諸書，皆條而貫之，匯歸於一，雖採自諸書，而較諸書各舉一偏者，特爲完備。其後西人來之愈衆，畢方濟（義大利人）、龍華民（義大利人）、湯若望（德國人）等亦各逞其所知，發爲著述；迨至清初，順治曾令湯若望與南懷仁爲欽天監官，依新法造時憲書，頒行各省；至康熙時，尤熱心實用科學，於天文、曆算之學，嘗涉其藩籬，故令南懷仁等輪值上書房，進講測量數理等學，並製定《康熙永年曆》，及《數理精蘊》、《曆象考成》等書。於是研究西學之風廣被一時，然因明末利馬竇、徐光啓等初修曆法之時，與舊派曆學多有所牴牾。至是曆議爭鬨，聚訟盈庭，卒以西法較密，利、徐之說遂行。自此而後，學者遂潛心測算，以期發揚中國舊文化，如王錫闡潛研曆算有得，曾「每夜輒登屋臥鴟尾間，仰觀星象，竟夕不寐。復發律算書，玩索精思於推步之理，宏亮而不滯，久之則中西兩家異說，皆能條其原委，考鏡其得失」。[84]亭林曾讚之曰：「學究天人，確乎不拔，吾不如王寅旭」[85]。梅文鼎考正古代曆法，發明新法算書，而其天算之學簡而易明，曾著曆算書有八十餘種。其平生治學，刻苦平實，「每漏四、五下，猶篝燈夜讀，昧爽則已興矣！數十年如一日，其精力過人如此，聞有通茲學者，雖在遠道，不憚褰裳往從，人有問者，亦詳告之無隱」[86]。

康熙時清廷開館修明史，〈天文志〉爲吳任臣所修，雖經徐善、劉

84 見《文獻徵存錄卷三》。

85 見《亭林文集卷六・廣師》。

86 見梁啓超著《中國近代三百年學術史》所引。

獻庭等增訂，仍有失誤，梅文鼎則糾其僞舛五十餘處，以天草通軌正之，成《明史志擬稿》三卷。雖爲大統而作，實以闡明授時之典[87]。於是學者競習此道，並應用於他學，諸如輿地、河漕、食貨、兵防等，其學皆盛，而習者亦眾，乃助長學術之維新，而西方求眞、求實之科學文化與傳統文化之融合，乃引發實利、實用價値之重視，如清初大儒顧亭林、黃梨洲等爲學皆務淹博、徵實，儼然爲清代考證學之蠶叢，豈非西學啓之乎？

西學影響中土，以啓清博雅之風者，尤在於其治學方法之革新，西人不僅將其科學文明介入中國，而其潛研學術之方法，尤開清儒考據之法，無論古學之復興，新學之研探，皆賴其法以發揚。考證之學所以大盛於清朝，其方法之精邃，條理之清晰，實西學啓之也！

是則清初學術，雖因文字獄興而困頓一時，然因清廷獎勵學術，詔舉鴻儒，廣搜遺書，因而藏書、刻書之風盛行。學者遂能畢其心力於古書之釋義、訓詁、校勘、輯佚，古學因而大明；西學東來，助長學風之維新，學者於潛研古書之餘，博涉西方格致之學，習其治學之法，並與古學相印證，而成清學之大也！

三、經世致用之學盛

夫學術之變，繫於時代之動，盛世之學，趨於徵實，衰世之學，謀於經世；有明一代，其學衰息，自太祖以制科取士，先以經義，士皆趨於帖括、聲律、點畫之學；其以理學自詡者，亦多流於禪寂。空言著書，開門講學，棄國家民族於弗顧，蹈魏晉清談之轍，而資天下於夷狄。一、二有志之士，目睹不學之患，所以發憤慷慨，思有以矯其空疏之弊，而以經世致用爲宗，欲振民族人心於既亡。

清初，學者鑒於明學之空疏，以至神州淪亡，故反明學，歸於實

87　見支偉成纂述《清代樸學大師列傳》。

用。梁任公論清學之興，曾概言爲宋明理學之反動，其曰：

「清代思潮」果何物耶？簡單言之，則對於宋明理學之一大反動，而以「復古」爲其職志者也……其啓蒙期運動之代表人物，則顧炎武、胡渭、閻若璩也。其時正值晚明王學極盛而弊之後，學者習於『束書不觀，遊談無根』，理學家不復能繫社會之信仰；炎武等乃起而矯之，大倡『舍經學無理學』之說，教學者脫宋明儒羈勒，直接反求之於古經，而若璩辨僞經，喚起『求眞』觀念，渭攻『河洛』掃架空說之根據，於是清學之規模立焉。[88]

夫清學之立，乃清初大儒有悟於明學「蔽於靜而不知動，蔽於家而不知群，蔽於中庸而不知力」之失，故一步一趨展開反王學、反玄談，並對明代理學提出嚴峻之批評，從而建立實事求是之實學實證。於斯時，亭林首舉反王學之義幟，並致力於經世濟民實用之學，其〈與友人論學書〉云：

今之君子則不然，聚賓客門人之學者數十百人，「譬諸草木，區以別矣。」而一皆與之言心言性，舍多學而識，以求一貫之方，置四海之困窮不言，而終日講危微精一之說。[89]

亭林以明之亡，乃學者終日講「危微精一」之說，而置四海困窮不顧，以致神州蕩覆，宗社丘墟，故積極欲以修己治人之實學，代明心見性之空言，其曰：

88 見梁啓超著《清代學術概論》。

89 見《亭林文集卷三・與友人論學書》。

> 愚所謂聖人之道者如之何？曰『博學於文』，曰『行己有恥』，自一身以至於天下國家，皆學之事也；自子臣弟友以至出入、往來、辭受、取與之間，皆有恥之事也。恥之於人大矣！不恥惡衣惡食，而恥匹夫匹婦之不被其澤……嗚呼！士而不先言恥，則為無本之人，非好古而多聞，則為空虛之學。以無本之人，而講空虛之學，吾見其日從事於聖人而去之彌遠也。[90]

究亭林之意，欲以博學代空疏，以尚恥倡篤實踐履之風，其經世思想，常流露於詩文中：

> 君子之為學也，非利己而已也，有明道淑人之心，有撥亂反正之事，知天下之勢之何以流極而至於此，則思起而有以救之。[91]
>
> 今日者，拯斯人於塗炭，為萬世開太平，此吾輩之任也。仁以為己任，死而後已。[92]
>
> 夫《春秋》之作，言焉而已，而謂之行事者，天下後世用以治人之書，將欲謂之空言而不可也。愚不揣，有見於此，故凡文之不關於六經之指，當世之務者，一切不為。[93]

以明道救世為胸懷，撥亂反正，拯斯人於塗炭，為萬世開太平。凡文之無益於天下，不關於六經之指，當世之務者，一切不為。其一生編著皆有關民生利病。論政治則主立「宗法」而倡「保甲」，重縣令而黜胥令。論風俗則重綱紀而立名教，倡耿介而振清議。論財用則主足衣食

---

90 見《亭林文集卷三．與友人論學書》。

91 見《亭林餘集．與潘次耕札》。

92 見《亭林文集卷三．病起與薊門當事書》。

93 見《亭林文集卷四．與人書三》。

而安庶民，厚俸祿以矯貪汙。論經濟則主統一度量以遏巧僞，均田畝而墾荒地。其經世思想實卓宏矣！爲使經濟思想能明於世，亭林奔波於南北，爬山涉水，考其政治之良窳，山川之利病，風土之人情，有所得皆溶於著述中，其《天下郡國利病書》、《肇域志》專言民生之利病；而政治、經濟之獨見則散見於《日知錄》及文集中。清代經世致用之學風，亭林實肇其端也！

黃梨洲則於指斥王學空疏之弊，而提出窮經讀史之主張：

> 明人講學，襲語錄之糟粕，不以六經爲根柢，束書而從事於遊談，更滋流弊。故學者必先窮經，然拘執經術，不適於用，欲免迂儒，必兼讀史，又謂讀書不多，無以證理之變化。多而不求於心，則爲俗學。[94]

其於明末講學之流弊，頗思拯之，而欲學者讀書必兼經史。夫經術可以經世，史書可以明古鑑今，經史兼體，方不爲迂儒之學。故承其教者不蹈講學之流弊，亦不爲障霧之妄言。梨洲爲學務博尚實，終生不倦於學，全謝山極爲稱之[95]。

梨洲教人爲學須汜濫諸家，意欲以博學詳說以集其成，是故承其風者，皆去空疏而務廣博，斥虛妄而就實學。梨洲之經世思想，則形之於學術，而肆力於史學，故能通古今之變，明治亂之跡。雖未參與《明史》之編，然修《明史》之萬季野，其學實傳自梨洲；雖不應明史館之聘，然館員皆其後學，每遇有疑難，皆向其諮詢請決。《明史》之〈曆志〉由其審正而定，〈地理志〉則採其所著《水經》原文，故梨洲於史學之著，足以踔乎世，發乎時，其尤不磨之功爲《明儒學案》、《宋元

94 見《鮚琦亭集卷十一・梨洲先生神道碑文》。

95 見《鮚琦亭集卷十一・梨洲先生神道碑文》。

學案》之編，此實爲學術史不朽之巨著。自來有完善學術史之編，當自梨洲始也，其於各家學術源流、內容及其影響，敘述頗爲清晰，當爲經世之作也！

梨洲之政治經濟理想則溶會於《明夷待訪錄》，其論兵、論財、論取士、論田制皆有特識，所論以史學爲據，綜談政治思想之改，而不落於抽象之說，亭林頗爲推崇此書，而曰：

頃過薊門，見貴門人陳萬二君，具稔起居無恙。因出大著《待訪錄》，讀之再三，於是知天下之未嘗無人，百王之敝可以復起，而三代之盛可以徐還也。[96]

蓋稱此書爲經世佐王之作，可以振百王之敝，復三代之衰。其以民爲主，君爲客，謀民福、興公利之思想，實開清初經世致用之學風，而影響頗爲深遠。至晚清，革命志士亦習此書而啓民主之思想，並與公羊學派康梁之民權共和學說相匯合。排滿清、倡民主、爭自由，終至推翻滿清，肇建民國，雖曰時運際會，然梨洲經世思想實萌其興也！

與顧、黃同時代之大儒王夫之，其學博大開拓，幽微精警；國變後，隱居深山四十餘年，身足以勵金石，言足以名山川，遁跡自甘，立心恆苦，寄懷彌遠，見性愈眞，著述頗多，足以發其經世之思，致用之想，其於王學攻之甚力，嘗曰：

侮聖人之言，小人之大惡也……姚江之學，橫拈聖言之近似者，摘一句一字以爲要妙，竄入其禪宗，尤爲無忌憚之至。[97]

96 見《南雷文定・附錄》。
97 見《船山遺書・俟解》。

船山深感明學之空疏極敝，貽害天下國家，故屢屢著文以駁之，欲挽明學以返諸宋學，而於張載之《正蒙》，特推尚焉，其思想善精思，重力踐；且又旁治老莊佛理，皆能得其深趣，故於諸家得失利病，凡所辯詰，皆能動中竅要。其於心理入微處，推見徵結，尤為獨到精處；故船山學之精神所長，不僅在於顯真明體，而尤在其理惑辨用焉！其推現至隱，闡微至顯，皆能切中流俗之病，有豁蒙披昧之力，而浸淫於經史之學，時標獨見，屢發其經世之想，而闡述治平之術！

其論為政之道，在以權通古今之勢，而輕重適如其分，不僅能明其時勢，且可持平而不憂其忒，此所以宰治天下，惟以權也。船山論政言法，每考歷代政法之利弊得失，立論之精密，多合於人情時勢，其言曰：

> 一代之治，各因其時，建一代之規模，以相扶而成治……法無有不得，亦無有不失，先生不恃其法，而恃其知人安民之精意。[98]

法雖立，而不可恃以為定，所謂法貴得其意，能知人安民，因地而制其宜，此實船山之創見也。而其經濟治世思想，亦能窺其微而發。其以民生之本在農，故為保農，主張抑豪強而賤商賈，凡為勸農興利之謀，船山皆能觀其中而論之[99]。其於國家經世之策，船山亦一一析論，精微通徹，如鹽稅謂：「與其重征於力農之民，何如取給於天地之

---

98 見王夫之《讀通鑑論．卷二十一》。

99 船山之民生思想乃以農為重，而賤商賈，其言曰：「以治民之制言之，民之生也，莫重於粟，故勸相其民以務本而遂其生者，莫重於農。商賈者，王者之所必抑；游惰者，王者之所必禁也。然而抑之而且張，禁之而且偷……民乃益珍其土而競於農，其在強豪兼併之世尤便，田已去而租不除，雖敢以其先疇為有力者之兼併乎？人各保其口分之業，人各勤於稼穡之事，強豪者又從而奪之。」載王夫之《讀通鑑論．卷十四》。

產」[100]？於茶稅之施行則以爲：「古不可以有，而今可有之」[101]。於救荒之策則謂：「救荒無良策，不如興水利」[102]。等皆屬不磨之論，而能拯救時弊也！其經世致用之論，博大而閎深，實啓後儒有用之學也！

若顏習齋、李塨則直倡有用之學也，其於宋之理學、明之心學，一概排斥，顏元曾有〈寄桐鄉錢曉書〉云：

僕嘗有言，訓詁、清談、禪宗，鄉愿有一皆足以惑世誣民。而宋人兼之，烏得不晦聖道誤蒼生至此也，僕竊謂其禍甚於楊墨，烈於嬴秦。每一念及，輒爲太息流涕，甚則痛哭。[103]

李恕谷亦斥宋明儒學之空疏，而曰：

承南宋道學後，守章句，以時文八比應試。高者，談性命，撰語錄，卑者疲精死神於舉業，不惟聖道之禮樂兵農不務，即當世之刑名錢穀，亦懵然罔識，而搦管呻吟，自矜有學。萊陽沈迅上封事曰：「中國嚼筆吮毫之一日，即外夷秣馬礪兵之一日。」卒之盜賊蜂起，大命遂傾，而天乃以二帝、三王相傳之天下援之塞外。吾每讀其語，未嘗不爲之慚且動也。[104]

爲天下生民著想，爲學若不能做到經世濟民，就像宋儒一樣，學而無用。顏李斥宋明儒學爲惑世誣民，於宋儒之讀書、靜坐兩大端，尤痛言其無用。習齋以讀書耗損人之心智，如吞砒霜，但見才器，便勸勿多

100 見王夫之《讀通鑑論・卷九》。
101 見王夫之《讀通鑑論・卷九》。
102 見王夫之《噩夢》。
103 見顏元《習齋記餘・卷三》。
104 見李塨《恕谷後集・書明劉戶部墓表後》。

讀書，並歷考史實以言讀書無用，其曰：

古今旋乾轉坤，開物成務，由皇帝王霸，以至秦、漢、唐、宋、明皆非書生也。讀書著書能損人神智氣力，不能益人才德，其間或有一二書生濟時救難者，是其天資高；若不讀書，其事功亦偉然，為書損耗，非所益也。[105]

恕谷亦斥讀書多而無濟於世，其曰：

紙上之閱歷多，則世事之閱歷少，筆墨之精神多，則經濟之精神少，宋明之亡以此。[106]

觀此知顏、李皆反對讀書，蓋其認為讀書多無益於事功，徒耗人之精神也。學者但務章句，談性理，不惟於世無補，且易滋生流弊，故倡習行之論，以達其用世之志，而曰：

明道不在詩書章句，學不在穎悟誦讀，而期如孔門博文約禮，身實學之，身實習之，終身不懈者。[107]

顏習齋以為學之用在於習行，李恕谷承其師教，亦重習行之言。

讀書論語，非讀也，但實行「學而時習之」一言，即為讀論語。讀盡禮記非讀禮也，但實行「毋不敬」一言，即為讀禮記，

---

105 見《顏習齋先生言行錄卷下・教及門》。

106 見馮辰《李恕谷先生年譜》。

107 見顏元《存學篇・上太倉陸桴亭先生書》。

故學不在誦讀。[108]

顏李以「習行」爲致聖道之端，若經傳讀書非習行，無以成其用，故顏元云：「書之文字固載道，然文字不是道，如車載人，車豈是人」[109]。其於靜坐，尤爲反之，習齋斥靜坐不徒爲無用，且有大害，故曰：

終日兀坐書房中，萎惰人精神，使人筋骨皆疲軟，以至天下無不弱之書生，無不病之書生，生民之禍，未有甚於此也。[110]

其言靜坐之敝，可謂博深切明。讀書、靜坐既無益於世，拯治之道則以實用功利爲主，而習行六府三事，故曰：

唐虞之世，學治俱在六府三事，外六府三事而別有學術，便是異端；周孔之時，學治只有個三物，外三物而別有學術，便是外道。[111]

六府爲金、木、水、火、土、穀；三事謂正德、利用、厚生；三物謂六德、六行、六藝[112]。習齋論學必得之於習行，見之於身世，驗之於事功，此三者乃習齋論學之大經，而歸之於用。以有用之學，概乎經世之想，發而爲三，曰兵、曰農、曰禮樂。其言農則尤主於水利，嘗與門人言修河法云：

---

108 見馮辰《李恕谷先生年譜．卷一》。

109 見《顏習齋先生年譜．卷下》。

110 見顏元《朱子語類評》。

111 見顏元《存學篇卷四．言行錄卷下》。

112 六德為知、仁、聖、義、忠、和。六行為孝、友、睦、婣、任、恤。六藝為禮、樂、射、御、書、數。

北人祇思除水患，不思興水利，不知興利即除害也。……吾事水學不外分、濬、疏三字，聖王治天下，亦祇此三事。[113]

以農事之興，必主於水利之開，興水利即除害，故亟論水利之要。習齋鑒於明之亡國在於士子倡空談，而鄙武術，故於尙武習軍事一端，常慨切言之。

朱子重文輕武……其遺風至今日，衣冠之士羞於武夫齒，秀才挾弓矢出，鄉人皆驚，甚至子弟騎射武裝，父兄便以不才目之，長此不返，四海潰弱，何有已時。[114]

習齋慨嘆明季國事日靡，曾潛心於武事，以時不能用，故以醫潛隱。至禮樂之道，頗爲重之，而曰：

習行禮樂射御之學，健人筋骨，和人血氣，調人情性，長人神智……爲其動生陽和，不積痰鬱色，安內扞外也。[115]

習齋治兵農，所以爲富強；習六藝禮樂，所以爲教化。其學以經世爲主，以實用爲歸。臨終曾囑咐恕谷道：「學者勿以轉移之權委之氣數，一人行之爲學術，眾人從之爲風俗，民之瘼矣，忍度外置之乎」[116]？以轉移風氣，關心民瘼爲己任，雖千萬人阻之，亦往也！恕谷承其師說，挾六府、三事、三物而周之天下，至是顏氏之學乃風行一時，梁任公曰：「習齋之學，雖不爲時流所喜，然而經恕谷極力傳

113 見《顏氏學記卷三・習齋三》。
114 見顏元《存學篇・卷二》。
115 見顏元《存學篇卷一・言行錄》。
116 見馮辰《李恕谷先生年譜・卷下》。

播……當時有志之士聞風興起者也很不少」[117]。惜不久考證學大興，顏氏之學遂爲偃息，然其實用之思想，亦開清初學風之一端也！

綜上所述，學術者，所以通時變而爲用者也，故欲觀一代之學，須先明一代之變也；清學之趨於考證、博雅、經世，自有其時代背景，固亦非偶然也。

滿清以異族初入中國，爲鞏固政權，絕滅漢人民族思想，首下薙髮易服之令，務去明制而就清律。一時爲保存故國衣冠，不甘受辱而死者不知凡幾；繼又連歲開科，以功名籠絡士子，凡博學隱逸之大儒，皆所禮聘徵招；至若砥節之士不願順服者，清廷爲防微杜漸，則大興文字之獄，藉以立威除去。凡文字之間若有引用不當，擇詞不精，對時政稍涉批評者，一經告訐，輒多獲譴。其箝制言論，束縛士林，實無以復加。因而學者論書習字，益更恪謹小心，唯恐罹禍。其聰明才智既無所發抒，只好終生埋首於故紙堆中，窮經鑽研於章句訓詁之中，以爲自遣藏身之具。於是詮釋文義，輯佚古書，考究名物之考古博雅學興。

而清初諸儒感明季之喪亂，痛神州之覆亡，懷故國之思，抱匡時濟民之志，紛紛以經世之學，力矯王學末流之空疏，惟顧亭林實萌學術之先導，諸子繼之於後，皆以其學造端於世，蔚而成風，終奠清代經世之學也。

117 見梁啓超著《中國近三百年學術史》。

第三章
亭林史學方法綜述

史學方法者，乃尋求歷史眞理之途徑也；上古之世，史爲專官，職司記事，初無所謂學，亦無所謂法；自周末以來，天子失官，百家競起。孔子明王道，撥亂世，以爲「托之空言，不如見之行事之深切著明也。」乃據魯史而修春秋，司馬遷稱孔子作春秋「約其文辭，去其繁重，以制義法」[1]。吾國史法之興，此其始也！自是以降，作者日多，然皆無專言史法者，唐劉知幾作《史通・內外篇》，內篇論史體，外篇評史料，具體而微，是爲專言史法之始。其後北宋司馬光之《通鑑考異》，南宋李心傳之《舊聞證誤》，清崔述之《考信錄》，章學誠之《文史通義》；時代愈近，鑽研愈細，而其辨說亦愈密；諸家所言史法，皆有創見，然散見於議論批評之內，未能具體以述。近時歐美各邦人士，本其科學方法以治史學，故其成績往往過於吾國！最初於歷史方法及認識論、邏輯等深入研究者，爲德國之克拉登伊斯（J. M. Chladenius），於一七五二年首著《一般史學》；其後有法國史家竇諾（P. C. F. Dounou）著《歷史學講義》，一八二五年，柏林大學教授蘭克（Leopold Von Ranke）以系統之方法教誨學生評鑑資料，並建立一種「確實發生過」之概念，於史學方法研究之進展，影響極大；一八九四年，德人伯恩漢（E Bern heim）出版《史學方法論》，一八九七年法國朗格諾瓦（Ch. V. Langlois）及塞諾博（Ch. Seignobos）合著《史學導論》，史學方法始集其大成，並奠定其研究之方針與系統，近世以還，有關歷史方法著作日多，於史學及相關科學

1　見《史記・十二諸侯年表序》。

之研究，貢獻極大[2]。

歐西言史學方法者，不外乎歸納、演繹、分析、比較諸法，論其步驟則先之以史料之蒐羅及考證，次之以事實之斷定及編排，終之以專門之著作，而史家之能事乃畢。蒐羅史料欲其博，考證史料欲其精，斷定史料欲其嚴，編比事實欲其整，然後筆之於書，出而問世。故其為法也，似簡而實繁，似易而實難者也。今考亭林有關史學之著，洋洋巨篇，或存或佚，僅就其存者，梳理其內容，尋繹其脈絡，以窺其所以為史之法也！

第一節　博採史料

一、史料之認識與蒐集

史料者何？乃過去人類思想行事所留之痕跡，有證據傳留至今日者也！[3]故欲窺已往人類思想行事之跡，非史料無由明也。是史料乃為歷史之本，無史料則無歷史，朗格諾瓦和塞諾博合著之「史學導論」曾言：

> 歷史由史料構成，凡一切思想行為，有未嘗留遺直接的陳跡，或其陳跡可見的都已亡失，那麼歷史中就無從記載，正如未嘗發生過這事一樣，以缺乏史料的原故，人類社會過去無量時期的歷史，每成為不可知曉，因為完全沒有史料的供給，所以沒有史料，就沒有歷史了。[4]

史料亡失，歷史亦無從記載，故凡深通史學者，於著作之先，必以

---

2 參見周師虎林所著《史學方法新論》載《幼獅學誌》十四卷二期。

3 見梁啓超《中國歷史研究法第四章・說史料》。

4 見楊鴻烈《歷史研究法・第四章「史料的認識」》所引。

研究及搜求史料爲要；而歷史著作之眞價値，不在其文筆之優劣，不在其批評之高下，而全視其所得史料之完備與否，及所用史料之正確與否爲定。竊諸吾國史書，莫不有所資而成，《漢書・司馬遷贊》言：「故司馬遷據左氏《國語》，采《世本》、《戰國策》，述《楚漢春秋》，接其後事，迄於天漢。」是知史遷之書，頗有所采而著也！《漢書》所采，則自《史記》外，如〈律歷〉、〈藝文〉兩志，采諸於劉向、劉歆。〈地理志〉未言地方風俗，亦采諸於劉向、朱贛[5]。《後漢書・班彪列傳》云：

> 司馬遷著《史記》，自太初以後，闕而不錄，後好事者頗或綴集時事，然多鄙俗不足以踵繼其書，彪乃繼采前史遺事，旁貫異聞，作後傳數十篇。

故知後漢書之作，皆采諸前史逸聞。至若他史，亦莫不廣蒐史料以爲據。惟古之時，交通不便，史料散漫異常，西爪冬麟，蒐尋不易，每耗費經時始得完成。如《魏書・崔鴻傳》云：「鴻著《十六國春秋》……草構悉了，惟有李雄《蜀書》搜尋未獲，闕茲一國，遲留未成。」劉知幾云：「十六國春秋，鴻始以景明之初，求諸國逸史，逮正始元年，鳩集稽備，而猶闕蜀事，不果成書，推求十有五年，始於江東購獲，乃增其篇目，勒爲一百二卷」[6]。崔氏因史料未備，能待之十五年，而後定稿，此著作不苟之精神，令人起敬。然古人搜集史料之不易，於此可見也。

史料蒐集雖難，如有目錄學知識相助，則可事半而功倍，王鳴盛曰：

5　參見姚永僕著《史學研究法》。

6　見劉知幾《史通・外篇卷十二・正史》。

目錄之學，學中第一緊要事，必從此問塗，方能得其門而入，然此事非苦學精究，質之良師，未易明也。[7]

章學誠亦云：

今之志乘所載，百不及一，此無他，蓋搜羅采輯，一時之耳目難周，掌故備藏，平日之專司無主也。嘗擬當事者，欲使志無遺漏，平日當立一志乘科房，僉掾吏之稍通文墨者爲之。凡政教典故，堂行事實，六曹案牘，一切皆令關會，目錄眞跡，匯冊存庫，異日開局纂修，取裁甚富。[8]

史料如能預先蒐羅儲存，分類匯冊存庫，則他日纂修史志，不僅取裁宏富，且便於擇用，歐西史家言史料之蒐集與我國學者見解同，朗格諾瓦云：「學者須先有歷史目錄學之智識，而後能利用史料。」又謂：「此類目錄須時常增訂，此因目錄一出版，即已落在時後之故」[9]。故彼尤提倡新目錄須常編印，並以檔案保存，逐事逐條分目存查，明格諾瓦曾介紹美國史學家班克洛夫（H. H. Bancroft）於西元一八六〇年立意著美國史，其蒐集史料之方法爲：(1)盡購坊間所有印本，抄本之材料；(2)顧人借抄不能購買之史料。(3)派人訪問各處關係人，而記錄其親身聞見之材料。(4)建築專室以儲存分類編目之材料。此法可謂鉅細靡遺[10]，雖非一般人所能爲，然可懸爲著作家之正軌。學者平日能廣閱目錄，蒐求群書，實地訪查遺跡，諮詢當事人，有得即錄，並分類排比，如此於史料之蒐集，當可無所闕遺！

7 見王鳴盛《十七史商榷卷一》。

8 見《文史通義卷八外篇三・答甄秀才論修志第一書》。

9 見陸懋德《史學方法大綱》所引。

10 見周師虎林著《史學方法新論》載《幼獅學誌》十四卷二期。

故史料之蒐集，貴能賅備，蓋「觀天下書未徧，不得妄下雌黃，或彼以爲非，此以爲是，或本同末異，或兩文皆欠，不可偏信一隅也」[11]。若或採取稍疏，蒐羅未備，見聞不足，而恍然欲有所述作，則必「紀次無法，詳略失中，文采不明，事實零落」[12]。豈持不能傳久，亦且徒耗精神，而無裨於史學矣！

而史料之類別，歷來西方史家分類皆異！有謂直接材料、間接材料之別[13]，有謂同時代、非同時代之異[14]，有分記載、遺物、傳說三類者[15]，有以原料、次料之分者[16]，而吾國爲史料之分類者，莫先於孔子，惜後人未加注意，孔子作《春秋》，所用史料有「所見」、「所聞」、「所傳聞」之不同。「所見」乃親見其事以記之；「所聞」乃聞之於親見此事之人；「所傳聞」乃聞之於聞知此事之人。其後，史遷著《史記》內即含此三類史料。茲是以降，史家著史皆樂用「所見」、「所聞」、「所傳聞」爲史料採擇之準，並行之有年，近年史家受西洋史學方法之陶冶，亦有改其類也。梁任公分史料爲文字記錄的、文字記錄以外的；楊鴻烈則分爲書籍以外的史料與書籍以內的史料，是中西史家於史料之分，雖各有不同。然學者治史，當明親見，親聞所得之直接史料爲佳，故蒐尋史料，必先知史料之別，而辨明其價值，否則頭緒茫然，優劣莫辨，淄繩無分，涇渭混淆，雖戮力蒐尋，自以爲博通，則適足顯其徒勞淺陋，而爲人所譏也！

二、亭林之廣蒐史料

亭林治史，深通史法，善於利用經學、小學、輿地、金石諸專門學

11 見《顏氏家訓．勉學篇》。

12 見《曾公亮進新唐書表》。

13 此為法人塞諾博Ch. Seignobos所分。

14 此為法人朗格諾瓦Lang Lois所分。

15 此為美人喬治生A. B. Johnson所分。

16 見英人克蘭普C. G. Crump所分。

爲基礎，實地考察，廣搜異聞。其所得史料大類親聞所得，全祖望評顧亭林云：

凡先生之遊，以二馬三騾載書自隨，所至阨塞，即呼老兵退卒，詢其曲折，或與平日所聞不合，則即坊肆中發書而對勘之。或徑行平原大野，無足留意，則於鞍上默誦諸經注疏[17]

是亭林所採史料，皆親聞採訪而得，所著史書如《金石文字記》、《歷代帝王宅京記》、《昌平山水記》、《山東考古錄》、《京東考古錄》等皆親臨其地，考其山川脈絡，蒐其金石遺物，並與史書相勘校，有所誤即更之；有所闕，即補之，其一生遊蹤遍天下，東上岱嶽，西至秦晉，北出居庸，南盡會稽，亭林述其遊蹤云：

自此絕江踰淮，東躡勞山，上岱嶽，瞻孔林，停車淄右，入京師，自漁陽遼西出山海觀，還至昌平，謁天壽十三陵，出居庸至土木，凡五閱歲而南歸於吳，浮錢塘，登會稽，又出而北，渡沂絕濟，入京師。遊盤山，歷白檀至古北口，折而南謁恆嶽，踰井陘，抵太原，往來曲折二三萬里，所覽書又得萬餘卷。爰成《肇域記》，而著述亦稍稍成帙。然尚多紕漏無以副友人之望。……。」[18]

其往來南北數萬里，歷遊天下名山大川，周流西北邊塞亭障，每至一地，必辨其因革，察其要害，觀其風土，採訪圖書，蒐尋金石，結交賢豪長者，故見之博，聞之遠，有所獲，即行抄錄，務求其眞。如《金

17 見全組望《鮚埼亭集．亭林先生神道表》。

18 見《亭林佚文輯補．書楊彝萬壽祺等為顧寧人徵天下書籍啓後》，又見《蔣山傭殘稿卷三》。

石文字記序》云：

此二十年間，周遊天下，所至名山，巨鎮、祠廟、伽藍之跡，無不尋求。登危峯、探窈壑、捫落石、履荒榛、伐頹桓、畚朽壤、其可讀者，必手自抄錄，得一文爲前人所未見者，輒喜而不寐。一二先達之士，知余好古，出其所蓄，以至蘭臺之墜文，天祿之逸字，旁搜博討，夜以繼日。遂乃抉剔史傳，發揮經典，頗有歐陽、趙氏二錄之所未具者，積爲一帙，序之以貽後人。[19]

亭林於金石文字史料之蒐尋，無不極至，雖登危峰，探窈壑，亦莫不訪求，其「懷毫舐墨，躑躅於山林猿鳥之間」[20]情景，猶可想見！於碑文之錄，每親往採之，如〈岱嶽觀造象記〉云：「碑下爲積土所壅，予來遊數四，最後募人發地二尺，下而觀之，乃得其全文」[21]。又如〈玄靖先生李君碑〉亭林亦云：「予嘗遊茅山，至玉晨觀，其前有雷平池，池南爲伏龍岡，玄靖葬其上，碑今在觀中，四周皆刻文字，道士以亭覆之」[22]。其於碑刻，皆親見之。故不僅錄其文字，於碑文字體、作者、開雕年月，碑石所在，亦詳錄之。如〈道因法師碑〉，「李儼撰，歐陽通正書，龍朔三年十月，今在西安府儒學」[23]。〈白石神君碑並陰〉，「八分書，光和六年，今在無極縣，後有燕元璽三年，題名元璽，慕容雋號」[24]。這些碑刻，亭林皆訪之並抄錄匯集。若未能親見碑刻，亦表明見其拓本而錄，亭林弟子潘耒序《金石文字記補遺》云：

---

19 見《亭林文集卷二．金石文字記序》。

20 見《亭林文集卷二．金石文字記序》。

21 見《金石文字記卷三》。

22 見《金石文字記卷四》。

23 見《金石文字記卷三》。

24 見《金石文字記卷一》。

「先師實甚好古，遊轍所至，旁搜博採，著成此書，惟就碑刻現存及收得拓本著錄之，得三百餘通，其數少於歐、趙，而考論詳核，不啻過之」[25]。又如〈北嶽府君碑〉：「韋虛心撰，陳懷志行書，開元九年三月，今在曲陽縣北嶽廟中」。[26]〈汾陰公薛收碑〉云：「先師所錄，必目睹其碑與收得拓本者，非然則置之，蓋其慎也」[27]。故知亭林於金石文字史料之採，必親睹其碑文，或見其拓本，此碑立於何處，碑上文字是否清晰、漫漶？建碑緣由等，皆詳細記述。若有疑惑則置之，務求其真，此足見亭林訪史之廣博而採史之謹慎也！

亭林於史料之搜取，除親訪其地，耳聞目睹外，亦善於抄錄前史，逸聞，以存其真。蓋其先祖紹芾公嘗訓之曰：「著書不如鈔書，凡今人之學，必不及古人也，今人所見之書之博，必不及古人也，小子勉之，惟讀書而已」[28]。其祖以抄書示亭林，鼓勵亭林多讀書。而亭林之祖紹芾公，不惟善讀，亦且善抄，亭林曾記其事曰：

臣祖年七十餘矣，足不出户，然猶日夜念廟堂不置。閱邸報，輒手錄成帙。……比年以來，獨居無事，始出其篋中臣祖所手錄，皆細字草書，一紙至二千餘字，而自萬曆四十八年七月，至崇禎七年九月，共二十五帙，中間失天啓二年正月至五年六月，而其後，則臣祖老不能書，略取邸報，標識其要。[29]

亭林先祖所抄史料，可裨補明史之闕，自承其教，亭林亦長於抄書，其於史料之蒐羅，無不有得，〈鈔書自序〉云：

---

25 見《金石文字記卷六・補遺》。

26 見《金石文字記卷三》。

27 見《金石文字記卷六》。

28 見《亭林文集卷二・鈔書自序》。

29 見《亭林餘集・三朝紀事闕文序》。

炎武之遊四方十有八年，未嘗干人，有賢主人以書相示者則留，或手鈔，或募人鈔之，子不云乎：『多見而識之，知之，次也』。今年至都下，從孫思仁先生得《春秋纂例》、《春秋權衡》、《漢上易傳》等書，清苑陳祺公資以薪米紙筆，寫之以歸。[30]

亭林自少讀書，審慎明辨，有所得輒記之，若有不合，時復改定。必反覆尋究，而達其精研洗鍊，日積月累，自能成其精深博大，其得之於鈔書之功尤巨，何焯序菰中隨筆云：「亭林先生，老而好學。遇事之有關於學術治道者，皆細書劄記，述往俟來」[31]。以撮鈔劄記之功，積以時日，自有所得而能成其史學巨著，觀亭林《天下郡國利病》書之成，即爲如此，其自序云：

崇禎乙卯，秋闈被擯，退而讀書，感四國之多虞，恥經生之寡術，於是歷覽二十一史以及天下郡縣志書，一代名公文集及章奏文冊之類，有得即錄，共成四十餘帙，一爲輿地之記，一爲利病之書。[32]

錢大昕爲《天下郡國利病書》手稿本題詞云：

《天下郡國利病書》，未有棃本，外間傳寫，以意分析，失其元第，然猶珍爲枕中之祕。頃蕘圃孝廉購得傳是樓舊藏本三十四冊，識是先生手蹟，蠅頭小楷，密比行間，想見昔賢用心

30 見《亭林文集卷二・鈔書自序》。

31 見《菰中隨筆何焯序》。

32 見《亭林文集卷六・天下郡國利病書序》。

專勤，不肯假手鈔胥，卓然成一家言也。蕘圃其善藏之。[33]

阮元《肇域志》手稿本云：

亭林生長亂離，奔走戎馬，閱書數萬卷，手不輟錄。觀此帙密行細書，無一筆率略，始歎古人精力過人，志趣遠大。[34]

亭林以一人之力，獨撰《天下郡國利病書》、《肇域志》，非抄書劄記之功，何克臻此。近人研史，每重史法，於「抄書劄記」亦列爲博採史料之一途，而亭林則身體力行，用之有年矣。其《熹廟諒陰記事》，述明末「梃擊」、「紅丸」、「移宮」三大案之發生，皆抄錄當時大臣之疏奏、邸抄，而彙爲一輯，使人觀之而瞭然於晚明之敗政，及三大案發生之緣由與經過。而於《明季實錄》，亦撮抄當時見聞、野史、詔書與邸報。沈楙悳謂：

亭林先生具良史之才，就當時見聞，彙一編名曰實錄。未嘗參贊一詞，豈惟柱下之信史，蓋將使後之覽者，懍然知君子之可爲，而小人之必不可爲，庶幾世道人心，日歸於正。[35]

亭林以其信史之筆，述闖賊陷京城，思宗自縊，福王之登基，無不寓褒貶之旨，而保存珍貴之史料，此皆抄錄之功也！而亭林搜訪史料，除碑刻金石外，亦善於抄錄前史邸報，以存信史，其抄書劄記之法，影響清儒甚大，皆紛習其法，而頗有成。如閻若璩之《潛邱札記》，錢大昕之《十駕齋養新錄》，臧琳之《經義雜記》，趙翼之《陔餘叢考》，

33 見《天下郡國利病書．錢大昕題詞》。

34 見《揅經室三集．顧亭林先生肇域志跋》。

35 見《明季實錄跋》。

王念孫之《讀書札記》等。

亭林平日論史事，每以所見所聞與古籍相印證，如論黃金價愈趨貴重之因：

> 宋太祖問學士杜鎬曰：「兩漢賜予，多用黃金，而後代遂爲難得之貨，何也？」對曰：「當時佛事未興，故金價甚賤」今以目所睹記，及會典所載國初金價推之，亦大略可考。……幼時見萬曆中赤金七八換，崇禎中十換，南渡十三換。以後賤至六換，而今又十三換矣。投珠抵璧之風，將何時而見與？[36]

以佛事而興，百姓皆以金箔塑佛身，故金價日貴，亭林以其親見，與典籍相勘，自可明其眞相！又如論錢法之變，亭林亦以見聞敘之：

> 予幼時見市錢多南宋年號，後至北方，見多汴宋年號，眞行草字體皆備，間有一、二唐錢，自天啓崇禎廣置錢局，括古錢以充廢銅，於是市人皆擯古錢不用。而新鑄之錢彌多彌惡；旋鑄旋銷。寶源寶泉二局，祉爲姦蠹之窟，故嘗論古之錢，凡兩大變，隋時盡銷古錢一大變，天啓以來一大變也……然歷代之錢尚存，旬日之間，便可澄汰。今則舊錢已盡，即使良工更鑄，而海內之廣，一時難徧，欲一市價而裕民財，其必開皇之法乎？[37]

亭林以親睹錢法之變而闡論其弊，並證知《鹽鐵論》所言「古者，市朝而無刁幣，各以其所有易所無，抱布貿絲而已。後世即有龜貝金錢，交施之也。幣數變而民滋僞。」[38]若縱民私鑄錢，則滋僞又生，影

---

36 見《原抄本日知錄卷十五・黃金》。

37 見《原抄本日知錄卷十五・錢法之變》。

38 見《鹽鐵論卷一・錯幣第四》。

響所及則奸貞並行。國家財用日匱，而民又弗富，有百害而無一利。其對錢法之弊，述之甚詳。亭林周遊各地，考其民風土俗，於風俗之流變，了然於懷，而曰：

予少時見山野之氓，有白首不見官長，安於畎畝，不至城中者。洎於末造，役繁訟多，終歲之功半在官府，而小民有「家有二頃田，頭枕衙門眠」之諺，已而山有負嵎，林多伏莽。遂舍其田園，徙於城郭。又一變而求名之士，訴枉之人，悉至京師，輦轂之間，易於郊坰之路矣。錐刀之末將盡爭之，五十年來，風俗遂至於此。[39]

此以亭林五十年來所見聞而論風俗之變，歷朝山野之氓，本安於畎畝。至其末年，役繁訟多，民無所居，或負嵎於山林，或徙於城郭，成爲求名之士，風俗焉得不壞。至其他泛論政治得失，山川文物，亦每以親見所聞爲本！是亭林蒐尋史事，皆以「親見親聞」爲依據也。甚至其爲人立傳作記，亦以親見其人，親睹其書，親歷其地，或躬與其事爲準，絕非冥想杜撰、向壁虛造者之可比。今查其其爲人寫行狀或墓誌銘，即可知亭林下筆之嚴謹，如述「吳同初行狀」而云：

余與同邑歸生獨喜爲古文辭，砥行立節，落落不苟於世，人以爲狂。已而又得吳生，吳生少余兩人七歲，以貧客嘉定。於書自《左氏》下至《南北史》，無不纖悉強記。其所爲詩多怨聲，近西州、子夜諸歌曲。[40]

39 見《原抄本日知錄卷十六・人聚》。

40 見《亭林文集卷五・吳同初行狀》。

吳其沆乃亭林幼時同窗，爲其親見之人，對其生平軼事，瞭然於心。故亭林述此行狀之文，自然筆帶感情。又如述「吳潘二子事」而言：

> 予之適越，過潘子時，余甥徐公肅新狀元及第，潘子規余愼無以甥貴，稍貶其節，余謝不敢，二子少余十餘歲，而予視爲畏友。[41]

吳炎、潘檉章，不僅爲亭林友，亭林且將珍藏之史料借予此二人，其敘傳之眞，自無可疑。而尤可貴者，將潘、吳罹文字獄之始末，敘之甚詳，可補正史之闕。所作墓誌銘亦復如此，所述皆其友或相交甚久之人。如述〈山陽王君墓誌銘〉而云：「王君與余同年月生，而長余二十餘日，其行事雖不同而意相得」[42]。又如立〈常熟陳君墓誌銘〉而云：「崇禎十七年，余在吳門，聞京師之報，人心凶懼，余乃奉母避之常熟之語濂涇，依水爲固，與陳君鼎和隔垣而居……，自六月至於閏月，無夜不與君露坐水邊樹下」。[43]此乃亭林親見其人，親聞其事之證。

又如〈中憲大夫山西按察司副使寇公墓誌銘〉云：「天啓六年，寇公爲蘇州知府，炎武年十四，以童子試見公，被一言之獎……余爲之銘，余蘇人也，公之遺事在於蘇，救一方之困，而定倉卒之變，爲余所目見者，不可以無述」。[44]寇公事跡，亭林直言目見而敘之，自眞實無妄也。然亭林亦有未見其人，而親聞其事爲之立傳者，如〈汝州知州錢君行狀〉云：「子大受，縣學生，痛父節未表於先朝，懼後世之沒而無傳也，乃質言其事以告於余而爲之狀」[45]。此行狀，亭林雖未能親見其

---

41 見《亭林文集卷五・書吳潘二子事》。

42 見《亭林文集卷五・山陽王君墓誌銘》。

43 見《亭林餘集・常熟陳君墓誌銘》。

44 見《亭林餘集・中憲大夫山西按察司副使寇公墓誌銘》。

45 見《亭林文集卷五・汝州知州錢君行狀》。

人，僅傳聞於其子，述其父錢君爲抗賊不屈而死，實爲忠義之表。因有所據，方直書其事，並明告史料之來源，得諸何人，以示無隱。又如〈歙王君墓誌銘」云：

王君以崇禎十四年卒，後三年國變，王君之子璣流寓於吳，又一年而不孝始識王生，因以知王生之人與其世德之慨。與王生交一年，而王生以狀請銘，不孝以母未葬，弗敢作也。又一年，卜葬，葬有日，而王生復來請銘，不孝不獲辭而銘之。[46]

亭林雖未識王君，但識其子璣，並交往一年，與其爲友。就被請託爲其父寫墓誌銘，所述據傳聞而寫之，但其因緣經過，亭林亦表明之！又如〈富平李君墓誌銘〉亦云：

十月癸酉，因篤始葬君於韓家村東南之新阡，因篤既與崑山顧炎武爲友，且數年，而曰：「吾先人之墓石未立，將屬之子。」炎武不敢辭，乃爲之撰次，其詳則因篤之狀存焉。[47]

亭林與因篤爲友，傳聞其先君之事而爲其父立墓誌銘，綜此以知亭林敘人物傳記，皆親見其人，或親與其事。所採史料自爲眞實無妄，此乃珍貴之直接史料也！若未見其人，而所聞於親人，亭林亦於文內表明，以示史料非親見而得！所述記志，每親臨其地，而聞其風者，亦述而寫之。如〈裴村記〉曰：

余至聞喜縣之裴村，拜於晉公之祠，問其苗裔，尚一、二百

46 見《亭林文集卷五·歙王君墓誌銘》。
47 見《亭林文集卷五·富平李君墓誌銘》。

人，有釋耒而陪拜者。出至官道旁，讀唐時碑，載其諸牒世系，登隴而望，十裡之內邱墓相連，其名字官爵可考者尚百數十人。[48]

亭林考裴氏家族之興衰，除博稽史書，並親至其地，問其後裔，詢其原委，其採史之重親聞，於此可知。又如〈拽梯郎君祠記〉所述爲昌黎知縣左應選與其士民固守其城，英勇拒賊之史事。亭林雖未能躬與其事，然所記爲親與其事之人所言，「郎君之祠且二十餘年，而幸得無毀，不爲之記，無以傳後。張生莊臨，親其事者也，故以其言書之」。[49]亭林以參與其事之人所言而述，所得史料之來源，亭林亦明告之，故其蒐訪史料，崇尚親見親聞，於此可知也！

亭林於史料之蒐尋，務求其博，一生遊蹤遍及天下，所訪史料，率皆親至其地，或親訪其人，並博採金石以補不足，所過山水梵宇，得一斷碑殘刻，必剔蘚拂塵，摩挲審錄而後去。其於前史逸聞，則每抄錄以存其眞，並札記羅列以成史，於人物傳記，若親見親聞，必忠實記述；不克及身親聞，則不憚尋訪後人，及其故址，務求所搜能存其實！晚近歐西史法大興，學者治史，每重直接史料，其整理分析，往往鈎稽爬疏，運用卡片劄記以佐記憶而存信史。比之於亭林，雖無史法形式之講求，惟觀其博訪史料，抄錄不輟，實亦深合近世史法之道也！

第二節　考證史料

一、史料之辨僞與考證

夫史家著史，固須先蒐訪史料，然於紛紜雜陳之史料中，欲辨其眞而爲純然至善之史章，必經過考證審定，梁啓超云：「考證者，所以

48 見《亭林文集卷五．裴村記》。

49 見《亭林文集卷五．拽梯郎君祠記》。

審訂史料之是否正確，實爲史家求徵信之要具」。[50]歷史著作之得以不朽，端賴史料蒐羅之詳盡與考證之精密審訂。蓋史料之中，所在多僞，或見聞有異，或傳寫有誤，或有意妄更，或無意僞脫，是古書爲可盡信，孟子即有「盡信書不如無書」[51]之嘆！王充評書之不可信亦言：

世信虛妄之書，以爲載於竹帛上者，皆聖賢所傳。無不然之事，故信而是之，諷而讀之。睹眞是之傳與虛妄之書相違，則並謂短書不可信用。夫幽冥之實尚可知，沈隱之情尚可定，顯文露書，是非易見，籠總並傳，非實事，用精不專，無思於事也。[52]

史書多僞，若未加考訂，實未足以取信；如唐之鼎盛，人才濟濟，其修晉、梁、陳、齊、周、隋各史，乃出於帝王之提倡，而傾其國力以成之，固亦愼重矣！然劉知幾於史館親見諸史稿本謂「觀其朱墨所圖，鉛黃所拂，猶可識者，或以實爲虛，以非爲是」。[53]又親見唐史官所修國史「或曲希時旨，或猥飾私憾，凡有毀譽，多非實錄」。[54]以其時人才之盛，功令之嚴，所著史書尙苟且草率如此，其餘史著不必論矣！故張之洞《輶軒語》云：「一分眞僞而古書去其半，一分瑕瑜而列朝書去其十之八九」。[55]是古書之不可信眾矣！今欲採之爲史，必詳加考證，去僞存眞，方能信之。，姚際恆曰：

造僞書者，古今代出其人，故僞書滋多於世。學者於此，眞

50 見梁啓超著《中國歷史研究法》。

51 見《孟子．盡心下》。

52 見王充《論衡卷四．書虛篇》。

53 見劉知幾《史通外篇卷十七．雜說中》。

54 見《史通外篇卷十二．正史篇》。

55 見張之洞《輶軒語．通論讀書》。

僞莫辨，而尚可謂之讀書乎？是必取而明辨之，此讀書第一義也。[56]

故史料研究當以辨僞爲先，崔東壁即以明辨去僞，舍虛務實爲宗旨，其辨僞著作《考信錄》，考古書僞誤多矣，今言其著作旨趣。

不敢以載於戰國秦漢之書者，悉信以爲實事；不敢以東漢、魏晉諸儒之所註釋者，悉信以爲實言，務皆究其本末，辨其異同，分別其事之虛實而去取之，雖不爲古人之書諱其誤，亦不至爲古人之書增其誤也。[57]

崔述以醫者虛實之狀，明其時代之變，鏤版之傳，疏證經義以辨明古書眞僞，實獨具卓識。今考其致僞之因，類有數端：

㈠信古之誤

古人著書每喜托諸聖賢之言，以提高其價值，故作僞者比比而是，《漢書》即著錄有〈神農〉二十篇，〈黃帝〉四十篇，〈雜黃帝〉五十八篇，經班固考證，皆托古之作。其他書亦多托古，亭林云：「漢人好以自作之書而託爲古人，張霸《百二尚書》、衛宏《詩序》之類是也。晉以下人則有以他人之書而竊爲己作，郭象《莊子注》、何法盛《晉中興書》之類是也」。[58]除此之外，並有托古以附會，雖有其人，實無其書，如《隋書・經籍志》云：「孔子既敘六經，以明天人之道，知後世不能稽同其意，故別立緯及讖，以遺來世。其書出於前漢，有

56 見姚際恆《古今偽書考・序》。

57 見崔述《考信錄提要》。

58 見《原抄本日知錄卷二十・竊書》。

《河圖》九篇、《洛書》六篇。云自黃帝至周文王所受本文，又別有三十篇……又有七經緯三十六篇，並云孔子所作。」凡此之僞猶多，故崔述自序云：「蓋自周道既衰，楊墨並起，欲拙聖人之道，以伸其說，往往撰僞堯、舜、禹、湯、文、武、孔子之事，以誣之而絀之，其遊說諸侯者，又多嗜利無恥之徒，恐人之譏己也，則僞撰爲聖賢之事，以自解說，其他權謀術數之學，欲欺世以取重，亦多托之於古聖人，而眞僞遂並行於當世。」[59]以今人之作，想藉以流傳，多托之於古聖人。實乃貴古賤今，欺世以取重之心態，然此亦爲僞書也。康有爲亦云：「榮古而虐今，賤近而貴遠，人之情哉！耳目所聞睹，則遺忽之，耳目所不睹聞，則敬異之，人之情哉」！[60]夫榮古而虐今，則凡事皆托古而爲，凡書亦托古而作，故僞書充斥於世，欲尋史事眞相不可得也！

㈡見聞之誤

夫史料之尋訪，固以親身見聞爲主，然觀察者因本身教育程度、社會背景之限制，恐無法求其絕對之事實。欲求眞相，亦須經某種訓練，方能窺其堂奧；若夫常人，未習某種訓練，而欲觀察特殊事故，常不得門徑而入，以致見聞有所差誤。且人類本是情感之動物，對於一切事實之發生，非表同情，即表惡感。故作史者，記述某種事實，必爲某事實所引動，而參以己之好惡，其所爲史，能保持中立、客觀者難矣！崔述云：「故以己度人，雖耳目之前而必失之。況欲以度古人，更欲以度古之聖賢，豈有當乎？」[61]今觀陳壽作《三國志》，因私怨而譏貶諸葛武侯；朱熹作〈張魏公行狀〉，因誼情而迴護張浚；感情偏見，雖良史大儒，未之能免，更遑論他人，故史實非由後人之考證分析，未能明也！

---

59 見崔述《考信錄・自序》。

60 見康有為《孔子改制考卷四》。

61 見崔述《考信錄・提要》。

㈢傳寫之誤

史事之傳，每因時代久遠，輾轉相傳而失其眞；亦因記載不同，抄寫舛僞而失其實；蓋古今相去既遠，「言語不同，名物各別，且易竹而紙，易篆而隸，遞相傳寫，豈能一一之不失眞」。[62]言語不同，則傳述者易生訛誤；字體遞相流變，則易混淆；而年代久遠，則易失眞，劉知幾云：「古今路阻，視聽壤隔，而談者或以前爲後，或以有爲無，涇、渭一亂，莫之能辨。」[63]，時遠地隔，史事傳述，每易淆亂。或記憶失眞，或傳聞致誤，崔述云：「一人之事，兩人分言之，有不能悉符者矣；一人之言，數人遞傳之，有失其本意者也」[64]。以口相傳歷史，遞傳遞久，全失本眞，或以有爲無，或以先爲後，日月顚倒，上下翻覆，於史學失眞矣！至若記載歷史，乃爲人類心理痕跡，與事實本有不同，任一史實發生後，以文字追述，已歷經感覺、記憶、印象，故記載之結果，亦易僞誤而失實。除此之外，傳寫歷史者，亦因漫不經意，而滋生舛誤，亭林曾云抄書八弊曰：「一、書手麤率，捲腦折角。二、墨汁蠅失詬汙。三、眾手傳接，揉熟紙本。四、開卷不收。五、分手抄謄，坼釘散亂。六、抄寫有誤，恐被對出，反將原稿塗改。七、欲記起止，輒將原稿加圈加勾。八、黏補錯字，扯用書角片紙」。[65]抄寫有誤，未能即時更正，遂至謬誤相承，無從釐正，而失史實者，比比皆是。若有意作僞者，非僅校勘爲難，而且不易發現，亭林曰：「據臆改之，則文益晦，義益舛，而傳之後日，雖有善讀者，亦茫然無可尋求矣！」[66]僞誤既多，史實遂淹，後人非經考證欲窮信史，不可得也！

明乎古書致僞之因，欲尋史事之眞，舉凡所採古史，均須予以考

62 見崔述《考信錄．提要》。

63 見《史通內篇卷五．採撰》。

64 見崔述《考信錄．提要》。

65 見《菰中隨筆》。

66 見《原抄本日知錄卷廿．勘書》。

證審訂，去僞存眞，殆爲可信，然則審訂史料方法爲何？德國史學家自伯恩漢姆（Ernst Bernheim）將史料之考證分爲外部考證（External Criticism）、內部考證（Enternal Criticism），後朗格諾瓦（Ch. V. Langlois）瑟諾博司（Ch. Seignobos）繼之。[67]自是以後，西方學者大都利用此分類法，將史料之可信與否，史著之眞實與否，作一精細之審訂，以供研究；其所謂外部考證乃史料外形之判斷，以校讎考證之法，鑑別史料本身之眞僞；內部考證者即史料內容之判斷，或命意釋意之鑑定，由史料之內容討論其價值[68]。

夫我國史著之考證，言其方法者，始自劉知幾《史通》之〈惑古〉、〈疑經〉二篇；至宋有司馬光《通鑑考異》，李心傳《舊聞證誤》至清有閻若璩《古文尚書疏證》，崔述《考信錄》，考證之學至清而大盛。清儒皆專注心力於考訂僞誤，補闕釐正。並以求眞、縝密之方法，進窺古代史籍之眞面目。其史料之審訂，方法雖未如西人之具體而邃密，然今考之，實與西人所言史法之審訂暗合。於史料外部之考證，清儒每鑒於古書傳抄鍾刻，僞謬愈甚，訓至不可讀，則博徵善本以校讎。所校之書，或遵善本，或據他書所徵引，或以本文上下互證，或證其文字，或釐定句讀，或疏其義訓，必使古籍恢復原來面目，並以旁證考書中文句、文法，及作者成書時代，以辨其眞僞。至若史料內客之審訂，清儒亦鑒於古籍內容有詭誕偏僻，妄肆褒貶，未可盡信之處，故以古義爲據，文字、音韻、通轉爲理，以訓詁書，綜其始終，核其本末，旁參互證，設身以處其地，揣情以度其變，藉明史實之虛實也。

67 法國史學家朗格諾瓦和瑟諾博司所著《史學原論》一書指出：「史料可分為兩種，有時過去的事件，留下實跡（碑碣及製造品），有時，也是更常見的，事件所留下的痕跡，是心理的狀態，一種文字上的描寫和敘述」。

68 見周虎林《史學方法新論》載《幼獅學誌》十四卷二期。

二、亭林之審訂史料

清代考據之學，至乾嘉而極盛，經學家治經不重發明經義，而重文字之訓詁校勘；史學家治史不從事於寫史，而醉心於古史之考訂辨正；經學之吳、皖兩派，皆以博聞強記爲入門，以尊古家法爲究竟，凡無稽者必反覆參證以求其安，是吳、皖兩派經學家皆爲考據學家；而絕多數之史學家，亦以考據爲史學之最終目的，爲考據而考據，風氣所趨，如狂風怒濤，不可遏禦；若王鳴盛之《十七史商榷》，若錢大昕之《廿二史商榷》，陳景雲之《兩漢書訂誤》，杭世駿之《三國志補註》，彭元瑞之《五代史記注》，汪輝祖之《元史本證》，……於是聲勢浩大之歷史考據學派遂以成立，其影響於清學巨矣！然推其宗，實亭林啓之。亭林治史，必推求本原，諟正缺失，考訂誤謬，擘績補苴，其方法極爲客觀，普遍網羅史料，嚴格批評史料，此一治史方法，流傳頗廣而影響極深，迄於乾嘉時代，學者莫不以顧氏爲宗師，故欲知清代考據之學，當明亭林治史方法之爲倡也，今述亭林審訂史料之方法如下：

㈠史料之歸納

亭林治史，每重史料之歸納，其一生勤於學，自少至老，未嘗一日廢書，觀書有得，輒行抄錄，並加以研究批評。抄錄既多，時而有創見之結論，其《日知錄》乃積三十餘年讀書札記所得，《日知錄》自序云：

愚自少讀書，有所得輒記之，其有不合，時復改定，或古人先我而有者遂削之，積三十餘年乃成一編。

是知亭林抄書乃爲史料之歸納，其所採擇之史料，未遽予相信，必反復尋究而後已，其與人書云：

嘗謂今人纂輯之書，正如今人之鑄錢，古人採銅於山，今人則買舊錢，名之曰廢銅，以充鑄而已。……承問日知錄又成幾卷，蓋期之以廢銅，而某自別來一載，早夜誦讀，反復尋究，僅得十餘條，然庶幾采山之銅也。[69]

亭林以時人著書乃輾轉抄襲，未有創見，猶似舊錢充鑄。故廣搜原始資料，猶如采銅於山，並加以精研尋究，俾有所見，故年餘始得十餘條，由此可知亭林采史之小心謹愼！而於史料之蒐證，不以孤證爲定，必廣尋旁證以佐之，誠如潘耒所云：「有一疑義，反覆參考，必歸於至當；有一獨見，援古證今，必暢其說而後止」。[70]亭林每推翻成說，或有新見，輒博蒐證據以歸納。其〈答李子德書〉云：

始自唐明皇改《尚書》，而後人往往效之，……。至於近日鋟本盛行，而凡先秦以下之書率臆徑改，不復言其舊爲某，則古人之音亡而文亦亡，此尤可歎者也。開元十三年敕曰：「朕聽政之暇，乙夜觀書，每讀《尚書‧洪範》，至『無偏無頗，遵王之義』，三復茲句，常有所疑，據其下文並皆協韻，惟頗一字實則不倫；又《周易‧泰卦》中『無平不陂』，《釋文》云：『陂字亦有頗音。』陂之與頗，訓詁無別，其《尚書‧洪範》『無偏無頗』字宜改爲陂。」蓋不知古人之讀義爲我，而頗之未嘗誤也。[71]。

諸如此類，亭林所舉猶多。其考古音亦爲如此，胡適舉出顧亭林《詩本音》，於「服」字下，舉出本證十七，旁證十五，其唐韻正於

69 見《亭林文集卷四‧與人書十》。

70 見潘耒《日知錄‧序》。

71 見《亭林文集卷四‧答李子德書》。

「服」字下列舉一百六十二個證據，又於「行」字下列舉三百七十六個證據，這種精神是古來不曾有過的。[72]爲證明文字之古音，無不遍舉證據。而史料歸納之運用，亦見於他處，如「東向坐」，亭林以古人之坐以東向爲尊，故宗廟之祭，太祖之位東向，即交際之禮，亦賓東向而主人西向，亭林博舉例說以證云：

《新序》：楚昭奚恤爲東面之壇，一秦使者至，昭奚恤曰，「君客也，請就上位是也」。《史記・趙奢傳》言：「括東向而朝軍吏」。〈田單傳〉言：「引卒東鄉坐，師事之」。〈淮陰侯傳〉言：「得廣武軍，東向坐，西鄉對，師事之」。〈王陵傳〉言：「項王東鄉坐陵母。」〈周勃傳〉言：「每召諸生說士東鄉坐責之，趣我爲語」……《後漢書・鄧禹傳》言：「顯宗即位，以禹先帝元功，拜爲太傅，進見東向。〈桓榮傳〉言：「乘輿嘗幸太常府，令榮坐東面，天子親自執業，此皆東向之見於史者」。[73]

又如「足下」之稱，亭林以足下乃人主之尊稱，非爲相輕之辭，亦廣蒐例證以明之。

〈蘇代遺燕昭王書〉、〈樂毅與惠王書〉、〈蘇厲與趙惠文王書〉，皆稱足下。又如蘇秦謂燕易王，范睢見秦昭王，蘇代謂齊湣王，齊人謂齊湣王，孟嘗君舍人謂衛君，張丐謂魯君，趙郝對趙孝成王，酈生說沛公，張良獻項王，亦皆稱足下。《漢書・文帝紀》，「丞相臣平，太尉臣勃，大將軍臣武、御史大夫臣

---

72 見《胡適文存三集卷一・幾個反理學的思想家》。

73 見《原抄本日知錄卷二十九・東向坐》。

蒼……再拜言大王足下。《宋書・西南夷傳》載諸國表文，訶羅陀國稱聖王足下，又稱天子足下。阿羅單國稱大吉天子足下，闍婆婆達國稱宋國大王大吉天子足下。……《梁書・諸夷傳》表文，盤盤國稱「常勝天子足下」，干陁利國稱「天子足下」。狼修牙國稱「大吉天子足下」。[74]

敘述「足下」名稱之緣由，亭林引經據典，娓娓道來，絲毫不見窒礙，足見其閱書之博，見識之廣也。又如「五臺山記」亭林列舉諸史書所載以明五臺山之形勢文物，其曰：

五臺山在五臺縣東北一百二十里，西北距繁峙縣一百三十里，史炤通鑑注曰：「五臺山在代州五臺縣，山形五峙，相傳以爲文殊示現之地。」華嚴經疏云：「清涼山者，即代州鴈門五臺山也。歲積堅冰，夏仍飛雪，曾無炎暑，故曰清涼；五峰聳出，頂無林木，有如壘土之臺。故曰五臺。」……余又考之《北齊書》，但言：突厥入境，代忻二牧馬數萬匹在五臺山北柏谷中避賊。《隋書》但言：盧太翼逃於五臺山，地多藥物，與弟子數人廬於巖下，蕭然絕世，以爲神仙可致而已。至《唐書・王縉傳》始言：五臺山有金閣寺，鑄銅爲瓦，塗金於上，照耀山谷，費錢巨億萬。縉爲宰相，給中書符牒，令臺山僧數十人分行郡縣，聚徒講說以求貨利，於是此山名聞外夷。[75]

亭林廣泛閱讀諸史，以史料之歸納，廣蒐旁證，以明五臺山之原委，歷史傳承，建築風貌，實地探勘，而求得結論，此方法乃啓有清考

74 見《原抄本日知錄卷二十五・足下》。
75 見《亭林文集卷五・五臺山記》。

據之先，而影響則頗爲深遠！

㈡史料之批評

亭林著史，態度極爲審愼，所採史料均反覆鑑評，必以至當而後用之，雖耗費經年，亦在所不惜。其致潘耒書云：「著述之家，最不利乎以未定之書傳之於人……今世之人速於成書，躁於求名，斯道也將亡矣」[76]！亭林以爲著述乃名山大業，非可草率，故所著述皆頗嚴謹，潘氏請刻《日知錄》，告以「再待十年，如不及年，則以臨終絕筆爲定」[77]。其撰寫《音學五書》，耗時三十餘年，所過山川亭鄣，無日不以其稿自隨，凡五易稿而手書者三，已登版而刊改者，猶至數四[78]。其著作態度愼重如此！必反覆審之，求其至當，始刊刻成書。曾慨嘆著書之難曰：

> 宋人書，如司馬溫公《資治通鑑》，馬貴與《文獻通考》，皆一生精力成之，遂爲後世不可無之書。而其中小有舛漏，尚亦不免。若後人之書，愈多而愈舛漏，愈速而愈不傳，所以然者，其視成書太易，而急於求名故也。[79]

亭林以著書非易事，故其採史，必審愼批評而後用，其《日知錄》每條皆「早夜誦讀，反復尋究，僅得十餘條，然庶幾采山之銅也」。[80]其採史蒐證審愼如此，如言「氏族相傳之訛」云：

76 見《亭林文集卷四．與潘次耕書》。
77 見《亭林文集卷四．與潘次耕書》。
78 見《亭林文集卷二．音學五書後序》。
79 見《原抄本日知錄卷二十一．著書之難》。
80 見《亭林文集卷四．與人書十》。

賀氏：《晉書・賀循傳》曰：「會稽山陰人也。其先慶普，漢世傳《禮》，所謂慶氏學。族高祖純，安帝時爲侍中，避安帝父諱，改爲賀氏」。《宋史》：「賀鑄自言出王子慶忌，居越之湖澤，所謂鏡湖，乃慶湖也」。按古但有以王父字爲氏，無以名爲氏者。慶忌，名也，不得爲氏，而鏡湖本名鑑湖，慶古音羌，聲不相近，若齊之慶氏，居吳朱方，見于《左傳》，後人以慶封有弒君之惡，諱之，欲更其祖，其不及宋司馬華孫遠矣。[81]

亭林於此條臚列賀氏等十二姓氏，皆一一評其始出相傳之訛，其批評極爲精確，仿若一矢中的。又如評「史家誤承舊文」曰：

史書之中多有仍舊文而未及改者。《史記・燕世家》稱「今王喜」。《魏書・孝靜帝紀》稱太原公「今上」。《唐書唐・唐臨傳》「今上」字再見。〈徐有功傳〉〈澤王上金傳〉，「今上」字各一見，皆謂玄宗。〈韋貫之傳〉，「上即位」，謂穆宗。此皆舊史之文，作書者失於改削爾。[82]

其於史料之批評，每能窮源竟委，博古而通今，故能具體而微，無所闕漏；於史料批評之方法，亭林雖不曾明言，然可細察其著作旨趣而得。知其治學必先辨別源流，考其離合之旨，其曰：「愚以爲讀九經自考文始，考文自知音始，以至諸子百家，亦莫不然」。[83]欲明九經必先知音，故亭林於音學之書，耗時最久，而蒐證辨別極爲詳盡，其於經學源流，亦有得而言曰：

81 見《原抄本日知錄卷二十四・氏族相傳之訛》。

82 見《原抄本日知錄卷二十七・史家誤承舊文》。

83 見《亭林文集卷四・答李子德書》。

且經學自有源流，自漢而六朝而唐而宋，必一一考究，而後及於近儒之所著，然後可以知其異同離合之指。如論字者必本於《說文》，未有按隸楷而論古文者也。[84]

亭林以反覆申論，探求本原，爲治學之要。而其考史，採證捨主觀之認定，務求客觀之標準。凡兩說上相互歧異者，必採較古之說爲信，如考「子胥鞭平王之屍辨」事云：

太史公言子胥鞭楚平王之屍，《春秋傳》不載，而予因以疑之。疑《春秋》以前無發塚戮屍之事，而子胥亦不得以行之平王也，鄭人爲君討賊，不過斲子家之棺而已。齊懿公掘邴歜之父而刖之，衛出公掘褚師定子之墓，焚之於平莊之上，傳皆書之以著其虐，是《春秋》以前無發塚戮屍之事也。……而子胥以加之平王，吾又以知其無是事也。考古人之事，必於書之近古者。《穀梁傳》云：「吳入楚，撻平王之墓。」賈誼《新書》亦云：「《呂氏春秋》云：鞭荊平之墓三百。」《越絕書》云：「子胥操捶笞平王之墓。」《淮南子》云：「闔閭鞭荊平王之墓，舍昭王之宮。」而〈季布傳〉亦言：「此伍子胥所以鞭平王之墓也。」蓋止於鞭墓，而傳者甚之以爲鞭屍，使後代之人，蔑棄人倫，讎對枯骨。[85]

此考子胥鞭平王之屍事，不信《史記》所載，而信書之近古者《穀梁傳》，賈誼《新書》、《越絕書》、《淮南子》等古籍之所載也。駁斥《史記》所載鞭平王屍之傳說，頗有卓見。又如考「湘君」而云：

84 見《亭林文集卷四・與人書四》。

85 見《亭林文集卷六・子胥鞭平王之屍辨》。

《楚辭》湘君、湘夫人，亦謂湘水之神，有後有夫人也，初不言舜之二妃。《記》曰：「舜葬於蒼梧之野，蓋三妃未之從也」。《山海經》：「洞庭之山，帝之二女居之」。郭璞注曰：「天帝之二女而處江爲神，即《列女傳》江妃二女也。《九歌》所謂湘夫人，稱帝子者是也」。而《河圖玉版》曰：「湘夫人者，帝堯女也。秦始皇浮江至湘山，逢大風而問博士：「湘君何神」？博士曰：「聞之堯二女，舜妃也，死而葬此」。《列女傳》曰：「二女死於江湘之間，俗謂之湘君。鄭司農亦以舜妃爲湘君，說者皆以舜陟方而死，二妃從之，俱溺死於湘江，遂號爲湘夫人」。按《九歌》湘君、湘夫人自是二神，湘江之有夫人，猶河雒之有虙妃也，此之謂靈與天地並，安得謂之堯女？且既謂之堯女，安得復總云湘君哉？[86]

此考湘君、湘夫人爲湘水之神，非爲舜之二妃，亭林採證唯信《楚辭》所言，不信時代較後之《山海經》、《列女傳》之說。凡去古未遠之說，距離史實發生時間較近，較能得其眞相。西方近代史家，言史法頗珍直接史料，梁任公曰：「同一史蹟，而史料矛盾，當何所適從耶？論原則，自當以最先最近者爲最可信。先者以時代言，謂距史蹟發生時愈近者，其所製成，傳留之史料愈可信也」。[87]亭林深知時代愈古者距史實發生愈近，故於史料之批評，以古說爲信。而此方法，亭林復用之以考音韻，「據唐人以正宋人之失，據古經以正沈氏[88]唐人之失，而三代上之音，部份秩如，至賾而不可亂。乃列古今音之變，而究其所以不

86 見《原抄本日知錄卷二十六・湘君》。
87 見梁啓超《中國歷史研究法・說史料》。
88 指梁沈約，著作有奉詔修《宋書》。另著有《晉書》、《齊紀》、《梁武紀》、《邇言》、《諡例》、《宋文章志》、《四聲譜》等，皆佚，僅《宋書》流傳至今。

同，爲音論二卷」。[89]乃因去古日遠，其音已漸戾於古，甚而今音行而古音亡。欲求古書之眞，必知古音。其論許愼《說文》則云：

自隸書以來，其能發明六書之指，使三代之史尚存於今日，而得以識古人製作之本者，許叔重《說文》之功爲大，後之學者，一點一畫，莫不奉之爲規矩；而愚以爲亦有不盡然者，具以《六經》之文，左氏、公羊、穀梁之傳，毛萇、孔安國、鄭眾、馬融諸儒之訓，而未必盡合；況叔重生於東京之中世，所本者不過劉歆、賈逵、杜林、徐巡等十餘人之說，以爲盡得古人之意，然與？否與？[90]

其以古說爲信，以近說爲非之考史方法，與近世史家所言史法實爲相通，若同類之事，相涉之文，則比其異同，尋其可疑，究其矛盾，所依則以原書爲據，如以《史記·匈奴列傳》以正《通鑑》之誤云。

《通鑑》：「漢武帝元光六年，以衛尉韓安國爲材官將軍，屯漁陽。元朔元年，匈奴二萬騎入漢，殺遼西太守，略二千餘人，圍韓安國壁。又入漁陽、雁門，各殺略千餘人」，夫曰「圍韓安國壁」，其爲漁陽可知，而云「又入漁陽」，則疏矣！考《史記·匈奴傳》本文則曰：「敗漁陽太守軍千餘人，圍漢將軍安國，安國時千餘騎，亦且盡，會燕救至，匈奴引去」。其文精密如此，《通鑑》改之不當。[91]

又如引《漢書·宣帝紀》以正《通鑒》改之不當。

---

89 見《亭林文集卷二·音學五書序》。

90 見《原抄本日知錄卷二十二·說文》。

91 見《原抄本日知錄卷二十七·通鑑》。

「五鳳二年春三月，行幸雍，祠五畤」。《通鑒》改之曰：「春正月，上幸甘泉郊泰畤」。《考異》引《宣紀》云：「三月行幸甘泉」。而《宣紀》本無此文，不知溫公何所據？[92]

諸如此類，亭林於《日知錄・論史法》此則內，凡糾《通鑑》之誤有七處，所採史證批評極爲精到。又如評《大明一統志》，亦引原書以糾其詳！

《一統志》引古事舛戾最多，未若有密雲山之可笑者。《晉書・石季龍載記》：「段遼棄令支奔密雲山，遣使詐降，季龍使征東將軍麻秋迎之。遼又遣使降于慕容皝曰：「彼貪而無謀，吾今請降求迎，彼不疑也。若伏重兵要之，可以得志。」皝遣子恪伏兵於密雲，麻狄統兵三萬迎遼，爲恪所襲，死者什六七，秋步遁而歸，是段遼與燕合謀而敗趙之眾也。今《一統志》云：「密雲山在密雲縣南一十五里，亦名横山。昔燕、趙伏兵於此，大獲遼眾」。是反以爲趙與燕謀而敗遼之眾。又不言段，而曰遼，似以遼爲國名，豈修志諸臣，並《晉書》而未之見乎？[93]

以《大明一統志》之文與《晉書》原文相稽，則其舛戾僞誤立見。遍觀亭林之著述，所採史證輒利用原書對照而予批評，此可知亭林著史、評史之客觀也！

㈢史料之表現

亭林著史，於史料之表現，主張引書須注出處，故於其時所流傳之

92 見《原抄本日知錄卷二十七・論史法》。

93 見《原抄本日知錄卷三十一・大明一統志》。

時文，未能注出處，皆斥爲無根之語。「今之所謂時文，既非經傳，復非子史，輾轉相承，皆杜撰無根之語」[94]。亭林並於其下自註曰：「前輩時文，無字不有出處，無根之語，不得入文。」是知亭林主張士子著文，皆須自註出處，其〈與彥和甥書〉曰：

今欲吾甥集門牆多士十數人，委之將先正文字注解一二十篇來，以示北方學者。除事出四書不注外，其五經子史古文句法一一注之，如李善之注《文選》，方爲合式，此可以救近科杜撰不根之弊也。[95]

所謂先正文字乃爲明萬曆以前可傳之八股文，亭林欲其甥能群集門人注出此類文字之出處，除《四書》不注外，凡五經子史，古文句法，皆一一注之，俾使人一窺而明其引文出處。

亭林於著述中，皆能貫徹其引書注出處之說，其所引文，或於引文前註明出處，如〈與友人論父在爲母齊衰期書〉引：

《儀禮・喪服傳》曰：「何以期也？屈也。至尊在，不敢伸其私尊也。」〈問喪〉篇曰：「父在不敢杖，尊者在故也。」〈喪服四制〉曰：「資於事父 以事母而愛同」。[96]

所引〈喪服傳〉、〈問喪篇〉、〈喪服四制〉，皆於引文前標明出處，又如〈答李子德書〉舉例引之。

94 見《原抄本日知錄卷十九・精義論策》。

95 見《亭林文集卷三・與彥和甥書》。

96 見《亭林文集卷三・與友人論父在為母齊衰期書》。

《史記・龜策傳》：「今寡人夢見一丈夫，延頸而長頭。衣元繡之衣而乘輜車。」則古人讀頭爲徒之證也。《荀子》：「肉腐出蟲，魚枯生蠹，怠慢忘身，禍災乃作，彊自取柱，柔自取束。邪穢在身，怨之所構。」作、束並去聲，則古人讀構爲故之證也。[97]

信中所引《史記・龜策傳》、《荀子・勸學篇》亦皆於引文前標明出處。又如「大斗大兩」亭林曰：

「《漢書・貨殖傳》黍十大斗。師古曰：「大斗者異於量米粟之斗也。是漢時已有大斗，但用之量粗貨耳」。《唐六典》：「凡度以北方秬黍中者，一黍之廣爲分，十分爲寸，十寸爲尺……宋沈括《筆談》曰：「予受詔考鐘律及鑄渾儀，求秦漢以來度量……」。《元史》言：「至元二十年，頒行宋文思院小口斛……」[98]。

亭林於此文內引《漢書・貨殖傳》、《唐六典》、沈括《夢溪筆談》、《元史》，皆於引文前註明。諸如此類，於亭林著述中常可見之，其注出處亦有引文後附注者，如於「人聚」引文。

太史公言：「漢文帝時，人民樂業，因其欲，然能不擾亂，故百姓遂安。自六、七十翁亦未嘗至市井」《史記・律書》。「劉寵爲會稽太守，狗不夜吠，民不見吏。龐眉皓髮之老，未嘗

97 見《亭林文集卷四・答李子德書》。
98 見《原抄本日知錄卷十五・大斗大兩》。

識郡朝《後漢書・循吏傳》。史之所稱，其遺風猶可想見！[99]

文中引《史記・律書》、《後漢書・循吏傳》，皆於引文後附註出處。又如「季路問事鬼神」云：

天地有正氣，雜然賦流行，下則爲河嶽，上則爲日星（文信公〈正氣歌〉）。可以謂之知生矣。孔曰成仁，孟曰取義，而今而後，庶幾吾愧（〈衣帶贊〉）。可以謂之知死矣！[100]

所引〈正氣歌〉、〈衣帶贊〉皆於引文後附注出處。其於「馬政」引文亦復如此。

漢鼂錯言令民有車騎馬一匹者，復卒三人（師古曰，當爲卒者，免其三人，不爲卒者，復其錢。本傳）文帝從之。故文景之富，眾庶，街巷有馬，阡陌〉之間成群，乘牸牝者擯而不得會聚（《漢書・食貨志》。若乃塞之斥也，橋桃致馬千匹（〈貨殖傳〉），班壹避墜，於樓煩致馬牛羊數千群（敘傳），則民間之馬，其盛可知。武帝輪臺之悔，乃修馬復令（復卒三人之令，〈西域傳〉。唐玄宗開元九年，詔天下之有馬者，州縣皆先以郵遞，軍旅之役，定户復緣以升之。百姓畏苦，乃多不畜馬，故騎射之士減。曩時自今諸州民勿限有無蔭，能家畜十馬以下，免帖驛郵遞征行，定户無以馬爲貲（《唐書・兵志》）。古之人君，其欲民之有馬如此。……故魏世宗正始四年十一月丁未，禁河南畜牝馬（《魏書・本紀》），元世祖至元二十三年六月戊申，括

99 見《原抄本日知錄卷十六・人聚》。

100 見《原抄本日知錄卷九・季路問事鬼神》。

諸路馬，凡色目人有馬者，三取其二，漢民悉入官，敢匿與互市者罪之（《元史・本紀》）[101]。

其所引書皆一一附注出處，俾使人能一窺了然於其文之來由，亭林引書講求注明出處，與近代學術論文之要求相同，近人深明史法之著述亦不過如此。其撰《肇域志》，「本行不盡則注之旁，旁又不盡則別為一集曰備錄」[102]。撰《天下郡國利病書》，校注文字，或注於行間，或注於行外，或注於上下，其所注有塗改訛誤者，有添補遺漏者，有闡明文義者，有補充事實訂正疑異者，則亭林之注，不僅注引書之處而已也。[103]

亭林引書皆引原文，殊少更改，曾曰：「凡引前人之言，必用原文」[104]。故引前人之言，全引原文，不輕加更動，所引史事，亦僅略加剪裁，俾不失原著風格，今以亭林所引與原文相較，可知其引文之信實，如引《史記・周本紀》：「厲王出奔於彘，厲王太子靜匿召公之家，周公、召公、二相行政，號曰共和。共和十四年，厲王死於彘，二相乃共立太子靜為王」。[105]今以《史記》原文與之對照，輒大半相同，即偶而更改亦微。如《日知錄》「進士得人」條[106]，引黃梨洲《明夷待訪錄・取士篇》：「古之取士也寬，其用士也嚴；今之取士也嚴，其用士也寬。古者鄉舉里選，士之有賢能者不患於不知，降而唐宋，其科目不一，士不得與于此，尚可轉而從事於彼，是其取之之寬也」，僅刪去原文數語，及將原文「科目」一詞改為「科第」，「百千萬人」改為

101 見《原抄本日知錄卷十六・馬政》。

102 見《亭林文集卷六・肇域志序》。

103 見杜維運〈顧炎武與清代歷史考據學派之形成〉載《故宮文獻》三卷四期。

104 見《原抄本日知錄卷二十一・引古必用原文》。

105 見《原抄本日知錄卷二十五・共和》。

106 見《原抄本日知錄卷十九・進士得人》。

「千百萬人」，其他與原文一致，是知亭林引書之例，已具近代史法之精神矣[107]！

至若引書其他細則，亭林亦詳而言之。

凡述古人之言，必當引其立言之人；古人又述古人之言，則兩引之，不可襲以爲己說也。《詩》曰：自古在昔，先民有作。程正叔傳《易・未濟》三陽皆失位，而曰斯義也，聞之成都隱者。是則時人之言，而亦不敢沒其人，君子之謙也，然後可與進於學。[108]

注疏家凡引書，下一「曰」字，引書之中又引書，則下一「云」字，云、曰一義，變文以便讀也。此出於《論語》「牢曰」、「子云」是也。若史家記載之辭，可下兩「曰」字，《尚書・多方》「周公曰」、「王若曰」是也。[109]

亭林並舉《孟子》書多有兩曰字，如公都子曰、告子曰。公孫丑問曰，高子曰，公孫丑曰，伊尹曰。詩曰等例，以證其說。是知亭林於史書採證之表現，頗重引書能注出處，所引書亦以原文爲據，故於無根之語，任所刪改之文，皆爲斥之，其所言史料表現之法，實具考據學之特色矣！

㈣史料之編纂

從史料之審愼批評而得出結論，乃亭林治史方法之精神。亭林不輕易下結論，必博訪蒐證，嚴謹批評辨別，無所疑義，始下結論。其所爲

107 見杜維運〈顧炎武與清代歷史考據學派之形成〉載《故宮文獻》三卷四期。

108 見《原抄本日知錄卷二十一・述古》。

109 見《原抄本日知錄卷二十一・史書下兩曰字》。

書，雖廣蒐證據，詳審評斷，而猶不敢謂爲定本。如《天下郡國利病書》雖耗費經年，猶不敢刊印付梓，僅留草稿以待後人刊正，其序云：

> 於是歷覽二十一史以及天下郡縣志書，一代名公文集及章奏文冊之類，有得即錄，共成四十餘帙。一爲輿地之記，一爲利病之書。亂後多有散佚，亦或增補，而其書本不曾先訂義例，又多往代之言，地勢民風與今不盡合，年老散忘，不能一一刊正，姑以初稿存之篋中，以待後之君子斟酌去取云爾。[110]

他如《音學五書》之作，雖已五易稿而手書者三，甚而已登版，亦刊改者猶數四，而張力臣考正《音學五書》一、二百處，亦即接受。其所著《日知錄》，遇有不合，時復改定，積三十年乃成，不可謂不嚴謹矣！然猶漸次增改，其初刻自序云：

> 炎武所著《日知錄》，因友人多欲抄寫，患不能給，遂於上章閹茂之歲，刻此八卷。歷今六七年，老而益進，始悔向日學之不博，見之不卓，其中疏漏往往而有，而其書已行於世，不可掩。漸次增改，得二十餘卷，欲更刻之，而猶未敢自以爲定，故先以舊本質之同志。[111]

將已行世之作，屢屢增改，而尚未敢以自定，復質之友人，以相切磋，閻若璩駁正《日知錄》四十餘條，亭林欣然納之。故亭林弟子潘耒《日知錄序》云：「有一疑義，反覆參考，必歸於至當；有一獨見，援古證今，必暢其說而後止」而《四庫全書》提要亦讚此書云：「炎武學

---

[110] 見《亭林文集卷六・天下郡國利病書序》。

[111] 見《亭林文集卷二・初刻日知錄自序》。

有本原，博贍而能通貫，每一事必詳其始末，參以證佐，而後筆之於書，故引據浩繁，而牴牾者少。」是知亭林著作於史料之採證皆詳核再三，予以辨別，所得結論自可經當無疑！著述態度慎重如此，故其所作允為傳世之作也！

綜上可知，亭林於史料之審訂，無不冷靜沈潛，循序漸進，其於史料之歸納、批評、表現、編纂，皆能審慎而專精，觸類而旁通；於史料之考證，不以孤證，必蒐尋旁證以佐之；於史料之批評，則反覆尋究，推敲發覆，務祛其疑而求其眞；至史料之表現，所提引書須注出處，頗富近代史法之精神。而史料經歸納、批評所得結論，更為治史所必須。觀其所著，雖屢經考證至刊刻行之，猶不敢為定，足見其考史之嚴謹篤實！流風所傳，遂啓清代考證學之盛矣！

第三節　亭林之史論

一、批評史書

曾子固《南齊書・目錄序》云：「古之所謂良史者，其明必足以周萬事之理，其道必足以適天下之用，其智必足以通難知之意，其文必足以發難顯之情。」是知良史之殊難得也，吾國史籍，自太史公發凡起例，創為全史，卓識雄才，陵轢千古，班固採纂前記，綴輯舊聞，以漢為斷限，包舉一代，以就繩墨，其後歷代諸史，或出於官撰，或出於私修，然皆有所闕漏。大抵私人著史，恆苦於文獻不足，唯文章嚴謹，自成一家之言。官修之史，雖文獻有餘，而失之繁蕪。體例雖一，每易前後牴牾。故欲求一代治亂賢姦之跡，明白而不昧晦，實為難矣！昔劉子元博覽群史，喜談名理，讀史之餘，每有所見，筆之簡編，名為《史通》。其於古史，每摭掇利病，考其眞偽，書其曲直，其後史家論史，或因史體有所褒貶，或敘事不明有所補闕，或考證不精有所糾繆，或史文不暢有所指正，皆依循其例而有所論也！

亭林以其良史之才，浸淫史學數十年，涉覽之博，冠絕一時，而精於說文，深通古訓，穿穴經史傳記，墓銘碑碣。其論史也，識純而心細，事實而求是，不屑爲支蔓之語，故能折衷群疑，校僞補闕，披郤導窾，闡幽決滯。其於歷代史書皆有所評，所評之義亦各有當，於太史公《史記》，最爲稱譽，謂其不僅以文字博採見長，而於天下大勢，攻守險要，兵事得失，亦瞭如指掌，故讚之曰：

秦楚之際，兵所出入之途，曲折變化，唯太史公序之如指掌。以山川郡國不易明，故曰東、曰西、曰南、曰北，一言之下，而形勢瞭然，……蓋自古史書兵事地形之詳，未有過此者。太史公胸中固有一天下大勢，非後代書生之所能幾也。[112]

至其善序事理，辯而不華，質而不俚，亦爲班固所服。[113]而亭林猶稱其能於序事中寓論斷。

古人作史，有不待論斷而於序事之中即見其指者，唯太史公能之。〈平準書〉末載卜式語，〈王翦傳〉末載客語，〈荊軻傳〉末載魯句踐語，〈鼂錯傳〉末載鄧公與景帝語，武安侯〈田蚡傳〉末載武帝語，皆史家於序事中寓論斷法也，後人知此法者鮮矣，惟班孟堅間一有之。[114]

史遷所創十表，歷代史家皆爲推重，劉知幾曰：「觀太史公之創表也，於帝王則敘其子孫，於公侯則紀其年月，列行縈紆以相屬，編字戢孴而相排，雖燕越萬里，而於徑寸之內，犬牙可接。雖昭穆九代，而

112 見《日知錄卷二十七．史記通鑑兵事》。

113 見班固《漢書．司馬遷傳贊》。

114 見《日知錄卷二十七．史記於序事中寓論斷》。

於方尺之中，雁行有序，使讀者閱文便覩，舉目可詳，此其所以爲快也」。[115]鄭樵《通志總序》則謂：「史記一書，功在十表，猶衣裳之有冠冕，木水之有本原。」亭林於《史記》之表，極有好評。

> 表以紀治亂興亡之大略，書以紀制度沿革之大端，班固改書爲志，而年表視史記加詳焉！蓋表所由立，昉於周之譜牒，與紀傳相爲出入……傳之不可勝書，而姓名爵里、存歿盛衰之跡，要不容以濾泯，則於表乎載之，又其功罪事實傳中有未悉備者，亦於表乎載之，年經月緯，一覽瞭然，作史體裁莫大於是……不知作史無表，則立傳不得不多，傳愈多文愈繁，而事蹟或反遺漏而不舉。[116]

於此可知亭林於《史記》表志之創，頗爲推崇之至。

若列傳之體，子長以人物爲主，善於縱橫變化，不可方物，此亦史公之創見也。然劉氏譏其「又編次同類，不求年月，後生而擢居首帙，先輩而抑歸末章，遂使漢之賈誼，將楚屈原同列，魯之曹沫與燕荊軻並編」[117]。亭林則爲之辯曰：「古人作史，取其事之相屬，不論月日，故有追書，有竟書。」[118]。蓋史書列傳之體，本以人爲中心，取其事爲相屬，而不拘於日月之限，此正古人作史之遺意也！

夫《史記》一書，前無成軌，體皆自創，而統緒上下二千年，複雜錯綜，闕失在所難免，歷來史家已有所論。而班彪論其撰史之功，有褒有貶，謂其「論議淺而不篤，其論術學則崇黃老而薄五經，序貨殖，則

---

115 見劉知幾《史通・外篇雜說上第七》。

116 見《原抄本日知錄卷二十七・作史不立表志》。

117 見《劉知幾史通・內篇二體》。

118 見《原抄本日知錄卷二十一・史家日月不必順序》。

輕仁義而羞貧窮，道遊俠，則賤守節而貴俗功」。[119]班固承父序論，則謂「其是非頗謬於聖人，論大道則先黃老而後六經，序遊俠則退處士而進奸雄，述貨殖則崇勢利而羞貧賤，此其所蔽也」[120]。凡此議論，雖不足爲史記病，然史記一書散逸殘闕，竄易者頗多，後人已有論之。亭林於史記深研有得，凡闕失之處，亦有述焉，如：

子長作《史記》，在武帝太初中。〈高祖功臣年表〉，平陽侯下云：「元鼎三年，今侯宗元年。」今侯者，作《史記》時見爲侯也。下又云：「征和二年，侯宗坐太子死，國除，則後人所續也……〈賈誼傳〉，賈嘉至孝昭時列爲九卿。〈田叔傳〉，〈匈奴傳〉，〈衛將軍傳〉末有戾太子及巫蠱事。〈司馬相如傳〉讚揚雄，以爲靡麗之賦，勸百而諷十，皆後人所續也。[121]

史公之書，爲後人增補之處頗眾，故凡史體、史文有所疑異，如敘元狩及太初以後之漢事等，大抵爲後人之所附增益也。

史記世家之體，多本之於左傳，亭林於世家史實多與左傳相較，有所疑誤亦本左氏而正之。

趙世家，趙簡子除三年之喪，期而已。此因《左傳》降於喪食之文而誤爲之解，本無其事。……敬侯十一年，魏韓趙共滅晉分其地。成侯十六年，與韓魏分晉，封晉君以端氏此文重出。田敬仲完世家，敬仲之如齊，以陳氏爲田氏，此亦太史公之誤，春秋傳未有稱田者，至戰國時始爲田耳。[122]

---

119 見《後漢書・班彪列傳上》。

120 見《漢書・司馬遷傳》。班固有關司馬遷之評傳，大皆採用其父班彪之序論。

121 見《原抄本日知錄卷二十七・史記》。

122 見《原抄本日知錄卷二十七・史記》。

亭林輿地學造詣頗深，其於史記地名之誤，皆博考地志以正之。

〈河渠書〉，東海引鉅定，《漢書・溝洫志》因之，東海疑是北海之誤。按〈地理志〉，齊郡縣十二，其五曰鉅定，下云：「馬車瀆水首受鉅定，東北至琅槐入海」。又千乘郡博昌下云：「博水東北至鉅定入馬車瀆」。而〈孝武紀〉曰：「征和四年春正月，行幸東萊，臨大海，三月上耕於鉅定，還幸泰山修封」。計其道裡，亦當在齊，去東海遠矣！[123]

其餘如《史記》稱名不一，同名而誤，亭林亦糾而論之。

隨何說英布當書九江王，不當書淮南王，歸漢之後，始立爲淮南王也，蓋採之諸書其稱未一。《淮陰侯傳》先云：「范陽辯士蒯通，後云齊人蒯通，一傳互異。」韓王信說漢王語，乃淮陰侯韓信語也，以同姓名而誤。[124]

綜上而論，知亭林於太史公之書，潛研有得，凡闕失之處，皆能糾其謬誤，較其同異；而於史遷發凡起例，史文之明暢，敘事之論斷，兵事地形之詳，則稱譽至極也！

《漢書》之作，亭林亦有論評焉，夫《漢書》，乃班固續其父班彪之志而作。鑑於《史記》所書，年止漢武，太初以後史事闕而不錄，劉向諸人雖續作《史記》，然多鄙俗荒謬，不足以踵前史，彪乃採摭舊史，旁貫異聞，作後傳六十五篇。其子固以父所撰未盡一家，乃斟酌前史，潛精研思，繼其父業，作《漢書》紀、表、傳百篇，成一代之史。

---

123 見《原抄本日知錄卷二十七・史記》。

124 見《原抄本日知錄卷二十七・史記》。

上起高祖，下終王莽，凡舉二百三十年史事，開紀傳斷代之先例。綜其行事，旁貫五經，上下通洽，觀其敘傳贊注云：

凡《漢書》敘帝王，列官司，建侯王，準天地，統陰陽，闡元極，步三光，分州域，物土疆，窮人理，該萬方，緯六經，綴道綱，總百氏，贊篇章，函雅故，通古今，正文字，惟學林。……凡此總說帝紀、表、志、列傳，備有天地、鬼神、人事、政治道德、術藝文章，汎而言之，盡在漢書耳！[125]

是則《漢書》所包廣矣，取材宏矣。後世史家於《漢書》之評，則毀譽相參，范曄稱固博貫載籍，九流百家之言無不窮究，其論固之書則謂：「若固之敘事，不激詭，不抑抗，贍而不穢，詳而有體，使讀之者，亹亹而不厭，信哉其能成名也」。[126]其推崇可謂至矣！然鄭漁仲則極詆之，謂「《漢書》以斷代爲史，無復相因之義，雖有仲尼之聖，亦莫知其損益，會通之道自此失矣」！並譏其爲「浮華之士，全無學術，專事剽竊」。[127]亭林則以《漢書》與《史記》相較，謂《漢書》不及《史記》。

班孟堅爲書，束於成格而不得變化，且如《史記・淮陰侯傳》末載蒯通事，令人讀之感慨有餘味。〈淮南王傳〉中伍被與王答問語，情態橫出，文亦工妙。今悉刪之，而以蒯、伍合江充、息夫躬爲一傳，蒯最冤，伍次之，二淮傳寥落不堪讀矣！[128]

---

125 見《漢書卷一百下・敘傳卷七十下顏師古注》。

126 見《後漢書・班固傳論》。

127 見鄭樵《通志總序》。

128 見《原抄本日知錄卷二十七・漢書不如史記》。

其於《漢書》疑誤之處，如「一事兩見」之例，抑或一傳之中，兩收而不覺其異，以致史實互爲乖異。亭林皆糾而言之。

《漢書王子侯表》，「長沙頃王子高」，成節侯梁，一卷中再見，一始元元年六月乙未封，一元康元年正月癸卯封，此並存未定，當刪其一，而誤留之者也。……〈楚元王傳〉，劉德，昭帝時爲宗正丞，雜治劉澤詔獄，而〈子向傳〉則云，更生父德，武帝時治淮南獄。一傳之中自爲乖異，又其更名向在成帝即位之後，而元帝初年即曰徵堪，向欲以爲諫大夫，此兩收而未對勘者也。[129]

班固於史實兩收之體中，有未能詳核貫通者，雖如劉知幾評史之權輿，猶多不及舉證，而亭林評觀班史，能察前人未見之誤。如〈禮樂志〉上云：

孝惠二年，使樂府夏侯寬備其簫管。下云武帝定郊祀之禮，乃立樂府。武五子傳上云，長安白序東爲戾后園，下云後八歲封戾夫人曰戾后，置園奉邑。樂府之名蚤立于孝惠之世，戾園之目預見於八年之前，此兩收而未貫通者也。[130]

此皆見亭林讀史之細心，而勇於懷疑，勤於綜核矣！至若班書地理之誤，史事年代之誤，亭林亦參校地記、史志而糾其誤。

〈地理志〉：丹陽下云，楚之先熊繹所封，十八世文王徙

129見《原抄本日知錄卷二十七・漢書》。

130見《原抄本日知錄卷二十七・漢書》。

郢，此誤。按《史記・楚世家》，成王封熊繹于楚，居丹陽。徐廣曰，在南郡枝江縣，《水經注》曰，丹陽城據山跨阜，周八里二百八十步，東北兩面悉臨絕澗，西帶亭下溪，南枕大江，嶮峭壁立，信天固也。楚熊繹始封，丹陽之所都也。〈地理志〉以爲吳子之丹陽，尋吳楚悠隔，繿縷山川，無容遠在吳境，非也。……

〈杜周傳〉，周爲執金吾，逐捕桑弘羊衛皇后昆弟子刻深，按〈百官表〉，天漢三年二月，執金吳杜周爲御史大夫，四年卒。而衛太子巫蠱事乃在征和二年，周之卒已四年。又十一年昭帝元鳳元年，御史大夫桑弘羊坐燕王旦事誅，史家之謬如此。

〈王尊傳〉，上行幸雍，過虢。按今之鳳翔縣乃古雍城，而虢在陝，幸雍何得過虢？當是過美陽之誤。[131]

故知亭林於班孟堅之史書，研精覃思，窮之有得，皆引前史或地志，舉謬糾誤能發前人所未發，所評班書束于成格，不得變化，確爲精當之論也。

就荀悅《漢紀》而論，亭林以爲《漢紀》改紀、表、志、傳爲編年，其敘事處索然無味；然其亦有較《漢書》爲長者，亭林舉二例以言之，其一爲避諱之用辭。

杜陵陳遂，字長子。上微時，與遊戲博奕，數負遂。上即位，稍見進用，至太原太守，乃賜遂璽書曰：「制詔太原太守，

131 見《原抄本日知錄卷二十七・漢書》。

官尊祿重，可以償遂博負矣」。[132]

亭林以爲進乃悼皇考之名，宣帝時應避其諱，不應用之，此史文避諱之講求，以《荀紀》爲長。另一爲《荀紀》敘事較《漢書》文義明暢。

元康三年三月詔曰：「蓋聞象有罪而舜封之有庳，骨肉之親，放而不誅。其封故昌邑王賀爲海昏侯」，《漢書》作「骨肉之恩，粲而不殊」。文義難曉，荀《紀》爲長。[133]

亭林以爲《漢書》作「粲而不殊」較荀紀「放而不誅」文義難曉，仍以荀紀所敘爲長。

范曄之《後漢書》，書凡百篇，體例多仿史、漢，惟闕表、志，范曄於其書，自視甚高。自序云：

既造《後漢》，轉得統緒，詳觀古今著述及評論，殆少可意者。……吾雜傳論，皆有精意深旨，既有裁味，故約其詞句，至於〈循吏〉以下，及〈六夷〉諸序論，筆勢縱放，實天下之奇作。其中合者，往往不減〈過秦論〉。嘗共比方班氏所作，非但不愧之而已……此書行，故應有賞音者，紀、傳例爲舉其大略耳，諸細意甚多。自古體大思精，未有此也。[134]

范曄並謂此書甚可淩班之《漢書》，後世劉知幾頗推稱此書，謂「范書簡而且周，疏而不陋」。王鳴盛稱其書曰：「范書貴義德，抑勢

132 見《原抄本日知錄卷二十七・荀悅漢紀》。
133 見《原抄本日知錄卷二十七・荀悅漢紀》。
134 見范曄《獄中與諸甥姪書》。

利，進處士，黜姦雄。論儒學則深美康成，褒黨錮則推崇李、杜。宰相無多述，而特表逸民，公卿不見采，而特尊獨行」。[135]然論者亦有非之，謂《後漢書補注》論其襲舊史，未加深考。亭林於此書則頗爲不滿，謂其采輯諸書，率爾成文。

《後漢書・馬援傳》，上云：「帝嘗言：伏波論兵，與我意合」，下乃云：「交阯女子徵側及女弟徵貳反，於是璽書拜援伏波將軍」，此是采輯諸書，率爾成文，而忘其伏波二字之無所本也。自范氏以下，史書若此者甚多。[136]

范書闕表志，亭林頗爲非之，謂其使後之學者無以考鏡二百年用人行政之節目，並使後之作史者援之爲例，年表皆爲所略，以致立傳不得不多，而傳愈多，則文愈繁，事反遺漏而不舉。[137]其於范書傳文矛盾之處，亭林亦舉而言之。

〈楊震傳〉：「河間男子趙騰詣闕上書，指陳得失，帝怒，收考詔獄，震上書救，不省，騰竟伏屍都市。」乃安帝時事。而〈張皓傳〉以爲「清河趙騰上言災變，譏刺朝政，收騰。考皓上疏諫，帝悟，減騰死罪一等。」又以爲順帝事，豈有兩趙騰邪？

橋玄以大尉罷官，就醫里舍，少子十歲，獨遊門次，卒有三人持杖刼，執之入舍登樓，就玄索貨。其家之不貧可知。乃云：「及卒，家無居業，喪無所殯」。史傳之文，前後矛盾。[138]

135 見王鳴盛《十七史商榷》。
136 見《原抄本日知錄卷二十七・後漢書》。
137 見《原抄本日知錄卷二十七・作史不立表志》。
138 見《原抄本日知錄卷二十七・後漢書》。

其詬病如此，然平心而論，縱小疵不免，然其書贍而不穢，詳而有體，仍不失爲良史也。

陳壽之《三國志》，以魏爲紀，蜀漢及吳僅立傳，其正統屬魏。歷來史家對之聚訟紛紜，晉人習鑿齒作《漢晉春秋》，起光武終於晉湣帝，於三國時，則尊蜀爲正統，其著論云：「若以魏有代王之德則不足，有靜亂之功則孫、劉鼎立共王，秦政猶不見敘於帝王，況暫制數州之眾哉！」[139]此又朱子所本也。其後朱子作綱目帝蜀僞魏，司馬溫公作通鑑，又以魏爲正統，自此以後多是鑿齒而非壽。然以勢而論，則鑿齒帝蜀漢順而易，壽欲帝蜀漢逆而難。蓋鑿齒時，晉已南渡，其事有類乎蜀爲偏安者，爭正統此拂於當代之論者也，且壽承祚身仕晉朝，勢不能不尊晉，既尊晉自不得不尊魏，夫豈得已，然彼於吳王書名書卒，於蜀則稱王稱殂，其心之尊蜀，即此可知。《四庫提要》論此事云：「壽則身爲西晉武之臣，而晉武承魏之統，僞魏是僞晉矣！其能行於當代哉」？[140]亭林於《三國志》所非者，爲此書不立表志，至其疑誤之處，亦舉而言之。

《蜀志・譙周傳》，建興中丞相亮領益州牧，命周爲勸學從事，而先主未稱尊號，即有勸學從事張爽、尹默、譙周等上言，前後不同。按周卒於泰始六年，年七十二，而昭烈即位之年僅二十有三，未必與勸進之列，從本傳爲是。

孫亮太平元年，孫琳殺滕胤、呂據時爲魏高貴鄉公之甘露元年。《魏志》：甘露二年，以孫壹爲侍中車騎將軍，假節交州牧。〈吳侯本傳〉云：壹入魏，黃初三年死，誤也。[141]

139 見趙翼《陔餘叢考・卷十五》。

140 見《四庫提要・正史三國志》。

141 見《原抄本日知錄卷二十七・三國志》。

亭林評《三國志》所引諸史皆爲私人所撰述，僞誤頗多，尤以時代年月錯亂，已失史實之眞。《晉書》則爲官修史之首也，全書凡一百三十卷，唐・房玄齡等奉敕撰，其時參與修史者如許敬宗、褚遂良、令狐德棻、李延壽等皆一時名流，所撰應爲良史。後代評史者，論《晉書》則頗有貶詞，謂其雜採小說，多清談文章，文用駢體，好爲麗辭奇句，且因成於眾人之手，體例蕪雜。亭林於《晉書》亦爲不滿，謂其稱名不一，史實譌誤。

《晉書・宣帝紀》，當司馬懿爲魏臣之時，無不稱之爲帝。至蜀將姜維聞辛毗來，謂亮曰：「辛毗仗節而來，賊不復出矣！」所謂賊者即懿也，當時在蜀人自當名之爲賊。史家褋採諸書，不暇詳考，一篇之中，帝、賊互見……〈藝術傳〉，戴洋言：「昔吳伐關羽，天雷在前，周瑜拜賀」。按瑜卒於建安十四年，而呂蒙之襲關羽乃在二十四年，瑜亡已十年矣！[142]

一書之中，稱名不一，竟至帝、賊互見，可見書成眾人之手，不暇詳考，每易前後牴牾，年代錯亂遂至筆削難周。

至南、北二朝，代皆有史，雖爲私家撰述，然亦多瑕疵。亭林於二史八書相互比較，發現史實之載，或「一事兩見」，或「一事互異」，頗有微辭。今試舉其「一事兩見」之謬，如舉《北史》之謬。

〈徐之才傳〉，嘗與朝士出遊，遙望群犬競走，諸人試令目之。之才即應聲曰：「爲是宋鵲，爲是韓盧，爲逐李斯東走，爲負帝女南徂」。其序傳又云：「于路見狗」，溫子昇戲曰：「爲是宋鵲，爲是韓盧」。神儁曰：「爲逐丞相東走，爲共帝女南

142 見《原抄本日知錄卷二十七・晉書》。

徂。一事兩見，且序傳是延壽自述其先人，不當援他人之事以附益也」。[143]

或言「一事互異」，則舉宋、齊、梁三書以證其作史者不同，立論亦不同也。

《南齊書》，李安民爲吳興太守，吳興有項羽神護郡聽事，太守不得上，太守到郡必須祀以軛下牛。安民奉佛法，不與神。牛著屐上聽事，又於聽上八關齋，俄而牛死，葬廟側。今呼爲「李公牛塚」。安民卒官，世以神爲祟。

按《宋書・孔季恭傳》，爲吳興太守，先是吳興頻喪太守，云項羽神爲卞山王，居郡聽事，二千石至，常避之。季恭居聽事，竟無害也。《梁書・蕭琛傳》，遷吳興太守，郡有項羽廟，土民名爲憤王，甚有靈驗，遂於郡聽事安施床幕爲神座。公私請禱，前後二千石皆於廳拜祠而避居他室，琛至徙神還廟，處之不疑。又禁殺牛解祀，以脯代肉。此似一事，而作史者一以爲遭祟，一以爲厭邪，立論不同如此。[144]

亭林舉出同一史事，三史記載不同，或寫史者立場不同，或採證不一，何爲信史，難以評斷。只好諸史併陳，以待後之史家，發現新證，始能評斷。

至若新舊《唐書》，皆出名家之手，得失互見，後代史家評之頗眾，褒貶不一。《舊唐書》爲後晉劉昫等奉敕撰，書凡二百卷（含本紀二十卷、志三十卷、列傳一百五十卷），無表。其書於唐中葉以前全用

---

143 見《原抄本日知錄卷二十七・北史一事兩見》。

144 見《原抄本日知錄卷二十七・宋齊梁三書南史一事互異》。

實錄、國史爲底本，爲前史卷帙中之最大。穆宗長慶以來，因喪亂頻頻，史料散亡，眴等採掇成篇，故動乖體例，語多蕪雜，然明．史家聞人佺於重刻《舊唐書》序言中則甚譽之，謂其：「識博學宏，才優義正，眞有唐一代之良史，秦、隋以下，罕有其儷，固後世之刑鑒具在也。」[145]亭林於《舊唐書》亦有好評，謂：「《舊唐書》雖頗涉繁蕪，然事蹟明白，首尾該贍，亦自可觀」[146]。按此書纂於劉眴，後唐末帝清泰中爲丞相，監修國史。至晉少帝開運二年其書始成，朝代遷流，簡牘浩富，不暇徧詳，而並存之，後之讀者可以觀世變矣！

《舊唐書》既成，然宋仁宗猶以劉眴《唐書》氣力卑弱，言簡意陋。乃命翰林學士歐陽修，端明殿學士宋祁重加刊修，曾公亮提舉其事，歷十七年而成[147]，其書本以補正《舊唐書》之舛漏而作，故曾公亮《新唐書．進表》云：「其事則增於前，其文則省於舊」[148]，然宋、馬永卿《元城語錄》則云：「事增文省，正新書之失」，亦是確評。歐陽永叔之專務褒貶，宋子京之刻意學古，必難據事直書以著其實。以文害史，非信史之道，故書甫頒行，吳縝糾繆，即踵之而起，其自序云：

此書專以駁正新唐書之訛誤凡二十門，四百餘事。初名糾謬後改爲辯證唐書之訛誤……歐宋之作新書，歐主褒貶，宋主文章。而於故事考證，頗疏抵牾踳駁。……此其始也，不考其虛實有無，不校其彼此同異。修紀志者則專以褒貶筆削自任，修傳者則獨以文辭華采爲先，不相通知，各從所好。其終也，遂合爲一書而上之。[149]

145 見《舊唐書．附錄》，亦見《二十五史述要》所引，世界書局出版。
146 見《原抄本日知錄卷二十七．舊唐書》。
147 見《宋史．歐陽修傳》。
148 見《舊唐書．附錄》。
149 見吳縝《新唐書糾繆．自序》。

吳縝《新唐書糾繆》雖不免苛求，然歐、宋之新書，意主文章而疏於考證，牴牾踳駁，亦爲其在所難免，亭林於《新唐書》則有褒有貶。

《新唐書・志》，歐陽永叔所作，頗有裁斷，文亦明達。而列傳出宋子京之手，則簡而不明。二手高下迥爲不侔矣。如太宗長孫后傳，安業之罪萬死無赦，然不慈於妾，天下知之，改曰，安業死罪無赦，然向遇妾不以慈户知之，意雖不異而「户知之」三字殊不成文。[150]

又引劉器之曰：「《新唐書》敘事好簡略其辭，故其事多鬱而不明，此作史之病也」[151]。亭林並舉《新舊唐書》以較之。

《舊唐書・皇甫鎛傳》，附柳泌事，云泌繫京兆府，獄吏叱之曰，何苦作此虛矯？泌曰，吾本無心，是李道古教我。且云壽四百歲，府吏防虞周密，恐其隱化。及解衣就誅，一無變異。語雖繁而敘事則明。新書但云：皆道古教我，解衣即刑，卒無它異。去其中間語，則它異二字何所本邪？[152]

是知，《新舊唐書》各有所得，亦皆有失。《舊唐書》多抄實錄國史原文，惟因修於本朝，多所迴護，而不暇訂正。然事該詳密，贍而不穢，能存班、范之舊法。《新唐書》則本紀多所刪棄，列傳文義過簡，殊失其眞，惟於舊書所不能詳者，悉加輯綴，大體略備，其志表足以補《舊唐書》之闕，此爲亭林所極端稱譽也。[153]

---

150 見《原抄本日知錄卷二十七・新唐書》。

151 見《原抄本日知錄卷二十一・文章繁簡》。

152 見《原抄本日知錄卷二十七・新唐書》。

153 亭林於馬、班之書表志，向為稱譽，謂其史事年經月緯，可一覽瞭然，惜陳壽《三國志》不立宋、遼、金三史乃元托克托（脫脫）等奉敕撰，其優劣精要各有不同。《金史》最優，《遼史》次之，《宋史》最劣，故後世匡糾者甚多。《宋史》之修，多據國史實錄及文集之神道碑、墓誌銘、行狀等，而脫落疏漏，隱諱失實，故論宋史者，每譏其草率從事，依舊史著錄，而無剪裁損益之功，病其繁蕪，編次失當，致有一人兩傳者，無傳而謂有傳者，而事蹟遺誤，事實謬矛者，比比皆是，亭林亦糾其誤。

《宋史》言朝廷與金約滅遼，止求石晉賂契丹故地，而不思營平灤三州，非晉賂，乃劉仁恭獻契丹以求援者。既而王黼悔欲併得之，遣趙良嗣往請之再三，金人不與，此史家之誤。……又按《遼史》，太祖天贊二年正月丙申，大元帥堯骨克平州，獲刺史趙思溫裨將張崇。二月如平州，甲子，以平州盧龍軍置節度使。遼之天贊二年，乃後唐莊宗同光元年。是營、平二州契丹自以兵力取之于唐，而不於劉仁恭，又非賂以求援也。若灤本平州之地，遼太祖以俘户置灤州。當劉仁恭時尚未有此州，尤爲無據。《遼史》，於灤州下云：石晉割地在平州之境亦誤也。[154]

元順帝至正三年，詔修遼、金、宋三史，至翌年三月《遼史》書成，由托克托等表進之。遼制書禁甚嚴，凡國人著述，惟聽刊行於境內，有傳於鄰境者，罪至死。蓋國之虛實，不以示敵，用意至深，故書籍流傳於後世者甚少，其修《遼史》者，史料之缺乏可見，而僞誤脫漏固所難免，然體例亦有可稱，即立表頗多，可補列傳之不足。然《遼史》之疏陋舛誤，亭林曾舉其與《宋史》不合之處以明之。

表，范書踵之，其後作史者因以為例，自歐陽修《新唐書》，又上踵班氏之陳規，創製四表，為後之作史者所循，故亭林甚譽之。

154見《原抄本日知錄卷二十七・宋史》。

> 《宋史・富弼傳》言，使契丹爭獻納二字，聲色俱厲，契丹主知不可奪，乃曰：吾當自遣人議之，復使劉六符來，弼歸奏曰：臣以死拒之，彼氣折矣，可勿許也。朝廷竟以「納」字與之。《遼史・興宗紀》亦云：感富弼之言，和議始定。而〈劉六符傳〉則云，宋遣使歲增幣以易十縣，六符與耶律仁先使宋，定歲貢名，宋難之。……。〈耶律仁先傳〉亦同。二史並脫脫監修，而不同如此。[155]

宋、遼二史，皆脫脫監修，而同一史事記載則異，或撰史時，各依該國立場之異而書，以致史事記載亦有不同。

《金史》於三史中最善，蓋金人肇基東海，奄有中原，制度典章，彬彬爲盛，所存國書誓誥，冊表文狀等史料亦頗俱全。其撰史者皆出於劉祁，元好問等大家，故史文明暢，首尾完密，條例整齊，約而不疏，贍而不蕪。後之史家於《金史》頗有好評，亭林亦然，謂其史裁大體，文筆甚簡，頗爲可觀。嘗稱其善者曰：「金與元連兵二十餘年，書中雖稱大元，而內外之旨截然不移。是金人之作，非元人之作，此其所以爲善」。[156]然《金史》亦有可議之處，多重見而涉於繁者，亭林引孔毅父〈襍說〉謂：

> 謂自昔史書兩人一事，必曰語在某人傳。《晉書》載王隱諫祖約奕棋一段，兩傳俱出，此爲文繁矣，正同此病。〈海陵諸子傳贊〉，當引楚靈王曰：「余殺人子多矣，能無及此乎？」而及引荀首言：「不以人子吾子，其可得乎？」似爲失當。[157]

---

[155] 見《原抄本日知錄卷二十七・遼史》。

[156] 見《原抄本日知錄卷二十七・金史》。

[157] 見《原抄本日知錄卷二十七・金史》。

明初宋濂、王褘等奉敕命所修《元史》，頗爲亭林所詬病，以其修時甚短[158]，故舛謬特多，亭林所評諸史，謂《元史》最劣，其〈與公肅甥書〉有云：

諸公多引洪武初修《元史》故事，不知諸史之中，《元史》最劣，以其旬月而就，故舛謬特多。如〈列傳〉八卷速不台，九卷雪不台，一人作兩傳；十八卷完者都，二十卷完者拔都，一人作兩傳，幾不知數馬足，何暇問其驪黃牝牡耶？[159]

以漢人爲蒙人立傳，其稱名舛誤自所難免，但其疏漏紕繆之處甚多。亭林亦摘而論之。

〈本紀〉有脱漏月者，列傳有重書年者，〈天文志〉既載月五星淩犯，而〈本紀〉復詳書之，不免重出。志末云：餘見本紀，亦非體。諸志皆案牘之文並無鎔范。如〈河渠志〉言：耿參政阿里尚書，〈祭祀志〉言：田司徒、郝參政，皆案牘中之稱謂也。[160]

亭林於史書體例甚詳，對《元史》之草率僞誤，甚不以爲然，尤以編撰時日不長，史文、史事無法精審，更爲忌之。

正史之外，亭林最推崇《通鑑》，嘗曰：「司馬溫公《通鑑》，承

158《元史》二百十卷，宋濂、王褘等奉敕撰，明太祖洪武二年詔修《元史》，集三十史官從其事，於是年二月開局於天寧寺，八月成書。而順帝一朝史未備，乃命儒士歐陽佑等往北採遺事，明年二月詔重開史局，至七月書成，計兩次開局修史時間共一年有餘，古今修史之速，除《宋書》外，未有如《元史》者。見《二十五史述要》。

159見《亭林文集卷三・與公肅甥書》。

160見《原抄本日知錄卷二十七・元史》。

左氏而作，其中所載兵法甚詳，凡亡國之臣，盜賊之佐，苟有一策，亦具錄之，朱子《綱目》大半削去，似未達溫公之意」[161]。並謂：「人苟徧讀五經，略通史鑑，天下事自可洞然，患在爲聲利所迷而不悟耳。」[162]《通鑑》一書，歷代史家皆有好評，其書不僅卷帙浩繁，文字簡潔，其內容且頗充實。然亦偶有不妥之處，亭林曾舉例言之。

《通鑑》：「漢武帝元光六年，以衛尉韓安國爲材官將軍，屯漁陽。元朔元年，匈奴二萬騎入漢，殺遼西太守，略二千餘人，圍韓安國壁。又入漁陽、雁門，各殺略千餘人」。夫曰「圍韓安國壁」，其爲漁陽可知，而云「又入漁陽」，則疏矣！考《史記・匈奴傳》本文，則云：「敗漁陽太守軍千餘人，圍漢將軍安國，安國時千餘騎，亦且盡。會燕救至，匈奴引去」，其文精密如此，《通鑑》改之不當。……光武自隴蜀平後，非警急，未嘗復言軍旅，皇太子嘗問軍旅之事，帝曰：「昔衛靈公問陳，孔子不對，此非爾所及」。據《後漢書》本文，皇太子即明帝也。《通鑑》乃書於建武十三年，則東海王彊尚爲太子，亦爲未允。[163]

至《通鑑》不載文人，雖爲時人所病，如屈原之爲人，太史公贊之，謂與日月爭光，而不得書於《通鑑》，而亭林則爲之辯曰：

此書本以資治，何暇錄及文人？昔唐丁居晦爲翰林學士，文宗於麟德殿召對，因面授御史中丞。翌日制下，帝謂宰臣曰：

---

161 見《原抄本日知錄卷二十七・史記通鑑兵事》。

162 見《亭林文集卷六・與楊雪臣書》。

163 見《原抄本日知錄卷二十七・通鑑》。

「居晦作得此官，朕曾以時諺謂杜甫、李白輩為四絕問居晦，居晦曰：『此非君上要知之事』，嘗以此記得居晦，今所以擢為中丞」。[164]

《通鑑》一書不錄文人，以史學眼光，似屬可議。然以政治之資鏡，此正其特色也。亭林以其卓識能窺溫公著書之大旨，其見亦遠矣！

綜上可知亭林論史，每博極群書，振翰成章，言典事賅，詞順理正，其考辨也深，徵引也實，足為讀史之津。其於史書疑誤奪失之處，或取證本書，或旁稽他籍，咸能推斷以識其乖違，而糾其謬失矣！

二、批評史事

夫史以記實求眞為尚，然觀歷代史書，其所載史事，雖擬存其眞跡，然欲求實，則為極難。其事或傳聞異詞而誤，或記載闕略而誤，以致眞偽並陳，識若不及，遂至舍眞而取偽。乃至事實俱在，識力亦非不及，徒以徇私畏禍之故，甘為惡直醜正之徒，則史事偽誤彌多，而後人欲覩信史，亦愈難矣！故歷代史家論史，或就史事眞偽考證，或就人物是非評騭，或就史義補闕糾繆，莫不探賾幽隱，致遠鉤深，以求其眞！

亭林以一介儒生，學通天人，博極古今，其評史也，每以文字、金石、輿地之學旁徵博采，反覆考訂，於史事眞偽演遞之跡，皆潛心探究，而斷之以理，析之以情，務使歷史眞相大白而後已。其學識之豐富，識見之精湛，每能發千載之覆，成不刊之論，易代之下，歎為精絕，如考「介子推割股燔說之不足信」。

介子推事見於《左傳》，則曰：「晉侯求之不獲，以綿上為之田。曰以志吾過，且旌善人。《呂氏春秋》則曰：「負釜蓋

164 見《原抄本日知錄卷二十七・通鑑不載文人》。

簦，終身不見」。二書去當時未遠，爲得其實，然之推亦未久而死，故以田祿其子爾。《史記》之言稍異，亦不過曰：「使人召之則亡，聞其入綿上山中，於是環綿上山中而封之，以爲介推田，號曰介山而已」。立枯之說始自屈原，燔死之說始自《莊子》。《楚辭・九章・惜往》曰「介子忠而立枯兮，文公寤而追求。封介山而爲之禁兮，報大德之優遊。思久故之親身兮，因縞素而哭之。莊子則曰：「介子推至忠也，自割其股以食文公，文公後背之，子推怒而去抱木而燔死。……於是瑰奇之行彰，而廉靖之心沒矣！今當以《左氏》爲據，割股燔山，理之所無，皆不可信」。[165]

其尋繹史事之眞僞，每推溯其源，明其眞相，而辨後人傳說之誤；又如「河伯娶婦故實」，家喻戶曉，亭林亦博考古書而知其傳說之由。

《竹書》帝芬十六年，雒伯用與河伯馮夷鬬。……是河伯者國居河上，而命之爲伯。如文王之爲西伯，而馮夷者其名爾。《楚辭・九歌》以河伯次東君之後，則以河伯爲神。〈天問〉胡羿射夫河伯而妻被雒嬪。王逸《章句》以射爲實，以妻爲夢，其解〈遠遊〉「令海若舞馮夷」，則曰馮夷水仙人也。是河伯、馮夷皆水神矣！……《龍魚河圖》曰：「河伯姓呂，名公子。夫人姓馮，名夷。以馮夷爲河伯之妻，更怪。《楚辭・九歌》有河伯而馮夷屬海若之下，亦若以爲兩人，大抵所傳各異。[166]

河伯傳說各書所載互異，亭林泛引古書，尋其跡由，明其眞相，可

165見《原抄本日知錄卷二十六・介子推》。
166見《原抄本日知錄卷二十六・河伯》。

知其學博矣！而「杞梁妻哭崩長城」之事，歷代曾編以傳奇、小說、戲劇，以娛人耳目，足見其傳聞之廣，影響之深，亭林則考其源，辨其異，知其說之不可信。

《春秋傳》：齊侯襲莒，杞梁死焉。齊侯歸遇杞梁之妻於郊，使弔之，辭曰：「殖之有罪，何辱命焉？若免於罪，猶有先人之敝廬在，下妾不得與郊弔」。齊侯弔諸其室。左氏之文，不過如此而已。〈檀公〉則曰：「其妻迎其柩於路，而哭之哀」。《孟子》則曰：「華周杞梁之妻，善哭其夫而變國俗」。言哭者始自二書。《説苑》則曰：「杞梁華舟進鬬，殺二十七人而死。其妻聞之而哭，城爲之阤，而隅爲之崩」。《列女傳》則曰：「杞梁之妻無子，内外皆無五屬之親。既無所歸，乃枕其夫之屍於城下而哭，道路過者，莫不爲之揮涕，十日而城爲之崩」。言崩城者，始自二書。而《列女傳》上文，亦載左氏之言。夫既有先人敝廬，何至枕屍城下？且莊公既能遣弔，豈至暴骨溝中？崩城之云，未足爲信。且其崩者城耳，未云長城。長城築於威王之時，去莊公百有餘年。而齊之長城，又非秦始皇所築之長城也。後人相傳，乃謂秦築長城，有范郎之妻孟姜，送寒衣至城下，聞夫死，一哭而長城爲之崩，則又非杞梁妻事矣！夫范郎者何人哉？使秦時別有此事，何其相類若此？唐僧貫休，乃據以作詩云：「築人築土一萬里，杞梁貞婦啼嗚嗚」。則竟以杞梁爲秦時築城之人。似并《左傳》《孟子》而未讀者矣！[167]

亭林將「杞梁之妻」典故，引經據典，說明其傳說之緣由，及故事增補之跡，並駁其荒誕之處，據史實述其眞僞，足見亭林學博識遠，廣

[167] 見《原抄本日知錄卷二十六・杞梁妻》。

識雅裁，於史書、史事記載之闕失，皆能博引他書補闕糾異，評其是非，以明史實之眞妄。如辨《史記》所載周公、召公二相共和史實之非，而曰：

> 《汲塚紀年》，厲王十二年出奔彘，十三年共伯和攝行天子事，號曰共和。二十六年，王陟于彘，周定公召穆公立太子靖爲王，共伯和歸其國。此即《左氏》王子朝所謂「諸侯釋位，以間王位」者也。但其言共伯歸國者未合，古者無天子之世，朝覲訟獄必有所歸。《呂氏春秋》言，共伯和修其行好賢仁，周厲之難天子曠絕，而天下皆未請矣！按此則天下朝乎共伯，非共伯至周而攝行天子事也。共伯不以有天下爲心，而周公、召公亦未嘗奉周之社稷而屬之他人。故周人無易姓之嫌，共伯無僭王之譏。[168]

亭林引經據典以證周公輔政，乃天下朝乎共伯，非共伯至周而攝行天子事也。言「周人無易姓之嫌，共伯無僭王之譏」，述周公、召公共和之事，述之甚明。

至若平日流行之諺語，如「城門失火，殃及池魚」，後人屢用之，而不知其所出，皆以爲此語之意乃因城門失火，以池水救之，池竭而魚死耳。亭林則探其源，辨其誤，謂池魚事本出於《呂氏春秋・必己》：「宋桓司馬有寶珠，抵罪出亡，王使人問珠之所在，曰投之池中，於是竭池而求之，無得，魚死焉，此言禍福之相及也」。[169]並依《淮南子・說山訓》謂：「楚王亡其猿，而林木爲之殘，宋君亡其珠，池中魚爲之殫，故澤失火而林憂，則失火與池魚自是兩事，後人誤合爲一耳」。[170]

又如「李廣射石」之事，後人譽爲美談。今永平府盧龍縣南有李廣

168見《原抄本日知錄卷二十六・共和》。

169見《呂氏春秋孝行覽・必己》。

170見《原抄本日知錄卷二十六・池魚》。

射虎石，亭林考知廣曾爲右北平太守，而此地爲遼西郡之肥如，其謬不辨自明。並引《新序》謂：「楚熊渠子夜行見寢石，以爲伏虎，關弓射之，滅矢飲羽，下視乃石也。卻復射之，矢摧無跡。《韓詩外傳》，張華《博物志》亦同，是射石者又熊渠，而非李廣也」。[171]是知「李廣射石」或爲「熊渠射石」之誤，亭林能依地志、雜史旁證其事，亦可見其學淵浩博，評斷縝密。

至若評騭人物是非，亭林多有卓見，與舊說略異，如《宋史》記載陳遘史事，以其嬰城死節，一家十七口爲叛將所害，而名列〈忠義傳〉。亭林則秉春秋大義，謂其建議收經制錢，總制錢，而爲州縣大患，其害民之罪莫大焉，雖爲國殉節，然不得謂之忠義也，其言曰：

> 吾讀《宋史・忠義傳》至於陳遘，史臣以其嬰城死節，而經制錢一事，爲之滅損其辭，但云：「天下至今有經總制錢名，而不言其害民之罪。又分其咎於翁彥國，愚以爲不然」。《鶴林玉露》曰：「宣和中，大盜方臘擾浙東，王師討之，命陳亨伯以發運使經制東南七路財賦，因建議如賣酒、鬻糟、商稅、牙稅，與頭子錢，樓店錢皆少增其數，別歷收繫，謂之經制錢。其後盧宗原頗附益之，至翁彥國爲總制使，倣其法，又收贏焉，謂之總制錢。……以迄於今，爲州縣大患，初，亨伯之作俑也，其兄聞之，哭於家廟，謂剝民斂怨，禍必及子孫，其後葉正則作《外稿》，謂必盡去經總錢，而天下乃可爲，治平乃可望也。」然則宋之所以亡，自經總制錢，而此錢之興，始於亨伯。雖其固守中山，一家十七人爲叛將所害，而不足以償其剝民之罪也。孔子述古書之文，凡紂之臣附上而讎斂者，雖飛廉之死，不得與於三仁之列，若亨伯之爲此也，其初特一時權宜之計，而遺禍及於無

---

[171] 見《原抄本日知錄卷二十六・李廣射石》。

窮，是上得罪於藝祖、太宗，下得罪於生民，而斷脰決腹，一瞑於中山，不過匹夫匹婦之爲諒而已，焉得齒於忠義哉！[172]

亭林評論人物，不以史所載一事爲定論，皆綜觀其一生之行事，不以功掩其過，亦不以瑕掩瑜。若陳遘雖以忠殉節，然其所倡經制錢，足以害民之政，故不得列於忠義之林。若史未載，而忠義之跡存，亭林亦不掩其名也。如「平原君朱建之子罵單於而死，而史不著其名，田橫之二客自剄以從其主，而史並亡其姓。錄其名而遺其晦者，非所以爲勸也」。[173]故其過昌黎，見東門有拽梯郎君祠，聞其忠義之跡，乃爲文表而彰之，以顯其名。

亭林生當亂世，以聖人氣節自任，故於違逆聖人之教，敗壞天下世俗之人頗爲惡之。其評李贄，謂其所著之書流行海內，惑亂人心，狂誕悖戾。而其所行，更爲背俗，其寄居麻城，肆行不簡，與無良輩遊庵院，挾妓女白晝同浴，勾引士人妻女入庵講法，至有攜衾枕而宿者，一境如狂，又作《觀音問》一書，後生小子喜其倡狂放肆，相率煽惑，至於明刼人財，強摟人妻，同於禽獸，而不之恤，其惡跡昭著，後雖治罪，然其行足以惑世誣民，故亭林評之曰：「自古以來，小人之無忌憚而敢於叛聖人者，莫甚於李贄」。[174]

與李贄同時之鍾惺，頗富文名，曾選歷代詩，名曰《詩歸》，其書盛行於世，已而評左傳，評史記，評毛詩，好行小慧，自立新說，天下之士，靡然從之。而其行則公然棄名教而不顧，甚至承親諱而冶遊，故亭林述其惡行云：「余聞閩人言，學臣之鬻諸生，自伯敬始。今之學臣其於伯敬，固當如茶肆之陸鴻漸，奉爲利市之神，又何怪讀其所選之

172見《亭林文集卷五・讀宋史陳遘》。

173見《亭林文集卷五・拽梯郎君祠記》。

174見《原抄本日知錄卷二十・李贄》。

詩，以爲風騷再作者邪？其罪雖不及李贄，然亦敗壞天下之一人」。[175]

夫亭林處明末之際，見世風衰微，廉恥道喪，上焉者貪汙奢侈之習日盛，不問國政，下焉者淪於賊寇，姦盜詐僞，無所不至，亭林欲變風移俗，獎勵學術，故崇清議，務廉恥，其〈與人書〉有云：「目擊世趨，方知治亂之關必在人心風俗，而所以轉移人心，整頓風俗，則教化紀綱爲不可闕矣」[176]。故於敗風喪俗之人，尤爲痛恨，其於李贄、鍾惺固爲惡評，斥其爲裂冠左衽之禍，始於斯人。而於風俗之亂，亦歸罪於王伯安之良知，其曰：「以一人而易天下，其流風至於百有餘年之久者，古有之矣！王夷甫之清談，王介甫之新說，……其在於今，則王伯安之良知是也」[177]。並謂李贄、鍾惺等「敢於詆毀聖賢，而自標宗旨者，皆出於陽明、龍溪禪悟之學，後之君子悲神州之陸沈，憤五胡之竊據，而不能不追求於王何也」。[178]其詬陽明可謂深矣！

是知亭林於人物忠奸之評，皆有其道德忠義之準，而於史事之眞妄，則持「疾虛妄」、「考而後信」之精神，廣蒐證據，辨其眞僞，使善惡之跡，炳著於天下後世，而史書記載之誤，亭林考其因亦有所見，一曰「名以同事而晦」。

《呂氏春秋》言，「秦穆公興師以襲鄭，過周而東。鄭賈人弦高，奚施將西市於周，遽使奚施歸告，乃矯鄭伯之命，以十二牛勞師」，是奚施爲弦高之友，而《左氏傳》不載。《淮南子》言荊軻西刺秦王，高漸離、宋意爲擊筑，而歌於易水之上，宋玉〈笛賦〉亦以荊卿、宋意並稱。是宋意爲高漸離之侶，而《戰國

[175] 見《原抄本日知錄卷二十・鍾惺》。
[176] 見《亭林文集卷四・與人書九》。
[177] 見《原抄本日知錄卷十八・朱子晚年定論》。
[178] 見《原抄本日知錄卷二十・李贄》。

策》、《史記不載》。[179]

同一史事，經典史籍或載或否，使後人無法辨其眞僞，考證精審。

二曰「名以同事而章」。

《孟子》：「禹稷當平世，三過其門而不入。」考之《書》曰：「啓呱呱而泣，予弗子」，此禹事也。而稷亦因之以受名。華周、杞梁之妻，善哭其夫，而變國俗，考之《列女傳》曰：「哭於城下，七日而城爲之崩」，此杞梁妻事也，而華周妻亦因之以受名。[180]

多種史籍記載同一史事，則所載之史事或人物之名，得以彰顯。然因記載各有不同，反而無法辨別眞僞。

三曰「人以相類而誤」，其於史事每因相類，而誤書其名。

《墨子》：「文王舉閎夭、泰顛於罝網之中，授之政而西土服。」於傳未有此事，必太公之誤也。《呂氏春秋》：「箕子窮於商，范蠡流乎江。」范蠡未嘗流江，必伍員之誤也。《史記》：「孫叔敖三得相而不喜，三去相而不悔。」孫叔敖未聞去相，必令尹子文之誤也。《淮南子》：「吳起、張儀，車裂支解」，張儀未嘗車裂，必蘇秦之誤也。《易林》：「貞良得願，微子解囚」，微子未嘗被囚，必箕子之誤也。晉潘岳〈太宰魯武公誄〉：「秦亡蹇叔，舂者不相」，蹇叔之亡，不見於書，必百里奚之誤也……。《晉書・夏統傳》：「子路見夏南，憤恚而忼

179 見《原抄本日知錄卷二十六・名以同事而晦》。

180 見《原抄本日知錄卷二十六・名以同事而章》。

愾。」子路未嘗見夏南，蓋衛南子之誤。[181]

史家著史，每因名字相仿，或事相若，以致誤植史文。亭林觀史甚微，每每依史核校，尋其眞相，以糾其誤。

四曰：「傳紀不考世代」，於史事年代，不暇詳考，以致其誤。

張衡言，《春秋元命苞》，有公輸班與墨翟事，見戰國，非春秋時。又言別有益州，益州之置，在於漢世，以證圖讖爲後人僞作。今按傳記之文，若此者甚多。《管子》稱三晉之君，其時未有三晉。〈輕重篇〉稱魯、梁、秦、趙，其時未有梁、趙。稱代王，其時未有代王。《國語》：「句踐之伯，陳、蔡之君皆入朝」，其時有蔡無陳。《説苑》：「句踐聘魏」，其時未有魏。又言仲尼見梁君，孟簡於相梁，其時未有梁，魯亦無孟簡子。……《呂氏春秋》：「晉文公師咎犯、隨會」，隨會不與文公、咎犯同時。……《史記・孔子世家》：「使從者爲寧武子臣於衛」，孔子時寧氏已滅。[182]

史家撰史，於史事發生之年代，無法詳考，以致人與事與年無法相合，錯誤自多。亭林考史，先比對年月，核其事蹟，眞僞可判，而下定論。其後崔東壁於《考信錄》闡論史書之誤有云：「傳記之文，有傳聞異詞而致誤者，有記憶失眞而致誤者，一人之事，兩人分言之，有不能悉符者矣。一人之言，數人遞傳之，有失其本意者矣」。[183]以此知亭林考信史實眞妄，評騭人物是非皆本其疾虛妄，實事求是之精神，廣泛參閱典籍，詳加考證，以求史實之眞相，能大白於世也。

---

[181] 見《原抄本日知錄卷二十六・人以相類而誤》。

[182] 見《原抄本日知錄卷二十六・傳記不考世代》。

[183] 見崔述《考信錄釋例》。

三、論著史之法

亭林以其良史之才，浸淫史學數十年，故學博而識遠，其評歷代史書，每能探賾索隱，提要鉤元，摭拾利病，書其曲直，而寓褒貶之大義；審論史事，則斷之以理，析之以情，考其眞僞，辨其虛實，務使歷史眞相瞭然於世。雖因博採之史料，燬於吳、潘之史獄，而無國史之作；然識見之卓絕，每發於千載之後，成不刊之論。其論史之法，極爲精闢細膩，如史實之眞僞未能裁斷，亭林以爲應將不同史實並錄，以待後人論定，不得以己意任憑去取。其〈與次耕書〉云：「今之修史者，大段當以邸報爲主，兩造異同之論，一切存之，無輕刪抹，而微其論斷之辭，以待後人之自定，斯得之矣」[184]！又曰：「門戶之人，其立言之指各有所借。章奏之文互有是非，作史者兩收而並存之，則後之君子，如執鏡以炤物，無所逃其形矣」！[185]

就史書之編年而言，亭林以爲年號當從實書，不與正朔有關，並旁徵古史以證其說。

正統之論，始於習鑿齒，不過帝漢而僞魏、吳二國耳。自編年之書出，而疑於年號之無所從，而其論乃紛紜矣！夫年號與正朔自不相關，故周平王四十九年，而孔子則書之爲魯隱公之元年，何也？春秋，魯史也，據其國之人所稱而書之，故元年也。晉之《乘》存，則必以是年爲鄂侯之二年矣。楚之《檮杌》存，則必以是年爲武王之十九年矣！觀《左傳・文公十七年》：鄭子家與晉韓宣子書曰：「寡君即位三年」，而其下文曰十二年、十四年、十五年，則自稱其國之年也。……如《三國志》，則漢人傳中自用漢年號，魏人傳中自用魏年號，吳人傳中自用吳年

184見《亭林文集卷四・與次耕書》。
185見《日知錄卷二十・三朝要典》。

號。推之南北朝、五代、遼、金，並各自用其年號，此之謂從實（若病其難知，只須別作〈年表〉一卷）。且王莽篡漢，而班固作傳，其於始建國、天鳳、地皇之號，一一用以紀年，蓋不得不以紀年，非帝之也。後人作書，乃以編年爲一大事，而論世之學疏矣。[186]

年號當從實而書，不使與正統之論相關涉，此爲史家寫史存眞之法。至若論史家記載之繫年，亭林以爲：「史家之文，必以日繫月，以月繫年」。[187]又曰：「自春秋以下，記載之文，必以日繫月，以月繫時，以時繫年，此史家之常法也」。[188]史家記載之文，必以日月繫年，然又恐爲月日所拘，以致事不得相連屬，故取古人正書（即所謂正紀）、追書（即所謂追紀）、竟書之變例以救之。

古人作史，取其事之相屬，不論月日，故有追書，有竟書。《左傳・成公十六年》鄢陵之戰，先書甲午晦，後書癸巳，甲午爲正書，而癸巳則因後事而追書也。昭公十三年平邱之盟，先書甲戌，後書癸酉，甲戌爲正書，而癸酉則因後事而追書也。昭公十三年楚靈王之弒，先書五月癸亥，後書乙卯丙辰，乙卯丙辰爲正書，而五月癸亥則因前事而竟書也。蓋史家之文，常患爲月日所拘，而事不得以相連屬，故古人立此變例。[189]

編年之書，雖以日月繫年，然欲求敘事之完整，亦可用正書、追書、竟書之變例，使事相連屬，此古人作史變通之法，亦爲亭林所贊

---

186 見《原抄本日知錄卷二十一・年號當從實書》。
187 見《原抄本日知錄卷二十一・古人不以甲子名歲》。
188 見《原抄本日知錄卷二十一・古人不以日月繫年》。
189 見《原抄本日知錄卷二十一・史家日月不必順序》。

同。

而史表之立，乃史之一體，揆之史法，參以時宜，若親如宗房，貴如宰執，傳有所未登，而名未可闕遺，皆可以表括之，劉知幾於史表頗爲稱之。

觀太史公之創表也，於帝王則敘其子孫，於公侯則紀其年月，列行縈紆以相屬，編字戢舂而相排，雖燕越萬里，而於徑寸之內犬牙可接，雖昭穆九代，而於方寸之中，雁行有序，使讀者閱文便睹，舉目可詳。[190]

亭林於史書表志之體，亦頗重視，表可補史實年代之所無，糾史實之謬誤，爲史體所不可闕。

表以紀治亂興亡之大略，書以紀制度沿革之大端，班固改書爲志，而年表視《史記》加詳焉。蓋表所由立，昉于周之譜牒，與紀傳相爲出入。凡列侯將相、三公九卿，其功名表著者，既系之以傳，此外大臣無積勞，亦無顯過，傳之不可勝書，而姓名爵里、存沒盛衰之跡，要不容以遽泯，則於表乎載之。又其功罪事實傳中有未悉備者，亦以表乎載之，年經月緯，一目瞭然，作史體裁莫大於是。[191]

表可補史書紀傳之闕，亭林論史，每以史表之有無爲評史之準，其於陳壽《三國志》、范曄《後漢書》之闕表志，頗爲非之，曰：「不知作史無表，則立傳不得不多，傳愈多文愈繁，而事蹟或反遺漏而不

190 見劉知幾《史通外篇・雜說上》。

191 見《原抄本日知錄卷二十七・作史不立表志》。

舉」[192]。又曰：「鄭漁仲言：『作史莫先於表』，今觀宋、遼、金、元四史，紊亂殊甚，不先作表，則史未易讀也」[193]。著史必先立表，則史傳所敘可一覽無遺，此亭林論寫史者所不可忽者也。

誌傳之體，尤爲史法所重，亭林以爲誌傳當詳考其人一生行事之跡，不可妄作，以失其實，故曰：

誌狀在文章家爲史之流，上之史官，傳之後人，爲史之本。史以記事，亦以載言，故不讀其人一生所著之文，不可以作。其人生而在公卿大臣之位者，不悉一朝之大事，不可以作。其人生而在曹署之位者，不悉一司之掌故，不可以作。其人生而在監司守令之位者，不悉一方之地形土俗，因革利病，不可以作。今之人未通乎此，而妄爲人作誌，史家又不考而承用之，是以牴牾不合。子曰：蓋有不知而作之者，其謂是與。[194]

夫誌傳之作，必當審愼詳考其人之生平行事，故亭林不輕易爲人作誌立傳，其〈與人書〉云：

宋史言劉忠肅每戒子弟曰：「士當以器識爲先，一命爲文人，無足觀矣」。僕自一讀此言，便絕應酬文字，所以養其器識而不墮於文人也。懸牌在室，以拒來請，人所共見，足下尚不知邪？抑將謂隨俗爲之，而無傷於器識邪？中孚（李二曲）爲其先妣求傳再三，終已辭之，蓋止爲一人一家之事，而無關於經術政理之大，則不作也。[195]

---

[192] 見《原抄本日知錄卷二十七・作史不立表志》。

[193] 見《菰中隨筆》。

[194] 見《原抄本日知錄卷二十一・誌狀不可妄作》。

[195] 見《亭林文集卷四・與人書十八》。

亭林以爲士當以器識爲先，一作文人，寫應酬文字，即有傷於器識，而無足觀矣。是以即使其好友爲其先妣求傳再三，終屬應酬之作而婉辭。其〈與陳介眉書〉云：「頃者黃先生（梨洲）之季君主一（百學）寓書于弟，欲爲其母夫人乞銘，讀其行狀，殊爲感惻。但黃先生見存，而友人特爲其夫人作誌，所據狀又出其子之詞，以此遲回，未便下筆。敢祈酌示，或黃先生自爲之，而友人別作哀誄之文，則兩得之矣」[196]！以李中孚、黃梨洲爲亭林之至交好友，亦不敢輕易爲其先妣立傳，蓋恐敘傳失實，有辱厚託矣！

然則其人之所爲，若有關於經世政理之大，可名垂千古者，雖正史不傳，亭林亦爲其立傳。

古之人所以傳於其後者，不以其名而以其實，不以其天而以其人。以其名，以其天者，世人之所以爲榮；以其實，以其人者，君子之所修而不敢怠也。[197]

忠臣義士，性也，非慕其名而爲之。名者，國家之所以報忠臣義士也。報之而不得其名，於是姑以其事名之，以爲後之忠臣義士者勸，而若人之心何慕焉？何恨焉？平原君朱建之子罵單于而死，而史不著其名，田橫之二客自剄以從其主，而史並亡其姓，錄其名者而遺其晦者，非所以爲勸也。[198]

是以凡忠臣義士、貞烈節婦而不載於青史，亭林恐其忠烈之行泯沒於世，故皆爲之立傳，今觀《亭林文集》中之〈汝州知州錢君行狀〉、〈吳同初行傳〉、〈書吳潘二子事〉，〈歙王君墓誌銘〉、〈山陽王君墓誌銘〉、〈富平李君墓誌銘〉；《亭林餘集》中之〈中憲大夫山西按

196見《蔣山傭殘稿卷二》。

197見《亭林文集卷五．貞烈堂記》。

198見《亭林文集卷五．拽梯郎君祠記》。

察司副使寇公墓誌銘〉、〈文林郎貴州道監察御史王君墓誌銘〉，〈常熟陳君墓誌銘〉，〈從叔父穆庵府君行狀〉、〈先妣王碩人行狀〉，皆爲顧氏所作之誌狀，亦爲忠臣義士、烈女奇行，有關經術政理之大，不忍不爲之傳者。「予不忍二子之好學篤行而不傳於後也，故書之。」[199]「余蘇人也，公之遺事在於蘇，救一方之困，而定倉卒之變，爲余所目見者，不可以無述往者」。[200]「伏念先妣之節之烈，可以不辱仁人義士之筆。」[201]然則顧氏之作誌狀，固出於史家闡幽之筆，而不爲文人應酬之作也。

亭林亦寄望史家寫史，能寓論斷之法，故於《史記》序事中能寓論斷頗爲稱之：

古人作史，有不待論斷，而於序事之中，即見其指者，惟太史公能之。〈平準書〉末載卜式語，〈王翦傳〉末載客語，〈荊軻傳〉末載魯句踐語，〈鼂錯傳〉末載鄧公與景帝語，〈武安侯田蚡傳〉末載武帝語，皆史家於序事中寓論斷法也。後人知此法者鮮矣，惟班孟堅間一有之。如〈霍光傳〉載任宣與霍禹語，見光多作威福，〈黃霸傳〉載張敞奏見祥瑞，多不以實，通傳皆褒，獨此寓貶，可謂得太史公之法者矣！[202]

亭林以爲能於史書中寓論斷，此尤可見史家之卓識矣！

至若史書之作，固以史料之求眞爲貴，然亦以敘文明達爲寶，考吾國史著，自左丘《國語》以下莫不尚文。而史遷《史記》，班固《漢書》，非僅爲史學名著，其史文尤爲後人所吟詠傳唱。其後史家著史皆

---

[199] 見《亭林文集卷五・書吳潘二子事》。

[200] 見《亭林餘集・中憲大夫山西按察司副使寇公墓誌銘》。

[201] 見《亭林餘集・先妣王碩人行狀》。

[202] 見《原抄本日知錄卷二十七・史記於序事中寓論斷》。

以能文者任之，如范曄序《後漢書》，文采斐然，嘗自稱其序爲「筆勢縱放，實天下之奇作，其中合者，往往不減過秦篇」。[203]清王先謙亦讚其序「比類精審，屬辭麗密，極才人之能事。」[204]是知三史爲後人所稱，尤在於史文之美，故劉知幾云：「史之爲務必藉於文，自五經以降，三史而往，以文敘事，可得言焉」！[205]夫良史之撰，固須廣蒐史料，審愼而定，但史家撰述，尤賴於史文之表達明暢。劉知幾於史，特標史才、史學、史識三目[206]，章學誠繼之又加史德一目[207]。然則史才爲史家著史所不可缺，梁任公於史才曾加闡論，曰：「要做出的歷史，讓人看了明瞭，讀了感動，非有特別技術不可，此種技術，就是文章的結構」。[208]是故，史家寫史須利用洗鍊暢達之史文以敘述史著，方能傳之久遠，爲人所樂讀。《左傳．襄公二十五年》：「言之無文，行而不遠」良有以也。

亭林於史文之敘述，乃求之於達，而不論其繁簡。其曰：

辭主乎達，不論其繁與簡也。繁簡之論興，而文亡矣！《史記》之繁處，必勝於《漢書》之簡處，《新唐書》之簡也，不簡於事，而簡於文，此所以病也。……劉器之曰：「《新唐書》敘事好簡略其辭，故其事多鬱而不明，此作史之病也，豈文章且有繁簡邪？昔人之論，謂如風行水上，自然成文，若不出於自然，

203 見范曄《獄中與諸甥姪書》。

204 見王先謙《後漢書集解．述略》。

205 見劉知幾《史通內篇．敘事》。

206 《舊唐書．劉知幾本傳》載：長安三年七月，禮部尚書鄭惟忠嘗問子玄曰：「自古以來，文士多史才少，何耶？」對曰：「史才須有三長，世無奇人；才、學、識，世罕兼之，故史才少。夫有學無才，猶愚賈操金，不能殖貨；有才無學，猶巧匠無楩枘斧斤，弗能成室。」

207 章學誠曰：「史所貴者義也，而所具者事也，所憑者文也，……非識無以斷其義，非才無以善其文，非學無以練其事，三者固各有所近也……能具史識者，必知史德，德者何？謂著書之心術也。」見《文史通義內篇五．史德》。

208 見梁啓超《中國歷史研究法補編》。

而有意於繁簡，則失之矣」！[209]

史文尚簡，於事必將鬱而不明，即或能明，亦必不能曲傳其神致；而史文繁複，遂至浮辭盈史，亦無所取裁。故亭林於史文，獨易以達字，使史事能順暢表達，而情辭皆盡，此亦史家寫史之法也！

然則史文主達外，更應崇實，亭林於歌功頌德之文，尤爲不喜，其曰：

詩云：「巧言如簧，顏之厚矣」。而孔子亦曰：「巧言、令色，鮮矣仁」。又曰：「巧言亂德」，夫巧言不但言語，凡今人所作詩、賦、碑、狀，足以悅人之文，皆巧言之類也，不能不足以爲通人。夫惟能之而不爲，乃天下之大勇也，故夫子以剛毅木訥爲近仁，學者所用力之途，在此不在彼矣！[210]

亭林以爲史家寫史，乃尚崇實，凡麗詞諛句，虛言誇飾，皆非眞實，於史家乃爲大忌也！而史家寫史，每好史文之求古，亭林亦糾而言之：

《後周書・柳虯傳》：「時人論文體有今古之異，虯以爲時有今古，非文有今古」，此至當之論。夫今之不能爲兩漢，猶兩漢之不能爲《尚書》、《左氏》。乃剿取《史》、《漢》中文法以爲古，甚者獵其一、二字句，用之於文，殊爲不稱。以今日之地爲不古，而借古地名；以今日之官爲不古，而借古官名，舍今

209 見《原抄本日知錄卷二十一・文章繁簡》。

210 見《原抄本日知錄卷二十一・巧言》。

日恆用之字，而借古字之通用者，皆文人所以自蓋其俚淺也。[211]

夫史文應求之於今，方可明史事之眞，若一味求古，則史事反暗晦而不明。且史文不應冗複重出，方能顯其明達，亭林曰：「古人之文，不特一篇之中無冗複也，一集之中亦無冗複，且如稱人之善，見於祭文，則不復見於誌。見於誌，則不復見于他文，後之人讀其全集，可以互見也」。[212]又曰：「史家之文，例無重出，若不得已而重出，則當斟酌彼此；有詳有略，斯謂之簡」。[213]夫史家之文，求乎達，而無重出，始能一氣呵成，融會貫通。若不得已而重出，亦當斟酌詳略而書，此亦史家寫史之要也！

亭林評史，議論縱橫，詳核精要，備見才思。其論寫史之法，條分縷析，別出心裁，即類起例，足以爲後世史家所宗也！

---

211 見《原抄本日知錄卷二十一・文人求古之病》。

212 見《原抄本日知錄卷二十一・古人集中無冗複》。

213 見《原抄本日知錄卷二十七・新唐書》。

第四章
亭林史學之特色

第一節　亭林與金石學

一、金石學與史學之關係

古之人爲史，未有無所資而能成者也，其所采者除文獻遺冊外，而尤重金石之功也，如《周禮・考工記》引「嘉量銘」以證量之制。《國語・晉語》引「商袞之銘」以證嗛嗛之德爲不足就也。《史記・始皇本紀》載始皇東巡，勒石爲功，而史遷藉碑以證秦之巡遊無度爾。張晏注《漢書・儒林傳》，案碑而知伏生名勝。晉灼注《漢書・地理志》，引山上之碑以證地之名黎陽，不名黎陰，此皆以金石補文獻之不足也。近世以還，金石、甲骨紛紛出土，而史家更藉金石考古史之眞僞，補史籍之闕漏，故知金石與史學之關係密切矣！

夫金石者何？金者乃以鐘鼎彝器爲大宗，旁及兵器，度量衡器，符璽，錢弊，鏡鑑等物，凡古銅器之有無銘識者皆屬之。「石」者乃以碑碣墓誌爲大宗，旁及摩厓，造象、經幢、杜礎、石闕等物，凡古石刻之有文字圖象者皆屬之。至若金石學，乃爲研究中國歷代金石之名義、形式、制度、沿革，乃其所刻文字圖象之體例、作風；上自經史考訂，文章義例，下至圖繪雕刻，藝術鑑賞，其製作之源，與文字同古，而金石之可貴在於能流傳久遠，而不易湮滅。鄭樵・《通志總序》謂：「金石之功，寒暑不變，以茲稽古，庶不失眞。」《西清古鑑》[1]卷首錄清乾隆帝之上諭：「邃古法物，流傳有自者，惟尊、彝、鼎、鼐，歷世恆

1　《西清古鑒》是一部著錄清代宮廷所藏古代青銅器的大型譜錄，共40卷，附錄《錢錄》16卷。收有商周至唐代銅器1529件（含銅鏡），而以商周彝器為多。

遠，良以質堅而體厚，不爲燥濕所移，剝蝕所損，淵然之光，穆乎可見三代以上規模氣象。」是知金石以其能歷世恆遠，不易朽壞，足可用以證史、補史、糾史。且就金石之製作與形式，又可考知古代之風俗習慣，工藝之發達，及其時社會之結構，人群之心理，殊爲有趣，故自秦漢以下，無不重之！

考吾國金石學，權輿於宋代，至有清中葉，作者日眾，駸駸乎蔚成史學之中堅。宋人之初治斯學也，其始亦非以賞鑑爲事。歐陽公爲《集古錄》千卷，既成之八年，詔其子棐曰：「吾集錄前世埋沒缺落之文，獨取世人無用之物而藏之者，豈徒出於嗜好之僻，而以爲耳目之玩哉！其爲所得亦已多矣，故嘗序其說而刻之，可與史傳正其缺謬者已粗備矣」[2]。歐陽公生當北宋初年，其學開有宋一代金石學之先河，其後劉敞得先秦古器數十，愛其欵識文字奇古，因以考知三代制度，與先儒所說不同者，而著《先秦古器記》。呂大臨、黃伯思搜羅鼎彝古器，研究字畫體制，悉能辨正是非，道其本末，據經書以定名稱，憑實物以證箋註。薛尚功著《鐘鼎欵識》，鉤摹古器銘詞，爲之箋識，訂僞考異，具有辨證。趙明誠著《金石錄》，洪適著《隸釋》，收聚古碑爲之考釋訂僞[3]。爾後金石之學歷元、明，至清而大盛，其間名家輩出，考訂圖鑑之書日益增多，既據史傳以考遺刻，復以遺刻還證史傳，其成績實不容蔑視，而歐陽公體知金石可糾史傳之誤，其卓識導致後世金石學之發展，且擴大史家採史、證史之領域。是以顧亭林嘗言：「余自少時，即好訪求古人金石之文，而猶不甚解。及讀歐陽公《集古錄》，乃知其事多與史書相證明，可以闡幽表微，補闕正誤，不但詞翰之功而已」。[4]今考金石之運用於訂史、補史乃肇於兩漢，發達於宋，極盛於清。其學廣，其業專，王昶嘗謂：「凡經史小學，暨於山經地志、叢書別集，皆

2　見歐陽修《集古錄跋尾卷十》。

3　見李遇孫輯《金石學錄》。

4　見《亭林文集卷二．金石文字記序》。

當參稽會萃，覈其異同，而衆其詳略，是非軽才未學能與於此」。[5]綜其功用，知金石可以證經典之同異，正諸史之謬誤，補史籍之缺佚，考文字之變遷，其於史學之功大矣！今分述如下：

(一)與史相證

史文所載，雖條分縷析，然因時代久遠，所載史實如事跡制度，未能考知是否眞確，而實物碑版之文，足與經史相證。如撰書題額結銜，可以考官爵。碑陰姓氏，亦往往書官於上，郡邑省并，陵谷遷改，參互考求，瞭於目驗。「關中碑誌，凡書生卒，必云終於某縣某坊某里之私第。或云葬於某縣某邨某里之原，以證《雍錄》、《長安志》，無不脗合，推之他處，其有資於邑乘者多矣」。[6]其餘如「宋勅碑所載建炎四年四月癸未，帝駐蹕越州。五月癸丑以張守參知政事考知碑與宋史爲合」[7]。唐、蜀、宋石經之立，足可證經史，糾謬誤。而佛道所刻石經如摩厓刻經、經碑、經幢等皆巍巍聳立，可以想見古人氣魄之雄偉，並可比較當時社會對宗教之信仰厚薄與其影響。除此之外，石刻考史之功猶有他者，如觀西漢之趙王上壽、魯王泮池兩刻石年號，而知當時諸侯王在其所封國內，各自紀年。觀漢碑陰所記捐錢數，而可推知當時之工價物價。又如各種買地契刻，可察當時社會之迷信，風俗之習慣，觀元代諸聖旨碑文，雖令人發笑，但亦可見當時奇異之文體及其公文格式[8]。又如嶽廟碑碑文有云：「和尚，也里可溫，先生，達識蠻每，不拘揀甚麼差發，休當者」[9]。其所云：「也裡可溫」即天主教徒，「先生」即道士，「達識蠻」即回教徒，「每」者們也。其意謂釋道耶回等

5　見王昶《金石萃編序》。

6　見葉昌熾《語石卷六》。

7　見顧亭林《求古錄》。

8　元聖旨碑，現存者在泰安嶽廟，其文詞鄙俚怪誕，令人發噱。

9　此碑見錄於《亭林山東考古錄》，又見錄於《求古錄》。

教徒，皆可蠲免賦役也。由此碑亦可考知當時宗教自由之制也。

㈡考史之誤

史家著史，雖頗爲審愼，然或因史料殘闕，傳說有誤，或因斗筲之祿，未能詳加考訂，故舛誤在所難免。趙明誠《金石錄・序》曰：「竊嘗以謂詩書以後，君臣行事之跡，悉載於史，雖是非褒貶，出於秉筆者私意，或失其實；然至於善惡大節，有不可誣，又傳諸既久，理當依據。若夫歲月、地理、官爵、世次，以金石刻考之，其牴牾十常三四，蓋史牒出於後人之手，不能無失；而刻辭當時所立，可信不疑。」此言金石爲當時所立之物，足可徵信而不疑，且能持久保存，非如史冊之文，易於湮滅。故足以訂正史傳，如魏孟康註《漢書・律歷志》，據漢章帝時零陵文學奚景於泠道舜祠下得白玉琯，古以玉作管，非爲竹也，以證漢志之說不盡然。「酈道元《水經注》引青州刺史傅宏仁說臨淄人發古塚，『前和外』隱起爲隸字，言齊太公六世孫胡公之棺也，惟三字是古，餘同今書，以證隸字出自古，非始於秦也」[10]。顏之推《家訓・書證篇》云柏人城東北，有一孤山，闞駰《十三州志》，以爲舜納於大麓，即此山，上有堯祠，世俗或呼爲宣務山，或呼爲虛無山，顏氏據城西門內漢碑有銘，「土有巏務山，王喬所仙」知俗名宣務山之當名巏務山也。又如鄭恆暨夫人崔氏墓誌銘，大中十二年，攝衞司法參軍秦貫撰，亭林《金石文字記》云：「此即今世所傳崔鶯鶯也，年七十六，有子六人，與鄭合葬，此銘得之魏縣土中，足辨《會眞記》之誣，而誌墓之功，於是爲不細矣」。[11]從碑志中，可以解決歷史之懸案，還原歷史之眞相。

---

10 見李遇孫《金石學錄》所引。

11 見顧亭林《金石文字記・卷三》。

㈢補史之闕

正史所載，皆採宏擇菁，其有許多史事，或因史家著史之時未能窺見，或因著史體例，未能納入，以致吾人讀史，每因記焉不詳，而未能窺其眞貌。袁枚嘗云：

> 碑有補史之所不及者，如孫叔敖名饒，薛仁貴名禮，歐公以爲非碑則人不知。……《金石錄》載東漢繁陽令楊君之政，足爲循吏，而史書無其人。華山廟碑漢武封禪有存仙殿，望仙門，皆《漢書》所不載，……莒國公唐儉碑云：「人多庸鄙，惟尉遲敬德頗識事機，公示之以安危，告之以成敗」云云，蓋指儉陷劉武周時，密說敬德使降唐事也，《唐書》不載。金明昌三年〈威顯廟祈雨感應記〉稱隋涼州總管韓禽虎爲韓莊公，禽虎有諡，皆足補史書本傳之闕，其他漢、晉、魏、唐一切文武官名不見於《百官志》，郡縣地名不見於《地理志》者，碑誌詳書之，不可勝書矣。[12]

除此之外，諸如唐碑之族望，及子孫名位，可補宗室宰相世系表。北朝《造象寺記》，可補《魏書・釋老志》。漢之孔廟諸碑，魏之受禪，尊號，宋之道君五禮，可補《禮志》。唐之令長新戒，宋之愼刑箴，戒石銘，可補《刑法志》。而其特有價值之石刻，或具外族之遺文，或有關邊裔之交涉，雖傳世無多，而價值尤重。如唐建中二年（西元七八一年）之「大秦景教流行中國碑」，爲基督教初入中國唯一之記載，可補正史之闕，其下段附有敘利亞文，尤爲全世界所罕見。[13]又如

12　見袁枚《隨園隨筆・卷五》。

13　〈景教流行中國碑〉，僧景淨撰，呂秀巖正書，今在長安碑林。見顧亭林《金石文字記卷四》。

元至正八年刻於居庸關之佛經，書以蒙古、畏兀、漢、女眞、梵五體。祥符大相國寺中，有元至元三年〈聖旨碑〉，書以蒙古、畏兀、漢字三體；元至正八年之〈莫高窟造象記〉，其首行有書六體，異族文字，得藉此以永流傳。又如唐長慶間（西元八二一年至八二四年）之〈唐藩會盟碑〉，將盟約刻兩國文字呈現，可以見當時唐朝和土藩簽訂條約之格式及其史實。[14]他如開封「挑筋教」人所立寺，有明正德六年（西元一五一一年）之佚碑，可證猶太人及猶太教入中國年代之久。[15]又如有關鄭和之生平，明史雖有「鄭和傳」，惟甚簡略，語焉不詳，至袁嘉穀《滇繹》，收錄雲南邊陲地方有關滇事之前人載集及碑刻文化等資料。其中有明大學士李至剛所撰故馬公墓誌銘，「公字哈只，姓馬氏，世爲雲南昆陽州人」而加以考證，知其爲明朝馬和之宦官，曾指揮中國艦隊席捲南海及印度洋。而這座石碑就是他在出航之前爲其父親所立。其身世乃得以大白[16]。諸如此類，皆可補史傳之闕，正其僞誤，實爲珍貴。

至若金文證史，其功亦偉。梁啓超嘗謂：

金文證史之功，過於石刻，蓋以年代愈遠，史料愈湮，片鱗殘甲，罔不可寶也。例如周宣王伐玁狁之役，實我民族上古時代對外一大事，其跡僅見《詩經》，而簡略不可理，……又如西周時民間債權交易準折之狀況，及民事案件之裁判，古書中一無可考，自曶鼎出，推釋之，即略見其概，餘如克鼎，大盂鼎，毛公鼎等，字數抵一篇尚書，典章制度之藉以傳者蓋多矣！又如秦詛

14 唐藩會盟碑，今人羅振玉《西陲石刻》錄有全文，碑陽刻漢文，碑陰刻藏文，兩文合璧，皆盟約正文也，兩側則刻兩國蒞盟人之官銜姓名，此為刻石文中之最特別者。

15 挑筋教即猶太教，舊稱「天竺教」，後改稱「一賜樂業教」（一賜樂業就是以色列的諧音），俗稱「挑筋教」。世俗相傳，則謂猶太王子雅各與天神角力，傷筋而死，後人悼之，每食牛羊肉輒挑去其筋不食，因有挑筋教之名。見梁啓超著《中國歷史研究法第四章・說史料》。

16 見楊鴻烈《歷史研究法第五章・史料的種類（上）》。

楚文，於當時宗教信仰情狀，兩國交惡始末，皆有關係，雖原器已佚，而摹本猶爲瓌寶也。[17]

此言鐘鼎彝器之可以補正經史也，他如兵器，度量衡器，符璽，錢幣，鏡鑑，以及一切雜器等，苟能比而觀之，得其沿革變遷之跡，皆無不有繫於古代之文化，而爲考史之一助。金石之外，又如殷墟出土之甲骨文字，乃中國商朝晚期王室用於占卜記事而在龜甲或獸骨上契刻的文字。其貢獻於我國古文字學、古史學，以及其他考據旁證之新材料者，尤精且鉅。後世研究者甚眾。如孫詒讓《契文舉例》與《名原》兩書考釋甲骨卜辭中所反應的卜辭內容和相關的商代文化制度，以及金文等商周古文字展轉變易之跡。可以探求漢字造字本原，以補正許慎《說文解字》之失，並考查漢字演變沿革的規律。又如王國維《觀堂集林》、《古史新證》、《殷周制度論》、《殷卜辭中所見先公先王考》等著作，即據甲骨及吉金文字等「地下之新材料」，參酌《尚書》、《詩經》、《禮記》等古籍「紙上之材料」，提出「二重證據法」考出殷的祀典世系，以證明嫡庶制度起源於周朝初年，對周朝之宗法、喪服及封子弟、尊王室之制度[18]考據甚詳，是以吉金、甲骨證史之功，自不待言也。

二、亭林之金石學

亭林經史之學爲世所宗仰者久矣，其治學重考據，開有清樸學之始。而其金石學之成就，雖著述不多，然卻影響深遠。凡有清治經史之學者，莫不重視金石之學，一時名家先後輩出，如朱彝尊、潘耒、張弨、吳任臣等諸人於金石文字皆有所述作。自乾嘉後，研金治石之風愈盛，錢大昕、阮元、孫星衍、汪中、段玉裁、龔定盦等皆足以名家，故

---

17 見梁啓超《中國歷史研究法第四章・說史料》。

18 見王國維《觀堂集林卷十・殷周制度論》。

溯有清金石學之源，當推顧亭林。

亭林於古人金石之文，自幼即潛心蒐求，初猶未解金石之用，自讀歐陽公《集古錄》後，知其可與史書相證明，闡幽表微，補闕正誤，於是更極力搜訪。其一生雖屢遭困阨，奔波各地，而搜尋之志未能稍怠。其自序嘗謂：

> 此二十年間，周遊天下，所至名山巨鎮，祠廟伽藍之跡，無不尋求，登危峰，探窈壑，捫落石，履荒榛，伐頹垣，畚朽壤，其可讀者，必手自鈔錄，得一文爲前人所未見者，輒喜而不寐。一二先達之士，知余好古，出其所蓄，以至蘭臺之墜文，天祿之逸字，旁搜博討，夜以繼日。[19]

是知亭林搜討金石，務必親自採訪，其足跡遍天下，殊方古物石刻，盡其蒐羅，而碑文皆手自鈔錄，其因時久湮滅字跡，必尋經書或以往拓本相對，以補其闕。亭林雖因避讎出遊四方，其志仍圖恢復朱明，以成親志。[20]故每至一地，必辨其因革，察其要害，觀其風土，考其民生利病，結交賢豪長者，採訪圖書，搜尋金石，亭林曾與馬宛斯訪碑於鄒平郊外。[21]登泰山時，則砍斫榛莽，掘地得碑，其於〈岱嶽觀造象記〉云：「碑下爲積土所壅，余來遊數四，最後募人發二尺下而觀之，乃得其全文」。[22]又如於〈玄靖先生李君碑〉亭林嘗謂：「予嘗遊茅山，至玉晨，觀其前有雷平寺，池南爲伏龍岡，元靖葬其上，碑今在

---

19 見《金石文字記序》。

20 清師下常熟，亭林之母王太夫人以不食卒，臨終謂亭林曰：「我雖婦人，身受國恩，與國俱亡義也。汝無為異國臣子，無負世世國恩，無忘先祖遺訓，則吾可以瞑目於地下。」故亭林一生未敢稍忘。

21 見《張穆亭林年譜》。

22 見顧亭林《金石文字記・卷三》，又見於《求古錄》。

觀中，四周皆刻文字，道士以亭覆之」。[23]是知亭林探訪碑石之文，無遠弗屆，若得之前人未曾見錄者，輒為心喜。而其所結交學侶至友，亦多金石學名家，對金石之考證精研頗有成就。如朱彝尊《曝書亭集》所收〈金石題跋〉，[24]考據精鑿，與亭林《金石文字記》堪稱抗手。其繼前賢，開後學，於兩先生實無愧焉。又如張弨，其父致中，家儲鼎盉碑版之富，為當世少有，而張弨尤博學嗜古，究心金石之文，後雖以聾廢。而考證彌勤，著〈昭陵六駿贊〉，〈辨濟州學碑釋文〉，又嘗親登焦山，乘江潮歸壑，入巖下，仰讀〈瘞鶴銘〉，聚四石繪為圖聯，而著〈瘞鶴銘辨〉，較宋・黃長睿，董逌所載多得八字，所辨較明・顧元慶詳核。而馬驌著《繹史》，內〈宣王中興〉錄石鼓文，並音訓、名物、訓詁。〈器用門〉錄古金器凡六十七種。傅山傳述雖未見，然阮亭先生稱其工分隸及金石篆刻，潛邱稱其長於金石遺文之學，所著惜未能流傳於世。王宏撰曾為郭允伯後輩刻其所著金石史，以薦舉鴻博至京師，所攜漢〈華山廟碑〉，唐〈貞觀石刻金剛經〉等，為當時金石學者所宗之，惜其著述未顯。閻若璩著《潛邱劄記》，與傅青主論金石學，舉七事相對，又述〈顏氏廟碑〉，考其碑誤。此諸子皆嗜古好金石，間有著述，亭林與之交，於金石之學頗有所獲益。

而亭林金石之作，其所成書者有《石經考》一卷，《金石文字記》六卷，所錄金石文字凡三百餘種，其門生潘耒亦著補遺二十餘條，附刻於《金石文字記》後，亦頗多考證。亭林又著《考古錄》一卷，錄碑共五十六種，每刻必載全文，用隸釋之例，詳為核定。

今就亭林金石著述，析而論之。

23 見顧亭林《金石文字記・卷四》。

24 見《曝書亭集卷四十六至五十一》。

㈠吉金

吉金者，乃以銅器爲主，自夏后氏發現銅礦，應用冶術，鑄鼎象物，逮殷及周，百器製作，遂臻極盛。秦漢以後，此風漸衰。[25]然吉金文字之學，肇於兩漢，武帝時識柏寢之器。[26]宣帝時，張敞釋美陽之鼎[27]，著於史篇，斑斑可考。厥後和帝永元元年九月，竇憲征匈奴，單于得漠北古鼎以遺竇憲，案其銘文，知爲仲山甫作。[28]許慎《說文解字》，謂郡國往往於山川得鼎彝，其銘即前代之古文，此皆吉金文字之學，肇於兩漢之徵。然至宋始有專書，趙明誠撰《金石錄》，而金石之名始定，惟其所含者乃古器物及碑版而已。至清代金石學大盛，名家輩出，而亭林實倡之。然觀亭林金石之著，所錄吉金之文甚少，今可查見者有比干〈銅盤銘〉、〈鼎銘〉，[29]考證俱詳，皆先述其現存何處，發現經過；其有所疑，無可考者，亦存而待焉。如比干〈銅盤銘〉，其銘文刻在汲縣北十五里比干墓上，亭林引《衞輝府志》曰：「周武王封比干墓，銅盤銘碑石殘斷，字畫失眞。萬曆十五年，知府周思宸重摹汝帖，立石於墓前。」是知今所見銘文乃明周思宸重摹立石。至若此盤之所來，薛尚功《歷代鐘鼎彝器款識法帖》謂唐開元中，偃師縣土人耕地，得此盤，篆文甚奇，然亭林查引張邦基《墨莊漫錄》曰：「政和間，朝廷求三代鼎彝器，程唐爲陝西提點茶馬，李朝儒爲陝西轉運，遣人於鳳翔府破商比干墓，得銅盤徑二尺餘，中有欵識一十六字。」兩書所錄發現地點各異，而比干殷人，必無葬鳳翔之理，雖書中言之鑿鑿，而其爲何代之物，不可知。亭林未能親見此盤，故疑而未決，乃存而錄

---

25 見朱劍心著《金石學》。

26 見《史記・封禪書》。

27 見《漢書・郊祀志》：「是時美陽得鼎獻之，下有司儀，多以為宜薦見宗廟，如元鼎故事，張敞好古文字，案鼎銘勒，故知為周鼎」。

28 見《後漢書・竇憲傳》。

29 此兩銘皆見顧亭林《金石文字記・卷一》。

之。今考王國維《三代秦漢金石箸錄表八卷》未見著錄，而所刻比干墓上之十六字銘文，非類商末周初之文字，或此盤爲後人所譌託也。

至若〈鼎銘〉，在今丹徒縣焦山寺中，亭林曾親訪之，故描其狀甚詳。並錄其全部銘文，皆古文，除蝕一字外，爲雲雷之形，凡九十三文。而於銘文字體考釋甚詳，如謂「立」爲古「位」字，「各」爲古「格」字，「中」爲古「仲」字，「令」爲古「命」字等，此皆見亭林古文字學之造詣。按此鼎，其名亭林未考，朱彝尊由其銘文「曰王格于周，曰司徒南仲」而謂此鼎乃周時之器，今查王國維「三代秦漢吉金文箸錄表」知此鼎爲「無叀鼎」，藏於焦山定慧寺中。阮元《積古齋鐘鼎彝器款識》，劉心源《奇觚室吉金文述》，吳大澂《憙齋集古錄》等皆有著錄。

清代吉金文字，自亭林初倡，其後流風始廣。乾嘉之時，高宗曾命尙書梁詩正等率翰林院編修按內府所藏古器，仿《宣和博古圖》遺式，精繪形模，備摹款識，爲《西清古鑒》一篇，其後又續成《寧壽鑑古》一編。自此而後，吉金文字之學因而大啓，當時學人承其風者以程瑤田、錢坫二君爲首。程氏爲《考工創物小記》八卷，往往以殷周器物爲證，而錢氏考釋西秦時所得大曶鼎，銘長四百餘字，頗爲精確。其後治吉金文字學者，間得商周秦漢之古器者，或描其形象彝銘，以證文字之原，辨經史之譌者，皆圖之於錄。或考釋銘文，稽正古籍，以補經傳之所未備。是知亭林治吉金之學，雖未爲完備，然其影響之深遠，可窺而見也。

㈡刻石

刻石者，其所以記功述事，昭示方來，其作用與三代之勒鼎彝一也。其名始見於始皇東巡，凡刻石爲六，[30]其風流衍於秦漢之世，而極

30 《史記・秦始皇本紀》載始皇東巡，刻石凡六，有泰山、瑯琊山、之罘、東觀、碣石、會稽之

盛於後漢。逮及魏晉，屢申刻石之禁，至南朝而不改。隋唐承北朝之餘風，事無巨細，多刻石以記之，於是石刻文字，幾遍於全中國矣！

至若石刻之種類名稱，僂指難數，約而言之，有碑碣、墓誌、塔銘、浮圖、經幢、造象、石闕、摩厓、買地莂等，其作用雖異，然爲石刻則一也。

亭林金石之作，大皆爲石刻之著錄或考據，其《石經考》錄有漢、魏、晉、唐、蜀、宋開封府及宋高宗御書石經等，皆引經傳以明其立石經之緣由、經過。並述其漢魏石經歷代存燬之跡，旁徵博引，加以考釋。漢石經因時代久遠，其刻石或損壞、或遺佚，所殘存者，字跡亦有所湮滅。亭林引宋・洪適《隸釋》所錄石經殘碑，將其碑文引出，與經傳相較，偶有所闕，字體古今有別者，均附錄於碑文之下，其後並作一整理，考其殘碑，至宋時所存者爲何？[31]而石經散亡愈甚，後人未能珍視石經之可貴，殊爲可惜矣！幸亭林於歷代石經之變遷，考引經傳，詳加說明，如引《後漢書・儒林傳》謂漢石經，蔡邕所書乃八分。而古文、篆、隸三體石經，乃魏時所建也。並補前人引說之誤，其功厥偉。故《四庫提要》讚之曰：

考石經七種，裴頠所書者無傳，開元以下所刻，亦無異議。惟漢魏二種，以《後漢書・儒林傳》之訛，遂使一字，三字，爭如聚訟。歐陽修作《集古錄》，疑不能明。趙明誠作《金石錄》，洪適作《隸釋》始詳爲核定。以一字爲漢，三字爲魏，然考證雖精，而引據未廣，論者尚有所疑。炎武此書，博列眾說，互相參校。其中如據衛恆《書勢》，以爲《三字石經》非邯鄲

刻石。

31 亭林統計洪適《隸釋》所錄殘碑計有石經尚書殘碑合五百四十七字，石經魯詩殘碑有百七十三字，石經儀禮殘碑有四十五字，石經公羊殘碑三百七十五字，石經論語殘碑九百七十一字。

淳所書，又據《周書・宣帝紀》，《隋書・劉焯傳》以正《經籍志》自鄴入長安之誤，尤爲發前人之未發。[32]

是知亭林治學之廣，引據之嚴，考核之精，連《四庫提要》也讚之不已！

至若《求古錄》之作，乃鑒於歐陽修《集古錄》，趙明誠《金石錄》所錄金石，僅有其目，而不著其文，恐時代久遠，其文湮滅，雖有其目，亦未能窺其眞貌，故亭林特選取所藏之金石，擇可傳者錄之，以遺諸後人。至其擇錄標準，其自序言之甚明：「其高文大篇已見於方志者不錄，碑刻之摹拓而傳於世者不錄，近代詞人之作，多有文集者不錄，在乎闡幽表微，備史乘之遺」。[33]是知亭林《求古錄》之作，其旨在於闡幽表微，備史乘之遺。所錄碑刻，皆載全文，並誌其所存何處，建碑之由，其古字篆隸，皆一一註解，如「博城縣令詩碑」，碑中有[illegible]，[illegible]，[illegible]等字，亭林考之謂碑凡大周年者，天作「[illegible]」，地作「埊」，人作「[illegible]」，年作「[illegible]」，月作「[illegible]」，日作「[illegible]」，授作「[illegible]」，初作「[illegible]」，唯「[illegible]」字無考，疑是「應」字。凡數字皆作壹、貳、參、肆、捌、玖等字，皆武后所改及自製字。又如「唐景雲二年敕」，其敕文「青溪千刄」，亭林謂古仞、刃兩字通用，並引魏橫海將軍呂軍碑仞字作刃以明其考。

「王圓題名碑」其中碑文「各攜茶藥，相侯於迴馬嶺」，亭林亦謂荼荈之「荼」與荼苦之「荼」本爲一字，古時未分。皆爲麻韻，讀爲「徒」，東漢以下乃音「宅加反」，梁以下始有今音，且又妄減一畫爲茶字，並從碑文兩見茶字而證唐時字體尚未變爾。

「後唐冥福院牒」，其牒文「古付冥福禪院准此」，其時官府文移

32 見《四庫提要史部目錄類二》。

33 見《求古錄序》。

准字皆作準。相傳宋寇萊公作相，因避其名改之，亭林據後唐時牒已用准字，而考知此准字自取省筆之便，而非始萊公也。

又如「吳越武肅王墻隍廟記」，此碑以城爲「墻」，以戊爲「武」，亭林曾問之越人，皆茫然莫對，後其至友吳任臣始告之曰：「《五代史·梁本紀》註曰梁嘗更戊曰武，朱溫父名城，戊字類成，故改之。城之改墻，亦因此故也。」然亭林考之《舊唐書》，謂城改爲墻者，實因梁太祖父烈祖名誠，當時避而改之。諸如此類，可知亭林於字之今古變化，考之甚詳，其有所疑，不惜到處詢訪，以求其眞，故可補正字書之僞也。

至如史乘之遺，亭林亦借碑文以補史之闕，如「升元觀牒」，此碑在泰山東南麓，可考見宋時牒文之式。亭林並考《宋史·婁寅亮傳》但云政和二年，進士爲上虞丞，不言歷官袞州，亦可以此碑補史之闕。又如「建文碑」在霍山中鎭廟西壁上發現，亭林謂明洪武永樂以來，祭告嶽瀆之文，及其他碑記甚多，而未有建文年者，後之史家，每痛國史不存建文一代事跡，無從查考，而此碑字畫完好無缺，足可補建文一代國史之闕。

亭林所錄詩碑如〈靈巖寺宋李廸詩〉，〈滕涉詩〉，〈祖無擇詩〉，〈孔舜思詩〉，〈張會宗詩〉，〈鮮於侁詩〉，〈宼亭卞詩〉，〈蔡安持詩〉，〈杜欽況詩〉，〈路伯達詩〉，〈元傳亭詩〉，〈劉汾詩〉，〈永壽王詩〉，〈金王庭筠詩〉，〈司馬公祠堂詩〉，其人或不見詩人之林，其詩或未收詩集之列，然既勒之於石，足見其詩必流行於當時，或因贈予而立名，由詩中及其題名，可考當時士人之交往文風之盛，而其所刻人名，事蹟，亦可補史籍之闕漏。

除此之外，亭林亦從碑文中考歷代故實，如〈唐褒封四子敕〉，知唐代封莊子號曰南華眞人，列子號曰沖虛眞人，文子號曰通元眞人，庚桑子號曰洞靈眞人，其四子所著書，並隨號爲眞經，其名所自來，由碑可證知。又如《吳越武肅王墻隍廟記》，墻者城也，前已考之，而「城隍」之本源，亭林引經據典，查之甚精，謂城隍始見於易爻卦「城復於隍」之文，《說文》曰：「隍，城池也，有水曰池，無水曰隍，而非以爲神也」。其後禮諸侯，祭王祀，而國門居其一。鄭氏以國門爲城門，始有「祭城」之說。至若「城隍之祀」，莫詳其始，張說、韓愈、杜牧皆有〈祭城隍文〉，故知其時城隍乃爲土神，而司生殺之柄者也，以至傳於今者。是知亭林於《求古錄》中，不僅碑文全錄，且能旁徵博引，考歷代故實，闡幽表微，備史乘之遺，足可與正史相參也。

而亭林金石學之作，以《金石文字記》六卷爲最著，以爲證經訂史之資，故其自序謂：「抉剔史傳，發揮經典，頗有歐陽、趙氏二錄之所未具者。」足可見此書之成，亭林頗爲自豪。其書編列自商以來，除錄有比干〈銅盤銘〉、〈鼎銘〉外，其餘石刻均以時代爲次，每條下各綴以跋，敘其立碑之由耒，歷代遷徙之經過，發現之經過，碑現存於何處。其無跋者，亦具其立石年月，撰書人姓名，證據今古，辨正譌誤，較《集古》、《金石》二錄實爲精核，而此書所錄碑凡三百餘種，大皆爲亭林親訪，手自抄錄而成。間有其至友，出其所蓄之碑石拓本，以供亭林搜揖，故所錄碑刻數雖未多，然卻可補前人金石目錄之遺。如〈嵩山太室神道石闕銘〉，〈郃陽令曹全碑并陰〉，洪適〈隸釋〉不載，而亭林錄其全文，並與史書參證、補史之缺。考知碑所云：「續遇禁網〈指曹全〉潛隱遇家巷七年，光和六年復舉孝廉，此則全爲黨錮中人，而史傳闕之也」。[34]

如魏〈封孔憲碑〉亭林引《宋書・禮樂志二》曰：「建安十年，魏武帝以天下凋弊，下令不得厚葬，又禁立碑」。以致終魏之世，略無紀功跡行之文，其立碑之見於史者，亦僅田豫、顏斐二人，[35]是之魏碑傳世者少，乃因皇帝禁止之故。

---

34 見顧亭林《金石文字記卷一・郃陽令曹全碑并陰》

35 見顧亭林《金石文字記卷二・封孔憲碑》

〈岱嶽觀造象記〉，趙明誠《金石錄》未收，而亭林錄之，並謂唐碑存於泰山者唯此，有碑二，高八尺許，上施石蓋，合而東之，其字面每面作四、五層，每層文一首或二首，皆唐時建醮造像之記。此碑下為積土所壅，亭林欲觀碑文全貌，募人發地二尺許，乃得全文。

又如〈玄靖先生李君碑〉，亭查考《唐書》無傳，嘗親遊茅山至玉晨觀，其前有雷平池，池南為伏龍岡，元靖葬其上，碑今在觀中，而道士以亭覆之，亭林曾親往摹之。是知亭林訪碑之勤，查考之精。

《金石文字記》卷後潘耒補遺所載〈北齊嵩陽寺碑〉，〈支提龕銘〉，〈修禪道場碑〉，〈朔方節度使李光進碑〉，歐、趙二錄皆未收，其亭林卻能親訪其碑而錄之，足以補歐、趙二錄之不足。而此書所錄碑刻，雖偶與《求古錄》，《石經考》有所重複，然蒐羅之廣，考證精核過之，並與史事相發明。如〈郎中鄭固碑〉，碑上有一大孔，亭林謂漢碑多如此，並引劉熙《釋名》曰：「碑，被也，此本王莽時所設也。施轆轤以繩被其上，以引棺也。此臣子追述君父之功美，以書其上，後人因焉。故建於道陌之頭，顯見之處，名其文就謂之碑。」此述漢碑有孔之因，言之甚詳。

又如〈金鄉長候成碑〉碑末云：「夫人以延熹十八歲，在甲辰十一月三日，庚午遭疾終」。亭林謂漢碑未有志其夫人，後人作碑並志夫人則始於此碑。「梁上清眞人許長史舊館壇碑」，其碑首有云弟子陶宏景造隱居手自書，亭林謂碑刻之列有書人之名者，此其始也。

周〈漢西岳華廟碑〉東漢延熹八年（165年）立，隸書，郭香察書。原碑已毀。碑舊在陝西華陰西嶽廟中，明嘉靖三十四年（1555年）毀於地震。亭林謂碑撰人、書人，列名者始於此。

墓之有志始於何時？亭林於〈滎澤縣令常醜奴墓誌〉曾博引《南齊書》，梁任昉《文章緣起》，宋洪適《隸釋》，而考知東漢誌墓，初猶用甎，久方刻石，至晉末後刱為之而名曰誌，諸如此類，知亭林借碑以喻史事之發明。

至若石經考證，亭林已於《石經考》中於漢、魏石經歷代變遷之跡，述之甚詳。而唐《國子學石經》，亭林曾親訪之於西安府儒學，並將各經字數錄出，合九經字數共六十五萬二百五十二字。依《周易》、《尚書》、《詩》、《周禮》、《儀禮》、《禮記》、《左傳》、《公羊傳》、《穀梁傳》、《論語》、《爾雅》之序，並依字書參詳，改正諸經中疑闕之字。古今體異，隸變之不同，則分條敘之，使人一目瞭然而知字體之變。其《唐石經》避諱字亦詳列之。如虎字缺筆避太祖諱，淵字缺筆避高祖諱，民字缺筆避太宗諱，亨字缺筆避肅宗諱，豫字缺筆避代宗諱，誦字缺筆避順宗諱，恆字缺筆避穆宗諱，是之《唐石經》頗講求避諱字也。

而〈石臺孝經〉之立，亭林考之乃唐元宗時，詔群儒學官，集其眾議，以前人註解皆榮華其言，妄生穿鑿，遂於先儒注中採摭精英，芟去煩亂，撮其義理，允當者用為注解，元宗乃自八分書御勒於石碑，頒行天下，是知亭林於每一石刻所立緣由，必廣搜博籍以敘之，非僅敘其存目而已！

亭林治史，每喜從金石碑刻尋其史實與正史相證，補史之闕，如〈魯孝王刻石〉，其文曰：「五鳳二年，魯州四年六月四日成」，為早期的西漢刻石。字體為隸書，但也夾雜一些篆字結構。亭林自其年號考知「五鳳二年」者乃漢宣帝有天下之年也，「魯州四年」者，魯孝王有國之年也，上書天子大一統之年，而下書諸侯王自有其國之年，此為漢人之例。並謂三代之時，凡國之為史者，但書本國之年，而不書天子之年。故春秋隱公元年者何？自魯人書之，泰誓十有三年者何？為周人書之也。亭林並考知《漢書》諸侯王得自稱元年，如《淮南子・天文訓》曰：「淮南元年冬者」此為淮南王安始立之年，非注者所謂淮南王作書之年。且又考知漢時不獨王也，即列侯於其分封國中，亦得自稱元年，如《史記・高祖功臣侯年表》，高祖六年為平陽懿侯曹參元年。孝惠六年為靖侯窋元年，此皆足與經史相證。

又如〈不空和尚碑〉，唐代嚴郢撰，徐浩書，於建中二年建于長安。現在西安碑林。亭林由《舊唐書・王縉傳》考知代宗時以福業報應事，寵幸胡僧不空，並賜官至卿監，封國公。自此後凡京畿之豐田、美利多歸於寺觀，吏不能制僧徒，雖有藏姦蓄亂，敗戮相繼，而代宗信心不移。並詔天下官吏，不得箠曳僧尼。鼓勵施才立寺，以業果爲證，以爲國家慶祚靈長，皆福報所資。是以人事棄而不修，故大歷年間刑政日已淩遲。由此史實可證之唐代由盛而衰，由治而亂之跡。

〈鄭恆暨夫人崔氏墓誌銘〉此夫人即世所傳崔鶯鶯者也，享年七十六，有子六人，與鄭合葬。墓在淇水西北五十里處，碑得之於魏縣土中，此碑記載崔鵬之足以辯傳誦已久之元縝《會眞記》之誣。

他如〈拱極觀記跋〉曰：「右小碑本在拱極觀，觀已久亡，萬曆中有人掊地得此碑，置之岳廟中，與宇文周碑並立。其碑文鄙淺無足采，然吾於是有以見宋人風俗之厚」。亭林考知碑文雖鄙淺粗野，而其所敘事蹟卻可考宋人風俗之厚。黃冠道流之士，猶於國家喪亂，干戈亂世之際，仍繫思宋朝，與朝廷士大夫之靦顏臣僕者，大相逕庭也！

〈白龍池宋人題名〉在岳西傲來峯下，白龍池石壁上。廣計二十餘丈，書曰「龍潭」，曰「白龍池」之大字，其旁皆宋人題名。錄之得十五首，其文略無重複，自治平迄宣和，六十年間人名字，可以想見當日太平之盛，而金元以降，屢遭兵火，名山皆委之榛莽，無復有題名者。

〈升元觀牒〉可考知當日牒文之形式，考《宋史・婁寅亮傳》，但云政和二年爲上虞丞，不言歷官袞州，此可以裨補史之闕。

〈霍山廟建文碑〉據《霍山志》記載：「爲建文皇帝即位，遣官祭中鎮霍山之神所立，建文元年（1399年）刊」。原在洪洞縣苑川鄉（今興唐寺鄉）興唐寺村中鎮廟。此碑文可考知明建文一代之事蹟。

〈阿育王寺常住田碑〉收藏在浙江省寧波市阿育王寺內，其碑文爲唐。萬齊融撰，順陽范書篆額，所載內容可考知唐寺田興廢始末。

亭林亦借碑校史之誤，如後晉〈建雄節度使相里金碑〉與《五代史・相里金》傳相較，如「傳」云：字奉金，而「碑」云：字國寶；「傳」云：贈太師，而「碑」云：贈太子太師又封西河郡開國侯，此皆史之誤，而亭林借碑以正史也。

至若碑刻有誤者，亭林亦據經傳以正之，如〈吳季子墓碑〉其碑文有「嗚呼有吳延陵季子之墓」四字，亭林據元・吾邱衍《學古編》謂此「季子之墓」四字乃妄增之。又如〈楚相孫叔敖碑並陰〉，其碑云：「楚相孫君諱饒，字叔敖」，亭林引馬驌曰：「左傳宣公十一年，令尹蔿艾獵城沂，杜氏注：蔿艾獵，孫叔敖也，不名饒」。據此以證碑文之誤。晉〈太公呂望表〉爲晉武帝太康十年（289年）汲縣（今河南省衛輝市）縣令盧無忌所作，以頌揚其祖呂望的功德。表云：「其紀年爲康王六年，齊太公望卒」，蓋壽百一十歲。亭林引王應麟《困學紀聞》云：「以太公爲康王時卒者非矣」，亭林並謂開寶中詔修先代帝王祠廟，而以鬻熊配文王，召公配武王，太公，畢公配康王，皆因碑誤而史實亦誤。

至於文字音韻訓詁之學，亭林亦深研精通，其於碑文之今古字，或異文皆加考證並予說明，如〈嶧山石刻〉其文有云：「功戰日作」，亭林謂功當是攻字，古人以功、攻二字通用。〈史晨請出家穀祀孔子碑〉，現藏山東曲阜孔廟。刻於東漢靈帝建寧二年（公元169年）。其碑文云：「飲酒畔宮」者，乃泮宮之異文，謂益州太守高聯修，周公禮殿記亦作「畔宮」。〈太公呂望表〉其表文云「般谿之山，明靈所託」，亭林引水經注「磻溪」，故謂般即磻之異文。〈道因法師碑〉碑文云：「才晤、聰晤、即晤三空」亭林謂此晤即悟字，古人晤、悟二字多通用，並引陸雲〈逸民賦〉：「明發悟歌」，亦以晤爲悟爲證。〈嵩山會善寺戒壇勑牒〉碑文「准」字，亭林謂本當作「準」字，並謂見《唐書》已作準，又考五代堂判亦然，並據大歷時牒已用准字，知此字乃自取省筆，非因寇準爲相而改[36]。除此之外，亭林將諸碑別體字，列之於金石文字記卷末，使人可與碑文相對，而識其字之變也。

由是觀之，吉金石刻之文，不獨文詞之典雅，字畫之工妙，爲有心之士賞完珍藏。而先賢事跡，前代制度，不詳於史者，輒見諸於金石。而尤可貴者，在於金石能流傳久遠，不易湮滅。鄭樵《通志・總序》：「金石之功，寒暑不變，以茲稽古，庶不失真」。《西清古鑑》卷首錄清乾隆帝之上諭：「邃古法物，流傳有自者，惟尊彝鼎鼐，歷世恆遠，良以質堅而體厚，不爲燥濕所移，剝蝕所損，淵然之光，穆穆乎可見三代以上規模氣象」。是知金石以能其歷世恆遠，不易損壞，足可用於證史、補史。且就金石之製作與形式，又可考知當時社會之風俗習慣，工藝之發達等。

今考金石之運用，乃肇於兩漢，發達於宋，極盛於清。其於補史之闕、訂史之誤，明文字之變遷，能與經史小學相通。亭林之金石學，於其自序中，述之甚明。序曰：「余自少時，即好訪求古人金石之文，而猶不甚解。及讀歐陽公《集古錄》，乃知其事多與史書相證明，可以闡幽表微，補闕正誤，不但詞翰之工而已。……遂乃抉剔史傳，發揮經典」[37]亭林於金石學之成就，雖承續於歐陽公《集古錄》，趙明誠《金石錄》，惟考察之詳，析論之精，尤有過之。其收錄之碑文，足可補歐、趙所未錄者。而其研究方法乃啓清代金石學之盛，乾嘉以後，學者治金石之風愈廣，名家輩出，著述之富，駸駸乎史學之中堅，而蔚然成一風氣也。

36 胡三省《通鑑注》云：「宋朝寇準為相，省吏避其名，凡文書準字皆去十，後遂因而不改」。亭林以大歷時牒已用准字以駁其說。

37 見《亭林文集卷二・金石文字記序》。

第二節　亭林與輿地學

一、輿地學與史學之關係

輿地學與史學，乃相資爲用也。研史而不明輿地，則必扞格而難通，且夫輿地所記，率皆疆域建置沿革，山川形勢，城池古蹟，風俗人物，爲史所不可闕者，兩者關係之密切，殆不可分也！

吾國輿地之學發達甚早，大禹治水，隨山濬川，畫野分州，任土作貢，周官施治，知九州地域，辨山川名物，其職之分，載於典藉甚詳。《周禮・天官・大司徒》曰：

> 大司徒之職，掌建邦之土地之圖，與其人民之數，以佐王安擾邦國。以天下土地之圖，周知九州之地域，廣輪之數，辨其山林、川澤、丘陵、墳衍、原隰之名物，而辨其邦國都鄙之數，制其畿疆而溝封之，設其社稷之壝而樹之田主。[38]

描述大司徒之職，乃掌建邦國之土地之圖，與其人民之數，以輔佐王室，安擾邦國。《周禮・夏官・司馬》又稱「職方氏掌天下之圖，以掌天下之地，辨其邦國、都鄙、四夷、八蠻、七閩、九貉、五戎、六狄之人民與其財用、九穀、六畜之數要，周知其利害」，是知輿地之圖，早在周時已畫之，自秦漢罷封建爲郡縣，始有圖志以具述。

漢初，蕭何得秦圖籍，備知天下要害，晉世摯虞依《禹貢》、《周官》作《畿服經》，其州郡縣邑之分野，山陵水泉，城郭道裡，靡不具悉。齊時陸澄聚百六十家之說，依其前後遠近，編而爲部，曰《地理書》。任昉增以八十四家，謂之《地記》，其後陳顧野王又抄撰舊言，爲《輿地志》，惜其書先後散失。

38 見《周禮・地官・大司徒》。

晉常璩著《華陽國志》，其書概述巴蜀、漢中、南中之風土，歷史、地理、人物等的地方志著。全書共十二卷，約十一萬字。分述公孫述、劉二牧志〈公孫述、劉焉、劉璋〉、蜀二主〈劉先主、劉後主〉志，大同志〈晉吳對峙至晉太康之統一〉，繼之兩漢之賢人、仕女等傳，可補史書之闕。常璩將歷史、地理、政治、人物、民族、經濟、人文等彙集在一書中，具備方志之性質，但又明顯區別于傳統方志只偏重于記載某一地區之特點，此爲常璩《華陽國志》在中國方志史上一偉大創舉，也是千百年來能挺拔於方志之林，並成爲方志鼻祖的主要原因之一。

隋大業中，普詔天下諸郡，條其風俗、物產、山川、地圖，而著有《諸郡物產風俗記》，《區域圖志》，《諸州圖經》等書[39]。然尺書所見，究不出《禹貢圖經》範圍。至若正史載地理志，獨創爲一體，則始自班固《漢書》。梁啓超有云：「中國地理學，本歷史附庸，蓋目《漢書》創設地理志，而此學始漸發展也，其後衍爲方志之學」。[40]是知班固以前雖有輿地之學，然不甚發達，自班固而後，歷代史家著史，皆能宗其意而於正史之作，皆有地理志，或州郡志，地形志之設，[41]其重視地理之沿革，山川之形勢，翕然可知也。

輿地方誌之書，隋、唐志著錄雖多，然皆散逸無存。今存者以唐・李吉甫之《元和郡縣圖志》爲最古，其書起京兆府，盡隴右道，凡四十七鎭，成四十卷。每卷編目皆冠以圖，圖後詳載州郡、山川、都城，皆本古書，合於經證，體皆完善，誠一代巨著，惜其圖已亡，獨存志焉。

39 見《隋書・經籍志》。

40 見梁啓超《中國近三百年學術史》。

41 自班固《漢書地理志》之設其後史書如《晉書》、《隋書》、《新舊唐書》及宋、遼、金、元、明、清諸史，皆有地理志，《續漢書》則有郡國志、《宋書》、《齊書》有州郡志，《魏書》有地理志、《舊五代史》有郡縣志，其名稱雖異，為其重地理志則一也。

至宋有樂史撰《太平寰宇記》，其書採摭繁富，輿圖與史相合，考尋始末，條分理明。至於列朝人物，一一竝列，詳其官爵，題詠古蹟，詩詞雜事，亦皆傳錄，可補吉甫之闕遺。蓋地理之書，記載至此而詳，體例亦自此而不變。

至神宗元豐間，王存奉敕撰《九域志》，其書於州縣、道裡、戶口、土貢之分，縷述甚詳，深得古人辨方經野之意，敘次簡潔有法，爲世所稱。而祝穆《方輿勝覽》全書分前集四十三卷，後集七卷，續集二十卷，拾遺一卷，凡七十卷。於名勝古蹟，多所記列，詩賦序記，所載獨備。可補史書傳記所闕。

官修志書，除唐《元和郡縣志》，宋元豐《九域志》之外，有元岳璘所修《大元一統志》，今已不傳。其後景泰中，敕修《寰宇通志》，至英宗復辟，惡其書成於景帝，乃命李賢重編，賜名《大明一統志》，內容有所增補，御製序文冠其首，浸版頒行，然因纂修諸臣，非爲一人，舛僞牴牾之處頗多，頗爲亭林所譏。

至清代，因皇帝詔令之敦促，方志頗爲發達，清《一統志》重修凡三次，其書之例於京師後，次以盛京各直省，蒙古藩部及朝貢各國，於每省立統部，冠以圖、表，次以統部，內容備列天下疆域，山川土田，貢賦物產，古蹟關隘、津梁堤堰、陵墓寺觀、名宦人物、列女仙釋、土產風俗實等爲統志之權輿。

至若私家撰述，隋唐五代以前，撰者除晉摯虞依《禹貢》、《周官》作《畿服經》，常璩《華陽國志》外，其餘撰者蓋尟。宋人朱長久撰有《吳郡圖經》，成書於神宗元豐七年，分門有廿八，備有後來志書之目。朱敏求撰有《長安志》廿卷，附圖三卷。范成大之《吳郡志》，高似孫之《剡錄》，周應合之《景定健康志》，皆著錄於四庫者。

元人所修志書，今存者如單慶修、徐碩編《至元嘉禾志》卅二卷，詳考金石文字。爲最早嘉興地區的地方志，記述了嘉興地區的歷史沿革、典章制度、風土人情。張鉉《至正金陵新志》十五卷，記述元代南京地方史料，考定精實，無蕪雜附會之病最爲珍貴。馮復京修、郭薦纂《大德昌國州圖志》，旨在明淨，皆不離舊法。沿及明代，志書益繁，北地郡邑，亦編地志，其有名者如王鏊撰《姑蘇志》，採一時耆舊而爲典型。繁簡得中，考核精當，在明人志書中，猶爲上乘之作，康海纂修《武功縣志》，綱目分爲三卷，義例甚嚴。韓邦靖撰《朝邑縣志》，書只廿餘張，而含括上下數千年，於明稱爲絕作。

入清之時，樸學大興，作者紛起，一般學者皆參預修志工作。康熙十一年，雍正七年皆詔諭各省修志，更使方志之書屢增。各府州縣，幾無不有志，舉其著名者言之，如李南澗《歷城》、《諸城》兩志，纂集皆爲舊文，不自著一字，以求絕對之徵信。章實齋萃畢生精力於修志之例，而志書之作，始有整齊劃一之貌。其所撰志書，有和州、亳州、永清三志，及湖北通志稿。「方志學」之立，竟自實齋始也。其餘如江中之《廣陵通典》，董立方之《長安志》、《咸寧志》，洪亮吉之《涇縣志》、《淳化志》、《長武志》，孫星衍之《邠州志》、《三水志》，李兆洛之《鳳臺志》，皆爲精粹之作，有清一代方志學之盛，由此可見。[42]

蓋方志本爲地方志書，實國別體之史書，其內容包羅萬象，社會地域資料尤爲周全，史書闕略，多賴此得以補正。故章學誠有云：「夫家有譜，州縣有志，國有史，其義一也」[43]。又云：「方州雖小，其所承奉而施布者，吏、戶、禮、兵、刑、工，無所不備，是則所謂具體而微矣！國史於是取材，方將如《春秋》之藉資於百國寶書也，又何可忽歟？」[44]推夫章氏之說，則方志實國史之基礎，而國史乃由諸方志歸納而成。金鎔之《福建通志》敘云：「國有史，四方有志，其揆一也。然而志爲史之先資。志者一方之史，史者天下之志，是故史有輿地，志

---

42 見金毓黼《中國史學史》。1944年由重慶商務印書館出版。

43 見章學誠《文史通義・大名府志序》。

44 見章學誠《文史通義卷六・方志立三書議》。

亦有輿地，乃史止名山大川，而志則峰岩、石峽、溪沼、灘地，無不備載」，是知「志者，一方之史，史者天下之志」二者關係頗爲密切。而歷代史家撰史，頗取方志，是以方志之體愈精，而書愈多。

近人瞿宣穎闡揚地方志與歷史之關係，頗爲詳明，其在《方志考稿・序》有言：

方志者，地方之史，有通史以觀其會通，有斷代史以析其時代，則縱貫與橫剖之象皆具焉。有地方之史以觀其區域，然後於縱貫之中得橫剖之象焉，古者國史不可詳，然自常璩《華陽國志》以來，大至方州，小逮村鎮，禹域之廣，幾無地無志者，雖其良窳不齊，然吾曹生於載籍荒闕之日，猶得勉執殘篇以蘄吾向所云，明其層纍之跡。究其感受所由者，端惟此林林數萬之方志是賴。

瞿宣穎並列舉現存之方志，有裨於治史之途，凡有六焉：「社會制度之委曲隱微不見於正史者，往往於方志中得其梗概，一也。前代人物不能登名於正史者，往往於方志中存其姓氏，二也。遺文軼事，散在集部者，賴方志然後能以地爲綱，有所統率，三也。方志多詳物產、稅額、物價等類事實，可以窺見經濟狀之變遷，四也。方志多詳建置、興廢，可以窺見文化升降之跡，五也。方志多詳族姓之分合、門弟之降衰，往往可與其他史事互證，六也。凡比六端，皆爲治近代史者，所亟欲尋究於正史之所無，而方志往往足供焉」[45]其對方志之功能，敘之甚詳，凡正史因體例之囿，無法記載之人物、風俗、物價、鄉野傳說等，皆可由方志表露，其補史之闕，甚爲重要。

至若輿地圖經之學，乃肇於晉之裴秀，而盛於唐之賈耽，《晉書・

45 見瞿宣穎《方志考稿・序》。

裴秀傳》云：

> 秀，儒學洽聞，且留心政事……職在地官，以禹貢山川地名，從來久遠，多有變易，後世說者，或彊牽引，漸於暗味，於是甄摘舊文，疑者則闕，古有名而今無者，皆隨事注列，作《禹貢地域圖》十八篇，奏之藏於秘府。[46]

其書上考禹貢山海川流，原隰陂澤，郡國縣邑，疆界鄉陬及古國盟會舊名，而實地採訪，精心繪成。其尤貴者乃詳言「輿地製圖之法」，謂其體有六：

> 一曰分率，所以辨廣輪之度也。二曰準望，所以正彼此之體也。三曰道里，所以定所由之數也。四曰高下，五曰方邪，六曰迂直。此三者各因地而制宜，所以校夷險之異也。有圖象而無分率，則無以審遠近之差。有分率而無準望，雖得之於一隅，必失之於他方；有準望而無道里，則施之於山海隔絕之地，不能以相通，有道里而無高下，方邪、迂直之校，則徑路之數必與遠近之實相違，失準望之正矣。故於此六者，參而考之，然後遠近之實，定於分率。彼此之實，定於道里。度數之實，定於高下方邪迂直之算，故雖有峻山鉅海之隔，絕域殊方之迴，登降詭曲之因，皆可待舉而定者，準望之法既正，則曲直遠近無所隱也。[47]

所言製圖六體之法，頗爲詳盡，後世言之者無過於此。如言分率（即今之比例尺），準望（方位），道里（距離），並於地形高低、隱

---

46 見《晉書．裴秀傳》。

47 見《晉書．裴秀傳》。

晦，以高下方邪迂直示之，誠爲史學界一大發明也。除此之外，裴秀亦發明方格縮放輿圖之法，以「縑八十四匹天下之舊圖，以一分爲十里，一寸爲百里，裁縮成「方丈圖」[48]其爲後世輿地開創新法，現代地圖學所需要的主要因素，除經緯線和投影以外，裴秀皆已談及。自此以後，直至明代利瑪竇的世界地圖傳到中國前，我國繪製地圖的方法，基本上都依據裴秀所定之「六體」，可見裴秀之成就和影響是至深且巨，功不可滅。

其後唐宰相賈耽亦留心於此，《舊唐書・賈耽傳》云：

耽好地理學，凡四夷之使，及使四夷還者，必與之從容，訊其山川土地之終始。是以九州之險夷、百蠻之土俗，區分指畫，備究源流。

耽研地理，頗爲用心，究觀詳考輿地，垂三十餘年之久。凡絕域之比鄰、異番之習俗、梯山獻琛之路、乘船來朝之人，咸究其源流，訪其居處。至若鄉閭之言、土俗之異，皆採之而芟其僞，所著地理書頗多，並繪有〈隴右山南圖〉、〈華夷圖〉，率以一寸折成百里，深合今日經緯分度之法，視裴秀之分率法而益爲精密矣！耽並重地理沿革，以朱墨辨別古今郡縣，創吾國輿圖分朱墨繪製之開端。其所撰《海內華夷圖》、《古今郡國縣道四夷述》[49]等書兼具古今，明其因革，爲地方總志之善本。

至宋時，輿地沿革之學方興，臨川布衣吳澥撰有《歷代疆域志》十卷，乃綴宋以前歷代地理志組合而成。鄭樵《通志・地理略》，以山川分野州郡，其序云：「州縣之設，有時而更。山川之形，千古不易。所

---

48 見虞世南《北堂詩抄・卷九十六》。

49 見〈進海內華夷圖及古今郡國縣道四夷表述〉載《全唐文・卷三百九十四》。

以禹貢分州，必以山川定經界。使兗州可移，而濟河之兗不能移；使梁州可遷，而華陽黑水之梁不能遷。故〈禹貢〉爲萬世不易之書」。又云：「今之地理，以水爲主者。水者，地之脈絡也，郡縣碁布，州道瓜分，皆以水爲別焉。」[50]而其通考歷代封邑之沿革，則有《歷代封畛考》。專考一代輿地的有《開元十道圖考》，又別創新例作〈都邑略〉。其後馬端臨《文獻通考・輿地考》乃承襲鄭氏之遺例，而內容則更加精審。

元代地輿學家以朱思本爲最著，曾周遊各地，遍訪四方史臣，參究《水經注》、《元和郡縣志》、《元豐九域志》，費十年之力，而繪成〈廣輿圖〉，是中國最早的分省地圖集。惜原圖已佚，惟萬曆七年有山東重刻。嘉靖末有羅洪先增補之〈廣輿圖〉，以總圖爲首，依行政區劃分幅列圖，並附有專門性地圖，是一部比較完整的、附域外地區的綜合性地圖集。

明代義大利人利馬竇來華，開展晚明士大夫學習西學的風氣。他於萬曆年間繪製之《坤輿萬國全圖》，改進我國舊有輿地測繪之法，是中國歷史上第一幅完整的經緯世界地圖，在地理學和製圖學界具有重要位置。經多次翻印摹抄，影響深遠。並在問市後不久，在日本江戶時期傳入日本，改變日人崇拜中國「華夏」的觀念。其對日本地理學之發展，有著重要之影響。

至清初，西洋測繪之學傳至中國，輿地製圖之術乃精益求精。比利時人南懷仁留華數十年，迭次遣人赴內地各省，及滿、蒙各地，從事實際測繪，於康熙五十六年，作成《皇輿全圖》，用朱、墨兩色套印，而爲創始之作。

清末楊守敬更以我國舊有繪圖技術，耗費數十年爲酈道元《水經》作注，綜合明・朱謀瑋《水經注疏》，清・顧炎武、顧祖禹、閻若璩、

50 見鄭樵《通志・地理略序》。

胡渭等人研治《水經注》之基礎，寫成《水經注疏》四十卷，使中國沿革地理學達到了高峰。其所繪製之〈水經注圖〉、〈歷代輿地沿革圖〉、〈歷代輿地沿革險要圖〉等輿地學鴻篇巨著，兼採新法，用朱墨套印，其內容乃根據史志，考證頗爲詳盡。

至於治革地理，清代學者用力亦深，唯皆以「經世致用」爲出發，如顧亭林之《肇域志》及《天下郡國利病書》，乃雜取各府州志，歷朝奏疏文集及明實錄抄撮而成。其內容敘述各地風俗、民情及生活狀況，爲一部歷史之政治地理學[51]而顧祖禹之《讀史方輿紀要》凡一百三十卷，敘山川險易，古今用兵戰守攻取之宜，興亡成敗之跡最詳，而於景物遊覽之勝則從略，此又作者經世致用之微旨。其體裁組織之嚴整明晰，古今著述，罕見其匹。至若州郡縣之建置，代有革易，名稱紊亂，讀史者深爲所苦。當時有兩書裨益治史，其一爲康熙間陳芳績所著《歷代地理沿革表》四十七卷，另一爲道光間楊丕復所著《輿地沿革表》四十卷。陳書以朝代爲經，地名爲緯，按古以察今。楊書則以地名爲經，朝代爲緯。由今翔古，兩書互勘，治史益便。

夫輿地之學，歷代或言圖經，或言方志，或言地理沿革，其與史學之關係皆密矣！古之輿地，率記疆域、山川、古蹟、風土，方志載事，雖以一隅爲限，而其內容，則兼賅地理史書之全。其與史書所記一代之典制故實，乃一縱一橫，合之而爲史之完體。梁任公曰：「現存之古地理書，如唐代之《元和郡縣志》，宋代之《太平寰宇記》、《元豐九域志》等，其性質可爲方志之集合體」。[52]是知古地理書與方志無別也。方志爲地方之史，其於一隅之地理形勢、政治經濟、社會風俗、學術文化、靡不具載。其爲用也，不惟徵史於既往，實所以考鏡於來茲。

圖經沿革之學，亦詳置地理治革、山川風俗、邊防要地、古蹟人

51　見張舜徽《中國史學要籍介紹》。

52　見〈清代學者整理舊學之總成績〉載〈東方雜誌〉廿一卷十八期。民國十三年九月出版。

物。繪其圖，敘其志，而爲史之一體，其與史之關係可知也。

二、亭林之輿地學

亭林於輿地之學，其用力也勤，著作亦富，一生奔走山林川野，考其風俗利病，詳其民生疾苦，以輿地爲經，史事爲緯，治史地之學爲一爐。其於地域形勢，皆實地勘訪，究源探微，辨史書地記之誤，發經世致用之微，而啓清儒輿地學之權輿。

亭林生當明之晚季，幼睹秕政，長逢鼎革。鑒於有明之亡，乃因政治腐敗，經濟崩潰，故汲汲於民生經世之學。其於地學之研討，亦寓經世致用之精神，所著《肇域志》與《天下郡國利病書》，乃取明十三朝實錄，天下圖經，旁逮文編說部，公移邸抄之類。凡有關國計民生者，隨得隨錄，垂二十年始成。其自序云：「感四國之多虞，恥經生之寡術，於是歷覽二十一史以及天下郡縣志書，一代名公文集及章奏文冊之類，有得即錄，其成四十餘帙，一爲輿地之記，一爲利病之書」。[53]是知亭林經世思想皆融於此。梁啓超曾評亭林之《天下郡國利病書》與《肇域志》乃爲大規模研究地理之矢禀。並謂著述動機全在致用。[54]今觀其書，其內容以民生經世爲多，皆引古考今，析論頗爲廣泛，有談形勢險要，如「燕京」之形勢謂：「燕京……扆山帶海，有金湯之固。眞定以北，至於永平，關口不下百十，而居庸、紫荊、山海、喜峰、古北、黃花鎮、險阨尤著，故薊州、保定重兵屯焉」。[55]又如論「蘇州府」形勢，爲「南近諸越，北枕大江，川澤沃衍，有海陸之饒」[56]。每述一地，皆以精語述其形勢，使人一目瞭然其險阨之處。至其邊防重地，軍事設施，亦闡論之。如論「薊鎮」守邊謂：「薊鎮，京師之環衛

53 見顧炎武《天下郡國利病書・序》。

54 見〈清代學者整理舊學之總成績〉載〈東方雜誌〉廿一卷十八期。民國十三年九月出版。

55 見《天下郡國利病書・北直上》。

56 見《天下郡國利病書・蘇上》。

也，延袤二千餘里，其邊防固亦重矣……薊鎮岡阜層疊，虜難徑入，其平坦易馳逐者，可數而盡也，則不必隨處而守其明矣！」[57]並將其可守邊之處明列而出。如薊鎮之邊防有七里海、潮河、角山關、廟山口關、城子谷關等。言邊防攻守之道，可謂詳矣！其論水利、田賦之道，亦述其微，如言水利：「夫水之行地，猶血脈之周身，欲疏通，不欲底滯，其性一也」[58]。又云：「河湖溝澗，天設之水利也。池塘堰壩，人爲之水利也。有能興舉而疏濬之，其爲田功，利孰大焉。[59]可知亭林對水利之河湖溝澗與池塘堰壩等辨之甚詳。又如「於江河之旁，倣古人之跡，各分爲塘浦，是又於下流而貫通之也。築圩岸以圍田，作堰以遏水，使之畢歸於塘浦，而東去之水，自然滿盈迅疾，所以爲內之勢也。置閘以限海水之至，使沙不入，而水易出，所以爲外之防也」。[60]因地形之異而築堰，閘以利田功，其於河湖溝澗之利灌溉，亦言其道，「古道之疏通者，決去漲沙，增高堤防，疏築溝澗，開壩通閘，則斯民無旱澇之虞矣」[61]。亭林於此書論水利之處頗多，對疏築溝澗，開壩通閘以防旱澇，甚爲了然，亦可見其經世之用。至若田賦，亭林亦有所論：「竊謂田賦，必均而後可久，除沙茅之地別籍外，請檄諸州縣長吏，畫一而度之，以鈔准尺，以尺准步，以步准畝，以畝准賦，倣江南魚鱗冊式，而編次之……一切糧稅馬草驛傳，均傜里甲之類，率例視之」。[62]而各地土質富饒、貧瘠各有不同，水利之功亦各有異。故田畝之收，亦應因地而不同。如言「嘉定田賦」，亭林謂：「嘉定承五湖之委，居三江之間，而三面諾浦，醇吸濁湘，朝潮夕汐，日就不得期潮夕汐，日就殿於

57 見《天下郡國利病書・北直上》。
58 見《天下郡國利病書・北直上》。
59 見《天下郡國利病書・鳳寧徽》。
60 見《天下郡國利病書・蘇上》。
61 見《天下郡國利病書・浙江下》。
62 見《天下郡國利病書・以步准畝》。

淤，於是言水利則苦濬治之費，論田功則憂灌漑之艱，故稱沙瘠之地，其田不得與他州縣比。自唐天寶之後，江淮租庸已稱繁重，固有民力竭矣之歎」[63]欲使民生能求均用自足，而勤稼穡之業，必去繁苛之條，立平易之法。其餘論地理沿革、山川、鹽礦、畜牧、兵防封疆……皆各以地爲宗，逐一闡說，而大皆重於經世致用、國計民生之探討。

亭林輿地學之作，見於他書者，尙有《歷代帝王宅京記》，將歷代帝王京都，自伏羲、神農、黃帝……依序加以考訂，並引史證之。至其城郭、宮室、都邑、寺觀及建置年月、事蹟，亦各按時代，詳載本末，徵引詳考。如述「阿房宮」之規制言：

三十五年，始皇以爲咸陽人多，先王之宮庭小，……乃營作朝宮，渭南上林苑中，先作前殿阿房，東西五百步，南北五十丈，上可以坐萬人，下可以建五丈旗，周馳爲閣道，自殿下直抵南山，表南山之顚以爲闕。爲復道自阿房渡渭，屬之咸陽，以象天極閣道，絕漢抵營室也。阿房宮未成，成，欲更擇另名，名之。作宮阿房，故天下謂之阿房宮。[64]

述阿房宮之壯麗，可謂盛矣！又如「甘泉宮」之建置，謂「秦所造，在今池陽縣西，故甘泉山、宮以山爲名，宮周匝十餘里，漢武帝建元中增廣之。周十九里，去長安三百里，望見長安城，黃帝以來，圜邱祭天處」。[65]亭林於建宮始末，宮之大小形狀，皆詳考史籍而說之，而於宮苑館閣，亦述而明之。如石渠閣：「蕭何造，其下礲石爲渠以導水，若今御溝，因爲閣名，所藏入關所得秦之圖籍，至於成帝又於此藏秘書焉。〈三輔故事云，石渠閣在未央宮殿北，甘露中，五經諸儒，雜

63 見《天下郡國利病書・蘇上》。

64 見《歷代帝王宅京記卷三・關中》。又見《史記・秦始皇本記》。

65 見《歷代帝王宅京記卷三・關中》。又見《史記・秦始皇本記》。

論於石渠閣」。[66]劉向於成帝末曾授書於天錄閣，其閣之原委始造，皆考而明之，除考定都城，宮苑建置外，更闡其定都之由，或因地饒富，物產豐富。或因其地形勢險要，可避外敵，如周平王東遷都於洛邑。《史記・周本紀》曰：「平王東遷於雒邑，避戎寇」。[67]又如漢高祖得天下，身邊諸臣皆勸其定都濼陽〈洛陽〉，以為洛陽東有成皋，西有崤黽之險。且背河，向伊雒，可固守。後因劉敬之說，留侯之析論，劉邦遂而車駕西都關中，其遷都之由，劉敬析之甚詳。《史記・留侯世家》曰：

> 夫關中左崤函，右隴蜀，沃野千里，南有巴蜀之饒，北有胡苑之利，阻三面而固守，獨以一面東制諸侯。諸侯安定，河渭漕輓天下，西給京師；諸侯有變，順流而下，足以委輸。此所謂金城千里，天府之國也，劉敬說是也。[68]

也因劉邦定都關中，而保有西漢二百多年歷史。又如隋文帝初立都於洛邑，嫌臺城制度狹小，又宮內鬼妖氛熾，欲遷都。與臣高穎、蘇威商議，蘇威獻計謂：

> 洛邑之地，漢營此城將八百歲，水皆咸鹵，不甚宜人。……而龍首山，川原秀麗，卉物滋阜，卜食相土，宜建郡邑，定鼎之基，永固無窮之業。所議正合帝意，遂作新都於龍首山。[69]

是知歷代帝王定都或遷都，皆有所據。即使私意遷都，亦必有冠皇

66 見《歷代帝王宅京記卷六・關中》。

67 見《歷代帝王宅京記卷一・總序》。

68 見《史記・留侯世家》。

69 見《歷代帝王宅京記卷一・總序》。

之理，使臣民信之。而亭林考原竟委定都、遷都之由，使人一目了然於其時政治之興衰，與民力之頹盛也。

北魏以後，佛教東傳，寺觀林立，亭林述都城之餘，亦旁及佛廟寺觀。如秦太上君寺：「胡太后所立也，在東陽門外二里御道北，所謂暉文里……，當時太后正號崇訓，母儀天下，號父爲奉太上公，母爲秦太上君，爲母追福，因以名焉」[70]。如報德寺：「高祖孝文皇帝所立也，爲馮太后追福，在開陽門外三里，開陽門御道東有漢國子學堂。堂前有三種字石經，二十五碑，表裡刻之」[71]又如白馬寺「漢明帝所立也，佛入中國之始。寺在西陽門外三里御道南，帝夢金神長丈六，項背日月光明，胡人號曰佛，遣使向西域求之，乃得經象焉，時白馬負經而來，因以爲名」。[72]其於寺廟建置緣由，地理位置述之甚詳。

亭林於史地之學，蓋有所成，其於方志之學，亦頗重視。雖未如章學誠之發凡起例，然清初學者之重視方志，首推亭林。其畢生精力所萃集著作之《肇域志》及《天下郡國利病書》，即採自各省方志，《天下郡國利病書》云：「於是歷覽二十一史、以及天下郡縣志書，一代名公文集及章奏文冊之類，有得即錄，共成四十餘帙」。《肇域志・序》亦云：「此書自崇禎乙卯起，先取一統志，後取各省府州縣志，後取二十一史，參互書之，凡閱志書一千餘部」。是知亭林此二本鉅構，採自方志資料頗多。而亭林亦參與方志之訂撰。據梁任公考知亭林參與訂撰之方志有《康熙德州志》及《康熙鄒平縣志》（此志爲馬宛斯所撰，而亭林參與）。[73]亭林於己亥年四十七歲遊永平時，郡人曾以志屬之，亭林未應其求，因摭古來營平二州故實，撰爲六卷。其自序謂：

70　見《歷代帝王宅京記卷八・雒陽中》。

71　見《歷代帝王宅京記卷八・雒陽中》。

72　見《歷代帝王宅京記卷八・雒陽中》。又見《洛陽伽藍記・卷四》

73　見〈清代學者整理舊學之總成績〉載《東方雜誌》廿一卷十八期。民國十三年九月出版。

> 獨恨《燕史》之書不存，而重違主人之請，於是取二十一史、《通鑑》諸書，自燕、秦以來此邦之大事，迄元至正年而止，纂爲六卷，命曰《營平二州史事》，以質諸其邦之士大夫。[74]

是知此書亦方志之流，惜其書已佚未傳，所存者有《營平二州地名記》一卷。《四庫提要》曾疑其爲《營平二州史事》六卷之一，咸爲可信。其書載營平二州古地名，自三代至唐，依時爲次，惟所記爲隨筆雜鈔，當爲未定之稿本，而《歷代帝王宅京記》考歷代帝王建都之制，及其風土建築文物，當亦爲方志之流。

亭林輿地之作，尚有《昌平山水記》，敘昌平附近山水、郡縣、關口、城門、風土。而於京都附近明室帝王陵寢，建造規制，描之甚詳，令人發幽古之思。明帝王陵寢設於昌平天壽山者，有長陵、獻陵、景陵、裕陵、茂陵、泰陵、康陵、永陵、昭陵、定陵、慶陵、德陵，共十二陵。亭林曾親謁陵寢，實地採訪，並參證史籍，考知陵寢之沿革、風物、傳說。如敘祭陵之禮。

> 凡祭，清明、中元，冬至以至太牢、國初遣太子、親王，其後遣大臣行禮，文武衙門堂上官各一人，屬官各一人，分詣陪祭。忌辰及聖節、正旦、孟冬亦遣官行禮，止用香燭酒果，無帛不陪祭。嘉靖十五年，改命春以清明，秋以霜降，遣官行禮，各陪祭。中元、冬至遣官行禮，不陪祭。歲凡四大祭、三小祭。[75]

由此可知亭林其對明皇陵祭祀之禮，考知甚明。至若昌平舊縣之沿

74 見《亭林文集》卷二〈營平二州史事序〉。

75 見《昌平山水記》。

革，亭林亦循時代先後而敘之。

> 州西八里爲昌平舊縣，縣名始見於漢，齊悼惠王子卬以昌平侯立爲膠西王。光武時，寇恂至昌平，襲殺邯鄲使者，奪其軍。耿弇走昌平，就其父況。盧芳入朝，南及昌平。魏文帝拜田豫爲烏桓校尉，持節並護鮮卑屯昌平。至魏書云，軍都縣有昌平城，則已廢，不爲縣矣。……隋書云，昌平縣有關官，有長城。《唐書》武德初徙突地，稽部落於幽州之昌平城。……元史木華黎傳言，師還獵於昌平，也速傳言孛羅帖木兒前鋒度居庸關至昌平，亦在此。景泰三年，徙永安城。今居民不滿百家，而唐狄梁公祠香火特盛。歲四月朔，賽會，二三百里內人至者肩摩踵接。考之唐書，突厥陷趙、定縱掠而歸，公爲行軍副元帥，獨以兵追之不及，又爲河北道安撫大使，意其嘗至此也。有碑一，元大德四年集賢學士宋渤撰文。[76]

亭林於昌平之設置、沿革，皆引史書查證。其於昌平附近可爲軍事防禦之關口，如居庸關南口、上關、彈琴峽、青龍橋、八達嶺等，皆闡其形勢、述其守備。知亭林輿地之學，非僅溯其淵源沿革，描其地形、風物，而於其可具軍事地理之要，皆詳論析之，其經世之志，於此可觀矣！

其於《山東考古錄》一書中，則雜考山東古地名，及泰山之古蹟、物產。若傳說有誤者，每引史以辨之，如「考竹」謂「北方本多竹，並引《史記．貨殖傳》渭川千畝竹，《漢書》有司竹監，此秦竹也。而古詩亦云冉冉孤生竹，託根泰山阿，此魯竹也。又《左傳》齊人弒懿公，納諸竹中。而《晉書》焚池之竹本則齊都之旁，亦有竹矣！」旁徵博引

---

76 見顧亭林《昌平山水記卷上》。

古籍，以證北方確有竹也。

又如北方大皆爲平原丘陵，北人不善用舟，自古皆然。而亭林卻引《隋書》而考知齊地古嘗用舟師。《隋書・張須陀傳》：「孫宣雅等眾十餘萬攻章邱，須陀遣舟師斷其津，濟親率馬步三萬，襲擊大破之，賊徒散走，既至津梁，復爲舟師所拒，前後狼狽，獲其家累，輜重不可勝計。」是知齊地古嘗用舟師而獲勝，古齊人用舟亦可知矣！至若史蹟傳說，亭林亦加考證，如「原鬼篇」考泰山故實，謂仙論起於周末，鬼論起於漢末，並引《左氏》、《國語》未有封禪之文，是知三代以上無仙論也，由史書來證知仙鬼之論起源。至於杞梁妻哭城之事，民間傳說甚多，並常以戲劇演出，亭林追源究委，述其故事傳說之源，由《春秋傳》、《禮記・檀公》、《孟子》、《說苑》、《烈女傳》等書，考其故事傳說演變之情形，諸如此類，足徵亭林於輿地故實之考證頗爲精審。

亭林於輿地學之研討，善用歷史考證，詳其地名之沿革，辨史志所載之誤，可謂歷史之輿地學也。如考山東謂：「古所謂山東者，華山之東，管子言：楚者山東之強國也，《史記》引賈生言，秦併兼諸侯山東三十餘部，《後漢書・陳元傳》言，陛下不當都山東，蓋自函谷關以東總謂之山東，而非若今之但以魯爲山東也」。[77]山西：「古之所謂山西即今關中，《史記・太史公自序》蕭何塡撫山西。《方言》：自山而東，五國之郊。郭璞解曰：六國惟秦在山西。王伯厚《地理通釋》曰：『秦漢之間稱山北、山南、山東、山西者，皆指太行，以其在天下之中，故指此山以表地勢。正義以爲華山之西，非也」。[78]

諸如此類，見於《日知錄》尚多，其考地名沿革，皆博引史書，較其同異，以其所具輿地學之卓識而析論之。

---

77 見《原抄本日知錄卷三十一・山東、河內》。

78 見《原抄本日知錄卷三十一・河東、山西》。

至若地記史書所載地名之誤，亦詳考辨之。於《大明一統志》之編，頗有微詞，故於《京東考古錄》中，就《一統志》所載京東地名之誤，皆泛引史書，加以辨正。如辨《一統志》遼陵之誤云：「《一統志》，遼章宗陵，在三河縣五十五里，考遼無章宗，其一代諸帝，亦無葬三河者。」《一統志》於遼之皇帝竟無考明，殊可笑也。又如「考臨朐縣」云：「《一統志》，三河在漢臨朐縣地，今考二漢書並無臨朐縣，《唐書・地理志》，幽州范陽郡潞縣下云：「武德二年置臨朐縣。」是知臨朐縣為唐所設，而漢時無臨朐縣明矣！

又辨「柳城，《一統志》謂在府城西二十里，而於土產則曰人參、麝香、豹尾俱盛，今考柳城出府西二十里，乃灤河之西，洞山之南，沙土之地，其能出此三物乎？」是知《一統志》不知地理，所載物產亦誤，其其餘舛誤之處猶多，如「辨楊令公祠在密雲縣古北口之誤」，「考金陵」辨《一統志》金陵地名之誤，……亭林皆泛引史書、地理志以證明《一統志》所載之地名、史實之誤，其餘史書地志有誤者，亭林亦以其輿地學之卓識予以辨正；如評《三輔黃圖》云：「漢西京宮殿甚多，讀史殊不易曉，《三輔黃圖・序次》頗悉。以長樂、未央、建章、北宮、甘泉宮為綱，而以其中宮室臺殿為目，甚得體要。但其無所附麗者，悉入北宮反甘泉宮下，則舛矣」。[79]亭林並分條敘其舛誤之處。又如「辨勞山」云：「勞山之名，齊乘以為登之者勞，又云一作牢，邱長春又改為鰲，皆鄙淺可笑。按《南史》明僧詔隱於長廣郡之嶗山，《本草》天麻生太山、嶗山諸山，則字本作嶗，若《魏書・地形志》、《唐書・姜撫傳》並作牢，乃傳寫之誤。《寰宇志》，秦始皇發勞盛山，望蓬萊，後人因謂此山一名勞盛山，誤也」[80]。藉以辨《齊乘》、《南史》、《魏書・地形志》、《唐書・姜撫傳》之誤，可知亭林閱書多，

79　見《原抄本日知錄卷三十一・三輔黃圖》。

80　見《山東考古錄・辨勞山》。

始能辨其誣也矣！又如考《宋史》之誤：「宋史言，朝廷與金約滅遼，止求晉賂契丹故地，而不思營平灤三州非晉賂，乃劉仁恭獻契丹以求援者，既而王黼悔，欲併得之，遣趙良嗣往請之再三，金人不與，此史家之誤。」亭林考《通鑑》與《遼史》相較，知營平二州乃契丹以兵力取之于唐，而不取於劉仁恭之獻，若灤本平州之地，遼太祖以浮戶置灤州，當劉仁恭時，尚未有此州。[81]此千年史家之誤，而亭林得以校出，足徵亭林輿地學卓識及治學之嚴謹。

綜上所論，知亭林輿地學乃以經世致用爲宗，其考山川形勢、物產、邊防，莫不翼求異日能有所用，雖未如願，惟影響則頗爲深遠。其後如顧祖禹之《讀史方輿記要》，專詳於山川險要及攻守形勢，興亡成敗之跡。魏源《海國圖志》注重海域邊防地理，徐星伯《新疆識略》，張石洲《蒙古遊牧記》，何願船《朔方備乘》，龔定盦《蒙古圖志》等圖籍，注意西北塞外邊防地理，諸子研地理之學，皆旁及水利，勤求邊事，藉挽時艱，毅然以振國威、安邊境爲己任，措國家於盤石之固，其寓經世致用之跡明矣！而亭林治輿地之法，皆實地考證，親自探訪，其遊歷所至，每以驛馬載書自隨，凡西北阨塞、東南海陬，必呼老兵退卒，詢其曲折，若與平日所聞不合，即發書檢勘，校其舛誤，而史志地記有誤者，亦潛心探究，詳加考證，正史以外，並博採他書，訂其僞謬，辨其異同，創清代以考證研究輿地之始。其後劉獻庭徧歷九州，覽其山川形勢，訪其遺佚，交其豪傑，以質證所學。而胡渭、錢竹汀、楊丕復輩亦以歷史考證治輿地，是皆亭林之流風遺韻也！

81 見《京東考古錄・考宋史營平灤三州之誤》。

第三節 亭林與明史

一、亭林有志於明史

明史之纂修，淵源甚早，除列朝實錄及會典外，私修之史，亦頗有成績。如朱國禎之《明史概》、傅維麟之《明書》、王世貞、董複表之《弇州史料前集》、陳建之《皇明通紀》，查繼佐之《罪惟錄》，皆撰於明亡之前，爲後日官修明史之先路。[82]《明史》之開館創修，始於清順治二年五月，大學士馮銓等爲總裁，仿通鑑體，僅成數帙，因史料缺乏而中輟。其後於康熙十八年，重開局監修，以內閣學士徐元文爲監修，翰林院掌院學士葉方靄，右庶子張玉書爲總裁，並徵博學鴻儒分纂《明史》，徐元文並延明遺民萬斯同至京師，以布衣參預史局，諸纂修以稿至，皆送斯同覈審。元文去後，繼又以湯斌、徐乾學、王鴻緒、陳廷敬、張英、熊賜履、張玉書先後爲總裁，而諸纂修皆博學能文，論古有識。後玉書任〈志書〉，廷敬任〈本紀〉，鴻緒任〈列傳〉；至康熙五十三年，鴻緒稿成，表上之，而本紀、志書尚未完成，鴻緒又加纂輯，至雍正元年始行脫稿，復表上之，於是《明史》始有全稿。雍正中，張廷玉受詔爲總裁，就鴻緒原本再加訂正，至乾隆四年始正式進呈。是知《明史》之纂，蓋歷六十餘年而後訖事。古來修史，未有如此之日久而功深者也，故趙甌北頗稱之也，謂：

近代諸史，自歐陽公五代史外，遼史簡略，宋史繁蕪，元史草率，惟金史行文雅潔，敘事簡括，稍爲可觀，然未有如明史之完善者。……其修於康熙時，去前朝未遠，見聞尚接，故事跡原委，多得其眞，非同《後漢書》之修於宋，《晉書》之修於唐，徒據舊人記載而整齊其文也。又經數十年參考訂正，或增或刪，

82 見包遵彭《明史編纂考・導論・》（學生書局印行）。

或離或合，故事益詳而文益簡，且是非久而後定，執筆者無所徇隱於其間，益可徵信。[83]

梁任公亦謂現行《明史》在二十四史中除馬、班、范、陳四書外，最爲精善。[84]是知明史之善，殆已成學術上之公論。亭林雖未直接參與明史》纂修之工作，然對明史史料蒐藏頗富，掌故亦爲熟悉，故歷來《明史》總裁如葉方靄、徐元文、熊賜履皆欲徵聘其爲纂修，雖爲亭林所拒。然修史體例，纂史諸家必與之商略，且總裁千里，移書必相諮問之，《明史》體例完善，殆由徐元文兄弟之功，而其所自則本諸亭林也。[85]亭林有志於明史纂修頗早，嘗曰：「自舞象之年，即已觀史書、閱邸報，世間之事，何所不知，五十年來存亡得失之故，往來於胸中，每不能忘也」。[86]其於明初史學之荒廢，頗爲感嘆，而曰：

先朝之史，皆天子之大臣與侍從之官承命爲之，而世莫得見。其藏書之所，曰皇史宬。每一帝崩，修《實錄》，則請前一朝之書出，以相對勘，非是莫得見者。人間所傳，止有《太組實錄》，國初人樸厚，不敢言朝廷事，而史學因以廢失。正德以後，始有纂爲一書附於野史者，大抵草澤之所聞，與事實絕遠，而反行於世，世之不見《實錄》者從而信之。萬曆中，天子蕩然無諱，於是《實錄》稍稍傳寫流布，至於光宗，而十六朝之事俱全，然其卷帙重大，非士大夫累數千金之家不能購，以是野史日

83 見趙翼《二十二史箚記卷三十一・明史》。

84 見梁啓超著《中國近三百年學術史》。

85 康熙十八年明史館重開，以亭林甥徐元文為總裁，選宏博五十人入館，分任纂修，規模粗具，時朱彞尊上書總裁，請先定例發凡後，徐乾學定修史條議，湯斌上明史凡例議，潘耒上明史議，施閏章、沈珩均上修史議，亭林與梨州等，亦各以所見有所陳述，元文則總括眾議，商以亭林，而後略定。

86 見《蔣山傭殘稿卷二・答李紫瀾》。

盛，而謬悠之談徧於海內。[87]

史學荒廢如此，故亭林殫力治明史，承其祖父之遺，廣搜明代史料，其〈三朝紀事闕文序〉云：

臣伏念國史未成，記注不存，爲海內臣子所痛心，而臣祖二十年抄錄之勤，不忍令其漫滅，以負先人之志。於是旁搜斷爛之文，采而補之。[88]

是知亭林於史料之蒐集頗爲用心，如邸報與實錄，不僅收錄頗富，且極爲珍貴。而《明史》之修，最難者爲史料之搜集，史館未開時，總裁葉方靄即預請刻期購書。

前內閣同翰林院會題疏內，請令禮部行文各直省督撫，不論官員士民，有收藏故明書籍者，不拘忌諱，俱送該地方官量加獎賞，奉有俞旨遵行在案……今請敕部再行確議，或令直省督撫，責成該管學臣，或遣官專行採訪，不獨專載故明事蹟，有裨史事，即如各郡縣志書及明代大臣名臣名儒文集傳誌，皆修史所必須，務令加意搜羅，以期必得。[89]

爲修史之材料，責成地方官員，盡力收購故明事蹟，各郡縣志書及明代大臣、名臣、名儒之奏折文集傳誌等，凡有裨於史事者，無不網羅。史料既富，再經詳細考察，糾其錯誤，所撰述之明史，自然爲人所稱道之良史。

---

87 見《亭林文集卷五・書吳潘二子事》。

88 見《亭林餘集・三朝紀事闕文序》。

89 見《葉文敏公集・請購書籍疏》。

朱彝尊亦以聚書為史館急務，而於〈史館上總裁第二書〉曰：

史館急務，莫先聚書……矧明史一代之典，三百年之事蹟，詎可止據《實錄》一書，遂成信史也邪！明之藏書，玉牒寶訓，貯皇史宬，四方上於朝者，貯文淵閣……又同館六十人，類皆勤學洽聞之士，必能記憶所閱之書，凡可資采獲者，俾各疏所有，捆載入都，儲於邸舍，互相考索，然後開列館中所未有之文集、奏議、圖經、傳記，以及碑、銘、志、碣之屬，編為一目，或仿漢、唐、明之遣使，或牒京尹守道十四布政司力為蒐集，上之史館，於以采撰編次，成一代之完書。[90]

此說明編撰《明史》之艱辛，最難得的是史料之蒐集，朝野學者皆請搜購遺書，而朝廷亦降旨勤求，故四方藏書，多捆載入京，然涉及神宗末年邊疆之書，及稗官、碑誌、記傳出於史館之所不及者，仍不得以上。[91]而亭林於神宗萬曆以後之明史料，收錄頗多，其有志纂修《明史》，亦可知矣！觀其〈贈潘節士檉章〉詩云：

北京一崩淪，國史遂中絕，二十有四年，記注亦殘缺。中更夷與賊，出入互轇轕；亡城與破軍，紛錯難具說。三案多是非，反覆同一轍，始終為門户，竟與國俱滅。我欲問計吏，朝會非王都；我欲登蘭臺，祕書入東虞。文武道未亡，臣子不敢誣。竄身雲夢中，幸與國典具，有志述三朝，並及海宇圖。一書未及成，

90　見朱彝尊《曝書亭集卷三十二》。

91　見戴名世《南山集．與余生書》：「前日翰林院購遺書於各州郡，書稍稍集，但自神宗晚節，事涉邊疆者，民間汰去不以上；而史官所指名以購者，其外頗更有潛德幽光，稗官碑誌紀傳，出於史館之所不及者，皆不得以上，則亦無以成一代之全史，甚矣其難也！」

觸此憂患途。[92]

此珍貴史料竟燬於吳潘史獄，殊爲可惜[93]。亭林〈書吳、潘二子事〉云：「二子所著書若干卷，未脫藁，又假予所蓄書千餘卷盡亡」。[94]辛苦收集之史料，毀於一旦，此對亭林之治《明史》打擊頗深。此後二、三十年間，亭林心灰意疎，而不再治《明史》，其〈與次耕書〉云：「吾昔年所蓄史事之書，並爲令兄取去。令兄亡後，書既無存，吾亦不談此事。久客北方，後生晚輩益無曉習前朝之掌故者；令兄之亡十七年矣，以六十又七之人，而十七年不談舊事，十七年不見舊書，衰耄遺忘，少有所聞，十不記其一二」。[95]又〈答徐甥公肅書〉：「幼時侍先祖，自十三、四歲讀完《資治通鑑》後，即示之以邸報，泰昌以來，頗窺崖略。然憂患之餘，重以老耄，不談此事已三十年，都不記憶。而所藏史錄奏狀一、二千本，悉爲亡友借觀，中郎被收，琴書俱盡」。[96]亭林雖因史料被燬而不再治《明史》，然於明代掌故則蘊藏於心，其以死辭修《明史》，乃遵先妣「無仕異代」之遺言。其〈與葉訒菴書〉：「先妣未嫁過門，養姑抱嗣，爲吳中第一奇節，蒙朝廷旌表，國亡絕粒，以女子而蹈首陽之烈，臨終遺命，有無仕異代之言，載於誌狀，故人人可出，而炎武必不可出。七十老翁何所求？正欠一死，若必相逼，則以身殉之矣」！[97]又〈答次耕書〉：「辛亥之夏，孝感特柬相

---

92 見《亭林詩集卷二・贈潘節士檉章》。

93 亭林友吳炎、潘檉章皆英年富史才，國變後嘗矢志寫明史，並購得明實錄，復旁搜文集奏疏，懷紙吮筆，早夜矻矻，盈牀滿篋，亭林極為重之，故以所藏明史料千餘卷借之，迨莊廷鑨史獄作，吳潘與難，而亭林所蓄明史料亦隨之盡亡。

94 見《亭林文集卷五・書吳潘二子事》。

95 見《亭林文集卷四・與次耕書》。

96 見《亭林文集卷六・答徐甥公肅書》。

97 見《亭林文集卷三・與葉訒菴書》。

招，欲吾佐之修史，我答以果有此命，非死則逃」[98]。亭林與友書函甚多，表達拒修《明史》之志甚堅，雖爲遺老風節，然則《明史》之修，因亭林未克參與，殆爲一大損失也！

二、論修明史之法

《明史》之纂修，自清順治二年至康熙十八年間，初無體例之訂定。宏博入館，紛紛呈稿，亦無人注意及此，朱彝尊因以明三百年創見之事，略舉梗概，上書總裁，謂體例本乎時宜，不相沿襲，請先定例發凡，爲秉筆者之典式，於是徐公肅兄弟先後訂成條史條議，王鴻緒繼之，成史例議，而《明史》體例則以此爲二大骨幹，其後湯斌之「《明史》凡例議」，潘耒之「修《明史》議」亦頗有采之，亭林雖辭修《明史》，然寄望《明史》亦深矣！其於《明史》體例，每有所議，如〈與公肅甥書〉：「竊意此番纂述，止可以邸報爲本，粗具草稿，以待後人，如劉昫之《舊唐書》可也。……今日作書，正是劉昫之比，而諸公多引洪武初修《元史》故事，不知諸史之中，《元史》最劣，以其旬月而就，故舛謬特多，如〈列傳〉八卷速不台，九卷雪不台一人作兩傳……今日漢人作漢人傳，定不至此，惟是奏章是非同異之論，兩造竝存，而自外所聞，別用傳疑之例，庶乎得之」。[99]亭林論修《明史》，每舉先朝之良史以樹範，又恐在清廷監視下，史臣以曲筆湮沒是非，故請粗具草稿，若劉昫《舊唐書》之比，存兩造異同之論，以待後人自定。

而《明史》纂修諸臣，若有所疑則必趨而問焉，亭林亦必侃然而談，如〈答湯荊峴書〉曰：

---

98 見《亭林文集卷四・答次耕書》。

99 見《亭林文集卷三・與公肅甥書》。

聞之先人曰：《實錄》中附傳於卒之下者，正也，不係卒而別見者，變也。當日史臣之微意也！王元美先生作〈信國公詩〉曰：「所以恩澤終，穎宋乃反是。」蓋謂二公之不得其死，而不可謂之誅。且以漢事言之：武帝之於劉屈氂，謂之誅，可也，成帝之於翟方進，謂之誅，不可也，是史臣之所以微之也。今觀卒後恩典之有無隆殺，則舉一隅而三可反也。至於即主位之月日，當如來論，以《實錄》爲正耳。[100]

其舉例言史臣褒貶之微意，可使人舉目一隅而三反。又如〈與公肅甥書〉云：「憶昔時邸報至崇禎十一年方有活板，自此以前，並是寫本。而中祕所收，乃出涿州之獻，豈無意爲增損者乎？訪問士大夫家，有當時舊鈔，以俸薪別購一部，擇其大關目處略一對勘，便可知矣」。[101]亭林以爲明史館所收《崇禎邸報》，爲涿州相國馮銓所進獻，而馮銓爲閹黨，亭林深慮其以己意將《崇禎邸報》有所竄改增損，[102]以致抹殺史實眞相，故宜另覓士大夫家舊藏鈔本，相互對勘，以確定其可靠與否。[103]又〈與潘次耕書〉云：

有一得之愚，欲告諸良友者，自庚申至戊辰邸報，皆曾寓目，與後來刻本記載之書，殊不相同。今之修史者，大段當以邸報爲主，兩造異同之論，一切存之，無輕刪抹，而微其論斷之辭，以待後人之自定，斯得之矣。[104]

100見《亭林文集卷三・答湯荊峴書》。

101見《亭林文集卷三・與公肅甥書》。

102朱彝尊《曝書亭集・書兩朝從信錄》云：「熹宗《實錄》成，藏皇史宬，相傳順治初，大學士涿州馮銓復入內閣，見天啓四年紀事，毀已尤甚，遂去其籍；無完書。」

103見蘇同炳撰《明史隨筆・明代的邸報與其相關諸問題。》台北：商務印書館，1995年出版。

104見《蔣山傭殘稿卷三》，又見《亭林文集卷四・與次耕書》。

是知邸報雖爲修史之主要材料，然亦有殘闕僞誤之處，修史者必當精審詳斷，辨其眞僞，若未能裁斷，則須將不同史實並錄，不可私以己意斷之。亭林於《日知錄・三朝要典》，更精譬析論史家作史兩收並存之法，其言曰：

門户之人，其立言之指，各有所借，章奏之文，互有是非。作史者兩收而並存之，則後之君子，如執鏡以炤物，無所逃其形矣。褊心之輩，謬加筆削，於此之黨則存其是者，去其非者，於彼之黨則存其非者，去其是者，於是言者之情隱，而單辭得以勝之……此國論之所以未平，而百世之下難乎其信史也。先帝批講官李明睿之疏曰：「纂修實錄之法，惟在據書直事，則是非互見」，大哉王言，其萬世作史之準繩乎！[105]

於史事能據筆直書，其有所疑，則兩收而並存，以待後人之自定，不可私己之意評其論斷，此乃爲修國史之良法也！

至若《明史》之體例、廟號、紀年，亭林亦有論焉。如論南明福王追謚建文帝，景皇帝廟號爲惠宗，代宗之不妥，而曰：

夫代宗二字，惟唐有之。唐諱世，改世曰代，代宗即世宗也，本朝既有世宗，而復號代宗可乎？惠宗二字，元人之所以號其末帝者也，加之建文君，似亦未協，臣請敕廷臣會議，景皇帝宜從成化之謚，建文君可別上尊謚，而皆不必稱宗。[106]

亭林並旁徵博引史實，以證除去尊號，古之人早已有行之矣！並舉

---

105 見《原抄本日知錄卷二十・三朝要典》。

106 見《亭林餘集・廟號議》。

例以明之。

漢王莽上元帝廟號曰高宗，成帝廟號統宗，平帝廟號元宗，建武中皆去之。後漢和帝廟號穆宗，安帝廟號恭宗，順帝廟號敬宗，桓帝廟號威宗，初平元年，有司奏：「四帝無功德，不宜稱宗，請除尊號，制曰可。」唐高宗太子宏追謚孝敬皇帝，廟號義宗，開元六年有司上言：準禮不合稱宗，於是停義宗之號，當時之人，未有非之也。[107]

前史既有廢皇帝廟號之例可循，而明建文帝、景皇帝廢除廟號，自當可行也。

於廟諱御名之議，亭林泛舉古史之例，析論甚詳，以明《明史》之編，不載帝諱，實有前例可循。

國史爲一代之書，不載帝諱，何以傳信後世？臣請依歷朝《實錄》之例，於列聖建立之初，大書曰：「立皇子某爲皇太子」，曰：「立皇子某爲某王。」並直書御名，不必減去點畫，以合君前、父前之義，此後除郊廟祝文外，並不再見御名，以盡臣子諱君之禮，此所當議者一也。御名下一字，惟皇帝用之；上一字，則皇帝與諸王宗室之所同，歷朝《實錄》並不諱上一字，如漢王高煦之類並從直書，亦不減去點畫。……又考歷科試錄命題，……武宗正德十一年福建山西鄉試，並「日月有明，容光並照焉」，皆不避御名下一字，請依祖制：詩書史傳之文凡二字不相連者，並許直書，自所作文，避下字，不避上字，此所當議者二也。天下衛、府、州、縣之名，同於廟諱者甚多。……本朝

107見《亭林餘集・廟號議》。

諱制闊略，正同周人，一洗嬴秦以來之陋，一切地名除禹州、雒陽、雒南、雒平外，合並仍舊，此所當議者三也。又人名犯廟諱者，方國珍犯仁祖廟諱，劉基犯宣宗廟諱……，此類尚多，考之實錄，並從直書。夫以臣子之名，上同君父，雖一先一後，本自無妨，而大書屢書，恐亦未便，記曰：「與君之諱同，則稱字」請依沈約《宋書》例，於本傳首曰：「名某字某，名犯某宗廟諱，以字行」。而傳中並稱其字，然臣又考《元史》修於洪武二年，中有卜天璋傳，竟直書不減點畫，此則聖組之時已定不諱二名之義，此當議者四也。……太祖設官光祿寺，有珍羞署，不避仁祖廟諱，武宗之世不改照磨。崇禎中，始以官名之同於廟諱御名者，改作較字簡字，義既不協，音又各殊，若欲將此文一一追改，實有未便，此所當議者五也。[108]

廟諱御名之議，於史之體例甚爲切要，諱者所以爲恭，不諱者所以爲信，此聖人之法也。亭林泛引經史歷代廟諱之例釋之，而欲《明史》之修，能定一代尊親之制，以頒畫一之規，垂以子孫，足爲萬世之良史矣！

於史書避諱字之運用，亭林則上考古史，參以《實錄》，如言「已祧不諱」而曰：「本朝崇禎三年，禮部奉旨頒行天下，避太祖、成祖廟諱，及孝、武、世、穆、神、光、熹七宗廟諱，正依唐人之式。惟今上御名，亦須迴避，蓋唐宋亦皆如此，然止避下一字，而上一字，天子與親王所同則不諱」。[109]其避諱之字每求合於唐宋之制；若有不當，亦明而言之：「本朝之制，太子親王名，俱令迴避，蓋失之不考古也。崇禎二年，兵部主客司主事賀烺，以避皇太子名，改名世壽，而光宗

108 見《亭林餘集・廟諱御名議》。

109 見《原抄本日知錄卷二十四・已祧不諱》。

爲太子，河南府及商州屬縣，竝未嘗改。親王之名，尤必避諱，而本朝諱之」。[110]其餘避諱之例，如「二名不偏諱」、「嫌名不諱」、「前代諱」、「以字爲諱」、「人主呼人臣字」等有關字諱之例[111]，亭林於《日知錄》皆有論之。而欲《明史》之修，能注意「避諱」之體也。

至若史書之體裁紀年，亭林亦引古史著論敘之，如言「史家日月不必順序」曰：「古人作史，取其事之相屬，不論月日，故有追書，有竟書」。[112]論「古人必以日月繫年」而曰：「自春秋以下，紀載之文，必以日繫月，以月繫時，以時繫年，此史家之常法也」。[113]此皆史書繫年之常法，而可運用於《明史》之紀年也。又言「年號當從實書」，亭林舉例說之「《元史・順帝紀》：『至正二十八年，乃大明洪武元年也。直書二十八年』，自是以下，書曰後一年，曰又一年，四月丙戌，帝殂於應昌。是時明太祖即位三年，而猶書元主曰帝，且不以本朝之年號加之，深得史法」。[114]

夫紀年之法，乃從古爲正，不以一年兩號三號爲嫌，亭林並舉例以明之。「明朝《太宗實錄》：上書四年六月己巳，下書洪武三十五年六月庚午，正是史官實書，與前代合。但不明書建文年號，後人因謂之革除耳。《英宗實錄》，上書景泰八年正月辛巳，下書天順元年正月壬午，旬有六日，而不沒其實」。[115]

綜此諸例可知亭林於明史紀年之探討，深有所得，而反覆論說，考證今古，足徵信服，其後王鴻緒《明史稿》言明紀年如建文年號之革除，景帝景泰八年正月壬午，英宗復辟，詔改天順元年，其紀年改元，

[110] 見《原抄本日知錄卷二十四・皇太子名不諱》。
[111] 見《日知錄卷二十四》諸子題。
[112] 見《日知錄卷二十一・史家日月不必順序》。
[113] 見《日知錄卷二十一・古人必以日月繫年》。
[114] 見《日知錄卷二十一・年號當從實書》。
[115] 見《日知錄卷二十一・史書一年兩號》。

皆採亭林之說。是知亭林雖因所蒐明史料燬於史獄，而數十年不言明史；然其寄情於《明史》可知矣。其所論修《明史》之法，皆條析縷微，博引良史之體，務求《明史》之作能搜采欲博，考證欲精，義例欲一，秉筆欲直，持論欲平，而備一代之完史。今參《明史》，知其事蹟原委，多得其眞，故事益詳而文益簡，立傳多存大體，考訂審愼，足知亭林雖未纂修《明史》，而所論修史之法，頗爲史館諸臣所采，其影響自可窺見也。

三、亭林有關明史之作

亭林以明之遺民而具良史之才，自幼從祖父授《資治通鑑》，即日讀邸報，手錄數十巨帙，故其於明季朝章典故，無不凋悉原委。而於國論是非，尤能持清議，至其表彰節義，闡幽揚隱，慨然存明史之志。雖因潘、吳史獄，所蒐藏明之史料燬於一旦，迺不克竟其志，然觀其所爲《熹廟諒闇記》、《明季實錄》、《聖安紀事》、《三朝紀事闕文》、《皇明修文備史諸書》，隱然有國史之志，以存一代之直筆。

有明一代自神宗萬曆以來，綱紀日夷，朝政日隳，君臣否隔，小人好權趨利者，馳騖追逐，與名節之士爲仇讎，門戶紛然角立，邪黨滋漫，而「梃擊」、「紅丸」、「移宮」三大案之發生，使黨爭益烈，國是日非，由盛而衰之象顯見。亭林以其信史之筆，輯有《熹廟諒陰記」》，記述有關三大案之發生，爲研究明史者提供極珍貴之資料，其跋云：

昔年欲撰《兩朝紀事》，先成此卷。所本者光大父當時手錄邸報，止紀大事，其遷除月日，多有未詳。別購天啓以來人家所藏報本，歲月相續，幾於完備。尋爲友潘檉章借去，炎武既客遊，檉章招禍以死，其報本亦遂失之，求諸四方，不可復得，後之傳者，日遠日訛，炎武自度衰老，不能成是書，而此卷爲熹宗初政三案之發端，具焉複不可泯，因錄存之，名曰《熹廟諒陰記事》。[116]

熹宗初立，三大案餘波盪漾，朝臣御史各有疏奏論其是非。先是神宗萬曆四十三年五月己酉，薊州男子張差持梃入慈慶宮，擊傷守門內侍下獄，丁巳刑部提牢主事王之寀揭言張差獄情，梃擊之案自是起。[117]此案經御史劉廷元審問，而奏稱曰：「跡似瘋顛，貌實黠猾」[118]而未記明梃擊之由，後主事王之寀乃探其梃擊實有人主事，事累神宗所寵愛之鄭貴妃，旁及太子常洛。此案遂成朝臣黨爭之口實，神宗無法，遂謁太后，召見廷臣於慈寧宮，執太子手示群臣曰：「此兒極孝，我極愛恤他……似此瘋顛之人，決了便罷，不必株連。……我父子何等親愛，外庭有許多議論，爾輩爲無君之臣，使我爲不孝之子」。[119]自此御史劉光復下獄，張差伏誅。[120]梃擊之案遂止。

萬曆四十八年，神宗崩，太子朱常洛立即發內帑（皇帝私房錢）百萬犒賞邊關將士。停止所有礦稅，召回以言得罪的諸臣。不久，再發內帑百萬犒邊。八月即位，改元泰昌，是爲明光宗。

光宗即位，鄭貴妃陰懷不軌，獻媚於光宗妃李選侍，並投以女色，進女樂，《明史紀事本末》有云：

鄭貴妃進美女四人，乙卯上不御，己未內醫崔文昇下通利藥三十四起，支離牀褥間……從哲奏洪臚寺丞李可灼自云仙丹，臣等未敢輕信，上即命中使宣可灼至診視，具言病源及治法，上趨

---

[116]見《熹廟諒陰記事跋》。

[117]見《明史卷二十一・神宗本紀》。

[118]見清李慈銘《越縵堂讀書記・三朝要典》。

[119]見谷應泰《明史紀事本末・卷六十八》。

[120]見《明史卷二十一・神宗本紀》。

和藥進，上飲藥輒喘，藥進乃受……比未申，可灼出，輔臣迎詢之，可灼具言上恐藥力竭復進一丸，亟問復何狀？可灼如前，五鼓內宣急召諸臣，趨進而龍馭以卯刻上賓矣。[121]

光宗即位僅一月，即因女色而罹漸疾，御醫崔文昇投藥未效，復投李可灼之紅丸，依然未效而致崩殂，是為紅丸案。可灼進紅丸前，兵科給事中楊漣及左光斗等均上奏參方從哲，辨事之不妥，至光宗疾篤，鄭貴妃、李選侍包圍皇長子，欲把持朝政。幸大臣楊漣、左光斗奉請皇長子即位，並以李選侍非皇后，不能居乾清宮，而請其移宮，《明史本紀》載：「選侍李氏居乾清宮，吏部尚書周嘉謨及御史左光斗疏請選侍移宮，御史王安舜疏論李可灼進藥之誤，紅丸、移宮二案自是起」。[122]可灼於紅丸案後，未加懲處，反加賞賜，其後並上疏引疾，有旨令養病，於是朝論譁然，御史馮元、焦源溥皆先後上書謂應磔崔文昇，治李可灼罪，[123]至移宮案起，朝議更加紛紛，而流言籍籍，熹宗不得已，乃論旨述李選侍移宮始末，闡說李選侍欲把持朝政，垂簾聽政之惡，而熹宗所受之侮辱委曲，皆縷言述之。選侍移宮後，熹宗侍奉優厚，謂：「朕今奉養李選侍皇八妹，飲食衣服，各項錢糧，俱從優厚無恙，各官何乃猜度過計，藉為口實」？[124]亭林其感慨廷議之不實可謂深矣！此三案之發生，雖為宮闈之變，然影響朝政頗深，廷臣屢藉三案反覆爭議，爾後更演至東林黨爭，朝綱日陵，國政日隳，三大案實為明代由盛及衰之啓端，而《明史》所載，僅聊以數筆，未及原委，亭林之《熹廟諒陰記事》，則詳載三大案時朝臣奏疏，熹宗詔諭，足以窺三案之端末，以

121 見谷應泰《明史紀事本末卷六十八》。
122 見《明史卷二十二・熹宗本紀》。
123 見《熹廟諒陰記事》。
124 見《熹廟諒陰記事》。

補明史之闕。[125]

亭林治史，不僅長於考古，且孰諳當世之務，嘗本諸見聞，蒐羅史料，輯《明季實錄》一書，就明之亡國，流寇橫行，闖賊陷京城，思宗自縊，福王登基其情形加以實錄，其書沈楙悳有跋云：

明自嘉萬以來，政治因循，釀成禍變，及至莊烈帝登極，雖有志振新，而國計空虛，流寇四起，勢不可挽矣。所尤慘者，闖賊橫行宇內，公私塗炭，甚而直通京畿，覬覦神器，一時忠臣義士殉國難者，不能悉數……亭林先生具良史才，就當時見聞彙一編，名曰《實錄》，未嘗參贊一詞，豈惟爲柱下之信史，蓋將使後之覽者，懍然知君子之可爲，而小人之必不可爲，庶幾世道人心日歸於正矣！[126]

亭林以一介移民，著信史之筆，述闖賊陷北京，莊烈帝殉國，辨諸臣之忠逆，雖不待論斷，然於敘事之中，即可見其褒貶之旨，如述崇禎殉國：

入殿，上將宮主劈面一刀，隨看聖母自縊，即走入煤山長壽宮，身著小白綿綢衫，披髮跣足，咬指血題襟曰：「百姓不可殺，百宮不可留，朕實不德，以致失國，無面目著衣冠，見祖宗

125《明史》於康熙十八年開館監修前，史料即頗匱乏，大學士剛林於順治八年閏八月即奏請重懸賞格，購求天啓、崇禎實錄，及邸報野史：「臣等纂修明史，查天啓四年及七年六月實錄，並崇禎一朝事蹟俱缺，宜勅內外各官，廣示曉諭，重懸賞格，凡鈔有天啓、崇禎實錄，或有彙集邸報者，多方購求，期於必得，或有野史外傳集記等書，皆可備資纂輯，務須廣詢博訪，彙送禮部，庶事實有據信史可成。」載《東華錄》。則亭林《熹廟諒陰記事》敘天啓年間三大案之原由甚詳，足可補《明史》之闕。

126見亭林著《明季實錄》。

於地下，任賊車裂我屍」，即自經後，襟上血痕尚如生也。[127]

亭林以信史之筆述崇禎殉國之實，令人噓唏！崇禎雖爲亡國之君，然其初繼統，未嘗不鋭意更治，思有所爲，惜其時明之元氣漸澌，國脈垂絕，臣僚黨局已成，草野物力已耗，國家法令已壞，流賊竊盜已成，加以天災流行，饑饉洊臻，政賦繁重，外訌內叛，而致明亡，崇禎徒以身殉，其情堪憐也！

至其言明闖賊暴行，亭林亦有述焉，「蓋李賊狡獪，設計而愚民，因詭受欺令自降我者不屠，富者安堵，貧者賑恤，於是始而書順貼門，繼而書順貼額，舉國紛紛，盡以爲時雨之沛，詎意不然，強兵擁至，居其室，攘其食，搜其衣裳，括其財物，寢其牀第，淫其妻女，奴隸差役，其夫子稍不如意，則鞭朴，再不如意則劍刺」。[128]闖賊以矯旨欺民而破城，繼而殺燒姦掠，無所不作，令人髮指，其罪滔天，則其敗滅可知也。

而朝臣之忠逆，亭林亦有所輯，當闖賊陷北京時，朝臣有奮勇抗敵不屈而死者，有自殺殉節而死者，然亦有服朝廷之冠帶，襲朝廷封蔭，反顏事仇，竄名賊籍者。亭林以其見聞，詳其事蹟，不參贊一辭，而忠奸之辨立分，春秋大義自顯。至若南明福王監國始末，則錄其〈登極詔書〉，〈南中近報〉，及清兵入關，消滅闖賊，並著錄其檄文，至是由明之亡國，至南明福王登基，此段珍貴史事，亭林之《明季實錄》可裨補矣！

而南明弘光一朝史事，亭林亦有述作焉，爲《聖安紀事》二卷，[129]

127見《明季實錄・燕邸實鈔》。

128見《明季實錄・閩中吳鴻磐染血書》。

129《聖安紀事》今所見有二卷本，題《聖安紀事》，另為《荊駝逸史》六卷本，題《聖安本紀》，有發明、附錄，事蹟較詳。惟據謝國禎考知六卷本乃文秉之甲乙事案，後人誤為一書。見謝國禎著《晚明史籍考卷十》。

書記崇禎甲申四月史可法督師勤王於浦口，至乙酉弘光北狩被執之史實，亭林以其陽秋之直筆，述福王敗政，權奸誤國，依時繫事，條析縷言，而其褒貶之大義自可顯見。

夫聖安一朝，若福王能精心求治，大臣能協立輔佐，以江南之富盈，長江之天險，實可與清分據而立，甚而可揮師北上，收復中原。然而立君之初，即有爭議，《聖安紀事》曰：「甲申之變，烈皇帝凶問傳至南京，時福王與潞王以避賊至淮上，大臣意多屬潞王，然總督鳳陽兵部右侍郎馬士英，謂福王乃神宗之孫，序當立，並與大將靖南伯黃得功，總兵官劉澤清、劉良佐、高傑等相結，駐兵江北，其勢甚張，大臣畏之不敢違，於是福王乃得告廟而立」。[130]國之方亂，議立新君，大臣不以宗社為重，選立賢藩，而屈服於馬士英兵權之下，竟立在藩失德甚著之福王（朱由菘），其敗自可窺也。聖安既立，猶有史可法、劉宗周、張愼言等禦兵江左。惟朝內馬士英、阮大鋮專擅弄權，排除異己，而福王昏庸無道，其僅守江南一帶，不銳心於國事，竟汲汲於聲色之娛。《聖安紀事》有云：

> 丙寅，命於杭州選淑女，旨下，有校尉人役突入民家搜索，女子有投水自盡者，及選入，又不稱旨，上怒，命各城推户舉首，隱慝者罪及地方鄰右，各官重處，而或言天下美女及妝飾精妙，無過蘇杭，於是訪求之使四出矣。[131]

國土北邊已被清廷佔據，正虎視眈眈欲揮兵南下，而各地蜂起之盜賊，正肆虐於四方，在此兵慌馬亂之際，弘光帝朱由崧（1645年四月）即位於南京，國號「大明」，史稱「南明」。弘光帝生性暗弱，不

---

[130] 見《聖安紀事卷一》。

[131] 見《聖安紀事卷一》。

忠不孝，荒淫無恥，即位後，不思進取，反思淫亂，至各地選淑女入宮，以致人心紛亂，無力抗敵，福王即位不久，被清軍攻破南京，被執押送北京，次年（1646年四月）被害。

《聖安紀事》又敘大臣之爭功跋扈，其曰：

先是，四鎮之南來也，以楊州富貴，各思據之，傑兵先至，楊州人不納，遂圍之，得功引兵至天長，欲爭楊州；朝廷遣萬元吉諭之，得功奉詔。可法至楊州，爲傑所要，奏許其家屬居楊州，而得功在廬州，山賸又新破，嘗快快不平，聞傑死，又引兵向楊州。[132]

國難至此，爲君者不銳力求治，以復國爲務，而竟下旨訪求美色，不得遽爾發怒。爲臣者不戮力輔君，竟思據地自守，爭功爭寵，以求其富貴，不得則仇怨相對，侵擾朝政，如此君臣均不以國事爲重，國家焉得不速亡？亭林以其良史之才，委敘其事，實暗寓春秋褒貶之大義也。

亭林有關《明史》之作，尚有《三朝紀事闕文》，足補《明史》之未備，惜其書已佚，惟從其序可窺其爲國史之心。

比年以來，獨居無事，始出其篋中臣祖所手錄，皆細字草書，一紙至二千餘字，而自萬曆四十八年七月，至崇禎七年九月共二十五帙，中間失天啓二年正月至五年六月，而其後則臣祖老不能書，略取邸報，標識其要。然吳中報比之京師，僅得十五，亦無全抄，而臣祖所標識者，兵火之餘，又失其一二。臣伏念國史未成，記注不存，爲海內臣子所痛心，而臣祖二十年抄錄之勤，不忍令其漫滅，以負先人之志，於是旁搜斷爛之文，采而補

[132]見《聖安紀事卷二》。

之，書其大略，其不得者則闕之，名曰《三朝紀事闕文》。[133]

是知亭林其祖即已廣泛蒐羅邸報，實錄，而亭林念國史未成，恐負先人之意，復旁加搜集，采而補之，而為此書，惜今已佚，未能睹其眞貌。否則於萬曆四十八年七月至崇禎七年九月之明史事，當亦知其梗概而裨補明史之未備，至若《皇明備文備史》趙味年跋云：

自帝紀以至外夷，大而兵刑禮樂，小而筦庫出納，人物之臧否，議論之短長，行事之法戒，形勢之要害，莫不備載。又恐鄉曲附會，有乖傳信，故以考誤終之，所以備全史之采擇者，賅而且覈，蓋亭林有志於《明史》，而未暇成書者。[134]

亭林固有志於經世之學，其於人物之臧否，議論之短長，形勢之要害，皆有所論述，而史事之乖違，亦考而明之，足以闡幽表微，啓民族大義於史筆中，惜其書已佚，未能窺其全貌，殊為可惜。

綜上所述，知亭林有志纂修《明史》久矣！其承祖父之遺，廣蒐明代史料，如邸報、實錄達數千帙；惜因受吳、潘史獄之累，史料盡燬於一旦，未克竟其志。然觀其論修《明史》之法，博古參今，審慎周詳，亦卓然有識矣！其有關《明史》之作，或記三大案之緣由，或記聖安史事之本末，皆能窮源竟委，推極至隱，得其會通，了然於史事之眞情，足補《明史》之闕漏，而存一代信史之直筆矣！

133 見《亭林餘集．三朝紀事闕文序》。

134 見謝國禎《顧寧人學譜．著述考所引》。

第五章
亭林史學之影響

有清之學，集漢宋之大成，尤以經史之研求，蔚爲巨觀，此不得不歸功於清初諸儒之倡導，而尤賴於亭林之肇端。亭林爲學，賅博而識精，舉凡經學、小學、史學、金石、輿地等學，無不潛研有得，其治學方法之講求，實開一代學術研究之端緒。流風所被，後儒承其學以治經史，遂成清學之大。故世推亭林爲開國儒宗。[1]張穆序《顧亭林年譜》云：「本朝學業之盛，亭林先生實牖啓之，而洞古今，明治要，學識賅貫，卒以無能及先生之大者」。[2]伍崇曜跋張著顧譜亦云：「國朝儒者，學有根柢，以顧亭林先生爲最」。[3]其推崇可謂備至。民國以還，學者整理清學，亦讚許亭林開創之功。梁任公即云：「論清學開山之祖，舍亭林沒有第二個人」。[4]又曰：「亭林的著述，若論專精完整，自然比不上後人，若論方面之多，氣象規模之大，則乾嘉諸老，恐無人能出其右，要而論之，清代許多學術，都由亭林發其端，而後人衍其緒」。[5]是清學之立，肇端於亭林，殆無可疑也。

亭林不僅以經學名重於一時，並徵其治經而歸諸於史，以廣蒐、博證之史學方法治史，不無開創風氣之功。而寓民生以治史，尤爲後之學者經世治史之先聲，其影響於後世實深且遠。今述亭林史學之影響如下，藉以明其開闢榛蕪之功。

---

1 見章學誠《文史通義卷二・浙東史學》。

2 見張穆《顧亭林先生年譜序》。

3 見張穆《顧亭林先生年譜跋》。

4 見梁啓超著《中國近三百年學術史》。

5 見梁啓超著《中國近三百年學術史》。

第一節 開有清考據之學風

清儒考訂之學，有其宋明淵源可尋。宋明儒學之發展始自晦庵、象山至陽明，尊德性與道問學並起。晦庵論學欲人泛觀博覽，而後歸之約。象山則欲先發明人之本心，而後使之博覽，「是朱以陸之教人爲太簡；陸以朱之教人爲支離」，[6]故朱所重於學問，重讀書窮理，倡「性即理」說；陸則重於心學，重先立其大，倡「心即理」說；兩者各自發展，遂成對立。然因宋時二氏之學盛，儒學內部之分歧尚未顯見，下逮明代，陽明承象山心學，而將「尊德性」推拓盡致，並攻朱學之流弊，謂讀書博學，適足以害道，其〈答顧東橋書〉有云：

> 有訓詁之學，而傳之以爲名；有記誦之學，而言之以爲博；有詞章之學，而侈之以爲麗。若是者，紛紛籍籍，羣起角立於天下，又不知其幾家，萬徑千蹊，莫知所適……記誦之廣，適於長其傲也；知識之多，適以行其惡也；聞見之博，適以肆其辨也；辭章之富，適以飾其僞也。[7]

陽明尊德性而務博學之失，於此可知。其時，反智識主義氣氛，幾乎籠罩明代思想史，黃宗羲於《明儒學案・凡例》云：「嘗謂有明文章事功，皆不及前代，獨於理學，前代所不及也。牛毛繭絲，無不辨晰，眞發先儒之所未發。程朱之闢釋氏，其說雖繁，總是在跡上。其彌近理而亂眞者，終是指他不出。明儒於毫釐之際，使無遁影」。[8]陽明之心學，於明代儒學史上誠有主導之地位。然明儒尚「尊德性」者，不止陽明也。如陳獻章、劉宗周皆於朱子讀書窮理說有所懷疑，白沙云：「人

6 見《象山先生全集卷一・象山年譜》，淳熙二年條記云。
7 見《傳習錄中》，又見《明文海・卷一百六十三》。
8 見《明儒學案・發凡》。

之所以學者，欲聞道也。求之書籍而弗得，則求之吾心可也，惡累乎外哉！」[9]白沙治學雖從程朱入手，而其深造所得，則近乎象山。故與陽明之教，先後如出一轍。

劉蕺山爲明代理學最後大師，於程朱、陸王皆有批評，然大體不出陸之藩籬，於讀書博學，持論同乎陽明，其曰：「蓋聖賢之心即吾心也，善讀書者第求之吾心而已矣。舍吾心而求聖賢之心，即千言萬語，無有是處」。[10]蕺山以爲書不可廢，然究其實知其讀書非求聞見之知，乃求聖賢之心。故依然不脫陽明「直證本心」之意。晦庵嘗教人「半日靜坐，半日讀書」，並未偏於何者，明代大儒則重靜坐而輕讀書，陽明以爲用靜坐可「補小學收放心一段功夫」，而白沙、蕺山亦皆認定「靜坐」爲窮理之唯一法門，流風所及，學風則務虛入禪，流弊遂生。

與陽明同時，而持論相反者，則有羅欽順整庵，陽明編《朱子晚年定論》，整庵首先致書責難。整庵「理氣說」雖與朱子不同，然具主「道問學」爲「尊德性」之基址，確然爲「朱學的後勁」。[11]其於陸王心學只求之於內，而不求之於外，頗爲非之，尤不滿象山「六經皆我註腳」之言。嘗曰：

> 自陸象山有「六經皆我註腳」之言，流及近世，士之好高欲速者，將聖賢經書都作沒緊要看了。以爲道理但當求之於心，書可不必讀，讀亦不必記，亦不必苦苦求解。看來若非要作應舉用，相將坐禪入定去，無復以讀書爲矣。一言而貽後學無窮之患，象山其罪首哉！[12]

9　見《明儒學案・白沙學案》。

10　見《明儒學案・蕺山學案》。

11　見容肇祖《明代思想史》。

12　見羅欽順《困知記續錄卷上》。

整庵以明代反智識之風，歸罪於陸象山，稍後，陳建著《學蔀通辨》破陽明「朱子晚年定論」之說，即聞整庵之風而起。陳建於晦庵之思想先後加以闡明，並比較朱學，陸學之不同，而斥陽明「朱子晚年定論」之謬誤，於是明代智識主義漸起，而與陸王「尊德性」說相抗衡，發展所趨，乃導致義理之是非，取決於經典之考證。整庵即以「學而不取證於經書，一切師心自用，未有不自誤者也」。[13]辨「心即理」說之非，於此明儒思想遂由哲學之論證，漸而推移到歷史之考據，而讀書博學之說，遂爲反陸王心學論據之一。儒學之發展，使智識主義得到實踐之機會，不少理學以外之儒者雖高談窮理致知，卻確實際予「博文」有具體之貢獻，如楊升菴、焦竑、方以智即以博學爲教，其影響於清學頗深。《四庫提要》云：

> 明之中葉，以博洽著稱者楊慎……次則焦竑，亦喜考證。……惟以智崛起崇禎中，考據精核，迥出其上。風氣既開，國初顧炎武、閻若璩，朱彝尊沿波而起。始一掃懸揣之空談。[14]

是清代經史考證之學，遠起於明之中葉，亭林之治古音，採本證與旁證，其法即採自明陳第之《毛詩古音考》。而羅整菴論心性必「取證於經書」此亦亭林「經學即理學」之濫觴，是清儒考證之學，亭林乃開其山，究其本亦源自宋明朱學博約之教也。

承亭林之學，影響最深者爲其弟子潘耒，其後黃汝成私淑亭林、服膺亦深，今略述其學，以明亭林學之傳緒。

1. 潘耒

潘耒字次耕，又字稼堂，江蘇吳江人。生而聰慧善記，兄檉章頗有

---

13 見羅欽順《困知記卷二》。

14 見《四庫提要・子部》。

史才，爲亭林摯友，死湖州莊氏史案。家破，次耕年甫冠，乃匍匐北來，依於亭林，亭林爲之議婚淮陰王氏，贅於其家，從亭林受學，群經諸史，旁及天文算術無不通貫，亭林曾與書曰：

於天空海闊之中，而一旦爲畜樊之雉，才華累之也。雖然，無變而度，無易而慮，古人於遠別之時，而依風巢枝，勤勤致意，願子之勿忘也。自今以往，常思中材而涉末流之戒，處鈍守拙，孝標策事，無侈博聞，明遠爲文，常多累句。物緣漸疎，庶幾免於今之世矣。[15]

亭林對其殷望篤切如此。潘耒既稟亭林之教，尙志廓清，不慕榮利，康熙己未，以布衣召試博學鴻詞，授翰林院檢討，以母考辭不獲，又以獨子請終養，格於議，始就職，纂修《明史》，頗具特識，嘗爲《明史議》，多被採用。洪武以下五朝紀傳，皆所訂定；撰《明史・食貨志》，前無所因，乃鉤稽實錄，博採奏議，積長編六十餘冊，然後考覈纂成。康熙四十二年，清聖祖南巡，陳文貞欲薦舉之，次耕曰：「止止吾分也，賦老馬以見志。」終不出，然嘗應詔陳言，湯文正公斌撫吳時，次耕贈以文，力言浮賦之害，爲畫三策，文正遂疏陳得減，蓋用次耕守策也。

次耕晚年究心易象與曆算之學，著有《易象數著論》十四篇，不信圖書於卦位卦氣，於納甲納音諸說，皆有折衷。爲詩文多扶樹風節，裨於治道，卓然有立。有詩集十六卷，文集二十卷，別集四卷，合名曰《遂初堂集》。其於聲音反切，幼而神悟，及往來四方，承亭林之教，盡通其變，因亭林《音學五書》，而爲《類音》八卷。亭林欲復古人之遺，次耕則務窮後世之變，因等韻之法，推以己意，於古不必合，於今

15 見《亭林文集卷四・與次耕書》。

不必用，然審辨通微，自成一家言。

亭林所著《日知錄》及詩文遺集，皆次耕所刻梓，惟《天下郡國利病書》，因卷帙繁富，未及開雕而卒，實可惜也！次耕以摯友孤弟，教誨獨摯，承亭林之教，深惡明季講學之習，故其文集中屢與人書論之。潘耒晚年崇信佛學，好山水，遍遊天臺、雁蕩、武夷、黃山諸名山，而為文記之。名篇有〈游南雁蕩記〉、《火焰峰〉、〈天柱峰僧餉黃獨〉、〈仙居諸山遊記〉等名篇。

2. **黃汝成**

黃汝成，字庸玉，一字潛夫，江蘇太倉人。為縣學廩膳生，官安徽泗州訓導，仁厚豪達，狀貌環偉，才識敏睿，博涉能文，曾私淑顧亭林。其為學自天文、輿地、律曆、聲韻、訓詁以及水利、河渠、漕運、賦稅、鹽鐵、錢幣等，莫不洞其奧賾，參其世會，詳其所以利病得失。於亭林《日知錄》服膺最深，綜顧氏同時暨後學者之所撰，廣為搜擇，融貫條繫，成《日知錄集釋》三十二卷，刊誤四卷，其《日知錄集釋序》有云：「學識遠不逮先生毛髮，而欲以微埃涓流，上益海岱之崇深，抑愚且妄矣。然先生之體用具在，學者循其唐塗，以窺賢聖創作之精，則區區私淑之心，識少之指，或不重為後世所詬病者矣！」其私淑亭林之心，於此可見，而《日知錄集釋》之作，尤可使亭林經世之志，表彰於世。又通曆算之學，著有《休甯戴氏歲實考》、《錢氏朔實考核補》、《袖海樓文集》等書。

亭林治史，每重抄書劄記之工夫，其《日知錄自序》嘗云：「愚自少讀書，有所得輒記之，其有不合，時復改定，或古人先我而有者，則遂削之。積三十餘年，乃成一編，取子夏之言，名曰《日知錄》，以正後之君子。」流風所及，乾嘉史家亦莫不重抄書以治史，如王鳴盛《十七史商榷》，錢大昕之《十駕齋養新錄》、《二十二史考異》，趙翼之《陔餘叢考》、《二十二史劄記》，此皆為劄記結晶之成篇，今略述其學涉亭林者，以明受亭林之影響也。

3. 王鳴盛

王鳴盛，字鳳喈，一字禮堂，號西莊，晚號西沚居士。江蘇嘉定人，年十七補諸生，乾隆丁卯舉江南鄉試，甲戌年（1754年），會試榜眼，以一甲二名及第，授翰林院編修，大考翰詹，特擢一等，遷侍講學士，典試福建，左遷光祿寺卿，以母喪歸，以父老遂不復出。

西莊生性儉約，與惠棟遊，博通經史，嘗言：「漢人說經，必宗家法，亦云師法，自唐貞觀撰《諸經義疏》，而家法云，宋元豐以新經義取士，而漢學殆絕，今好古之儒，皆知宗注疏矣。然注疏惟詩三禮及公羊傳，猶是漢人家法，他經注則出於魏晉人，未爲醇備」。[16]所撰《尚書後案》卷，專主鄭康成；鄭注亡佚者，則采馬王補之，自謂存古之功與惠氏《周易述》相埒，其治經大抵循吳派惠棟之藩籬，以漢儒爲宗，不敢馳騁議論。治史則擇善而從，正史有失，亦加箴貶，此其史學卓越於經學矣！撰有《十七史商榷》百卷，主於校勘本文，補正僞記，審事蹟之虛實，辨紀傳之異同，於輿地、職官、典章、名物，每改詳考。《蛾術篇》百卷，其目有十，曰說錄、說字、說地、說制、說人、說物、說集、說刻、說通、說系，蓋仿伯厚，亭林之意，而援引尤加博瞻，其《十七史商榷・序》云：「恒獨處一室，覃思史事，既校始讀，亦隨讀隨校，購借善本，再三讐勘。又搜羅偏霸雜史，稗官野乘，山經地志，譜牒簿錄，以暨諸子百家、小說筆記、詩文別集，釋老異教，旁及於鐘鼎尊彝之款識，山林冢墓、祠廟伽藍碑碣斷闕之文，盡取以供佐證，參伍錯綜，比物連類，以互相檢照……凡所攷者，皆在簡眉牘尾，字如黑蟻，久之皆滿，無可復容，乃謄於別帙，而寫成淨本。」王氏治史，由校書而參明同異，取證旁及於鐘鼎金石，有所得輒記於簡眉牘尾，其所著述，皆師亭林抄書劄記之法，而有所成也。撰有《十七史商榷》百卷，爲傳世之作。另有《耕養齋詩文集》、《西沚居士集》等著

16 見江藩《國朝漢學師承記・卷三》

作。

4. **錢大昕**

錢大昕，字曉徵，又字辛楣，號竹汀，江蘇嘉定人。年十五，補諸生，初從長洲沈德潛遊，頗擅屬辭，繼又從元和惠定宇研治古經義、聲韻、訓詁之學；乾隆十六年，高宗南巡召試賜舉人，授內閣中書，甲戌年進士，改庶起士散館，授編修，入直上書房授皇十二子讀，官至詹事府少詹事，乾隆四十年，丁父憂，歸，遂不復出，叠主講鍾山，婁東，紫陽等書院多年，弟子著籍甚眾，嘉慶九年卒，年七十有七。

竹汀學通天人，博極群書，不專治一經，而無經不通，不專攻一藝，而無藝不習。凡經史、文義、音韻、訓詁、歷代典章制度、官職、民族、地理、金石、遼金國語，以及中西曆算之法，莫不洞晰其是非。考據之精密，度越諸家，常病《元史》冗褋漏落，因掘元人詩文集、小說、筆記、金石、碑版，別爲編次，恐爲功令，改題曰《元詩記事》，稿未就，先成補〈民族表〉、〈藝文考〉。所著《二十二史考異》、《十駕齋養新錄》，尤爲平生精力所萃，其學識之豐富，識見之精湛，尤足以發千載之覆，成不刊之論。而其成書亦仿亭林抄書劄記所作也，其《二十二史考異・自序》云：「予弱冠時，好讀乙部書，通籍以後，尤專斯業，自史漢迄金元作者二十有二家，反覆校勘，雖寒暑疾疢，未嘗少輟，偶有所得，寫於別紙，丁亥歲乞假歸里，稍編次之，歲有增益，卷帙滋多。」

《十駕齋養新錄・自序》亦云：「今年踰七十，學不加進，追惟燕翼之言，泚然汗下，加以目眊耳聾，記一忘十，問字之客不來，借書之瓻久廢，偶有咫聞，隨筆記之」。

其隨筆劄記之法，皆於自序表明。而其治史，善用經學、小學、天文、輿地、金石、版本諸專門學以助考史，並以歸納法尋求史籍之義例，以演譯法解釋史實之誤謬，實事求是，不涉虛誕，其方法之精密，實上承亭林，而開有清歷史考據學之盛也。

5. 趙翼

趙翼，字雲崧，號甌北，江蘇陽湖人。乾隆二十六年〈辛己〉，殿試一甲第三名進士，選用內閣中書，入直軍機處內閣中書、翰林編修等職。後出任廣西鎮安知府，痛革其弊，民大悅服，令赴滇參軍事，未幾，擢貴西兵備道，坐廣州他讞事，部議降級，以母老力辭，歸里侍養，遂不復出。

趙翼既歸，以讀書著述自娛，通達朝章國典，尤邃於史學，所撰《陔餘叢考》、《二十二史劄記》，皆仿亭林《日知錄》之體，手自抄寫劄記而成。《陔餘叢考》小引曰：「余自黔西乞養歸，問視之暇，仍理故業，日夕惟手一編，有所得輒劄記別紙，積久遂得四十餘卷，以其爲循陔時所集，故名曰叢考。」

其《二十二史劄記》序亦云：「閒居無事，翻書度日，而資性粗鈍，不能研究經學，惟歷代史書，事顯而義淺，便於流覽，爰取爲日課，有所得，輒劄記別紙，積久遂多。」

歐北治史，善用歸納之研究，深得春秋屬辭比事之旨，不執單詞孤事以論史，每臚列諸多相類之史實，比而論之，以得其一代之徵。採證皆平日劄記所得，而排比歸納，其方法乃承亭林而有所發，治史之歸納研究由亭林啓之，自甌北始大完備。

亭林治史重校勘，此法影響乾嘉史家頗巨，如王鳴盛《十七史商榷》、錢大昕《二十二史考異》、洪頤煊之《諸史考異》、梁玉繩之《史記志疑》、汪輝祖之《元史本證》，皆爲校勘之成績，亦皆受亭林之影響激盪，而抄書劄記，更爲清儒普遍運用。梁任公論《清代學術概論》云：

嗚呼！自吾之生，而乾嘉學者已零落略盡，然十三歲肄業於廣州之學海堂，堂則前總督阮元所創，以樸學教於吾鄉者也。其

> 規模矩矱，一循百年之舊。十六、七歲遊京師，亦獲交當時耆宿數人，守先輩遺風不替者，中間涉覽諸大師著述，參以所聞見，蓋當時「學者社會」之狀況，可髣髴一二焉。大抵當時好學之士，每人必置一「劄記冊子」，每讀書有心得則記焉。……推原劄記之性質，本非著書，不過儲著書之資料。[17]

有清學者治學皆善用劄記之法，推其原實承亭林而發也。

亭林治史，喜博蒐金石，以訂諸史之謬誤，補史籍之缺佚，其著述雖不多，然卻影響深遠，凡有清治經史之學者，莫不重視金石之學，咸以金石參證史實，考訂史誤，一時大家輩出。如錢大昕之《潛研堂金石文字跋尾》，洪頤煊之《平津館讀碑記》，王昶之《金石萃編》，阮元之《積古齋鍾鼎彝器款識》，吳榮光之《筠清館金石文字》……於金石皆收藏寖富，考證精微，推其風氣之創，亦始自亭林也！

亭林治輿地之學，用力亦勤，著作亦富。一生奔走山林川野，考其風俗，詳其利病，融史地之學於一爐，其於地域形勢皆實地探訪，窮源竟委，以辨史書地志之誤，而發經世致用之微，啓清儒輿地學之先導，如胡渭《禹貢錐指》，於九州山川形勢及古今郡國，分合同異，道里遠近夷險，皆敘而明之。戴震《水地記》，辨川原之派別，知州群之沿革遷徙，以糾史冊記載之誤；校《水經注》，尋其義例，按以準望，俾還其舊。顧祖禹《讀史方輿記要》，於山川形勢險要，古今用兵戰守，攻取成敗得失之跡，皆有所論證。陳芳績《天下郡縣輿圖》，於山川城郭形勢位置，究其歷代淵源，並圖而表之，俾閱者開卷瞭然，搜古則知今，尋今以見古，其後楊丕復《歷代輿地沿革表》以歷代郡治沿革製成斯表，並旁徵博採，考據精詳，他如魏源《海國圖志》，注重海域邊防地理，徐星伯《新疆識略》，張石洲《蒙古遊牧記》，龔定盦《蒙古圖

17 見梁啓超《清代學術概論下》。

志》等之注意西北塞外邊防地理。諸輿地大師，其治輿地，或考形勢，或志郡圖，或疏水道，咸以振國威，挽時艱爲己任，其寓經世致用之跡明矣，此皆亭林之遺風流韻也。

亭林考史，以古說爲信，其取信之準，實啓崔述之史學，崔氏於《考信錄提要》云：「今《考信錄》中，凡其說出於戰國以後者，必評爲之考其所本，而不敢以見於漢人之書者，遂眞以爲三代之事。」又曰：「今爲《考信錄》，不敢以載於戰國秦漢之書者，悉信以爲事實，不敢以東漢魏晉諸儒之所注釋者，悉信以爲實言，務皆究其本末，辨其同異，分別其事之虛實而去取之。」錢大昕之考史，亦承亭林依古爲準，嘗曰：「言有出於古人而未可信者，非古人之不足信也，古人之前，尚有古人，前之古人無此言，而後之古人言之，我從前者而已矣」。[18]

亭林治史，採證皆頗客觀，每取原書以察其實，此影響於乾嘉史家尤大。梁玉繩云：「史家以不虛美、不隱惡爲良，美惡不揜，各從其實」。[19]王鳴盛亦云：「大抵史家所記，典制有得有失，讀史者不必橫生意見，馳騁議論，以明法戒也……其事蹟則有美與惡，讓史者亦不必橫生意見，馳騁議論，以明法戒也，但當考其典制之實，俾數千百……其事蹟則有美有惡，讀史者不必強立文法，擅加與奪，以爲褒貶也。……蓋學問之道，求於虛，不如求於實，議論褒貶，皆虛文耳。作史者所記錄，讀史者之所考核，總期於能得其實焉而已矣」。[20]此皆承受亭林史觀講求忠於事實，不妄加議論之影響也！

有清經學之盛，亭林實爲先導，亭林倡「舍經學無理學」之說，教人以博學爲先，著有《音學五書》，其後言聲韻訓詁者皆稟焉。若經學吳皖兩派，吳派以惠棟爲首，其學以博聞強記爲入門，尊古家法爲究

18　見錢大昕《二十二史考異・秦四十郡辨》。

19　見梁玉繩《史記志疑序》。

20　見王鳴盛《十七史商榷序》。

竟，衍其學者有江聲、余蕭客，皆綴次古義，篤信所聞。皖派始自戴震，其學以「實事求是，不主一經」，「無稽者不信，必反復參證而後安」，弟子孔廣森、段玉裁、王念孫，皆承其學而有所發明，分析條理，縝密謹嚴，兩派之學所重雖異，然皆承亭林而有所發也。

亭林非僅爲清代經學之建設者，亦爲清代史學之建設者。[21]其影響於弟子潘耒自不必言，乃黃汝成私淑，亦可見其體要，若王鳴盛《十七史商榷》，錢大昕《二十二史考異》，趙翼《二十二史劄記》，洪頤煊《諸史考異》，陳景雲《兩漢書訂誤》，杭世駿《三國志補注》，汪輝祖《元史本證》等皆以考據治史學，重證據，富歸納，而亭林以金石、輿地、音韻、天算諸學，輔助考史，更爲清儒治史之權輿。

玆是由亭林所創之歷史考據學派，乃所以成立。聰明才智之士，咸趨此途！聲勢之浩大，無與倫比，其淵源雖不若浙東史學之深遠，然其聲勢遠較浙東史學爲大。蔓延之地區，較浙東史學爲廣，其影響於近代，亦較浙東史學爲深。道咸以後，雖以世變日深，而歷史考據學家仍不乏其人。晚清民初以來，雖西方史學東漸，史家考據之風，亦不絕如縷。是知清代歷史考據學風之形成，乃承亭林之傳承，其影響固照然若揭也。

第二節　啓近代治史之新法

亭林之史學，開有清考證之風氣，其流風餘韻猶亦啓近代治史之新法。梁任公稱亭林爲清學開山之祖，誠確論也。梁任公於亭林，頗爲心儀，嘗曰：「我生乎最敬慕亭林先生爲人……我深信他不但是經師，而且是人師」[22]。並謂亭林於清學之特別位置爲開啓之風。

---

21 見杜惟運〈顧炎武與清代歷史考據學派之形成〉，載《故宮文物》四卷一期。

22 見梁啓超《中國近三百年學術史》。

> 一在開學風，排斥理氣性命之玄談。專從客觀方面研察事物條理，二曰開治學方法。如勤蒐資料，綜合研究，如參驗耳目聞見，以求實證。如力戒雷同勦說，如虛心改定，不護前失之類皆是。三曰開學術門類。如參驗經訓史蹟，如講求音韻，如說述地理，如研精金石之類皆是。[23]

亭林治學方法，不僅影響乾嘉諸大師，且亦影響晚清今文學派。其治史，尤善用歸納、演繹、分析、比較之法，與近代史學方法相合。[24]梁任公稱其爲一代宗師，在於能建設研究方法，並約舉爲三，一曰貴創，二曰博證，三曰改用。貴創者謂亭林所著書，絕無一語蹈襲古人，其論文亦然。博證者爲亭林研學之要訣，論一事必舉證，尤不以孤證自足，必取之甚博，證備然後自表其所信。改用者，爲亭林治史必寓經世之旨，以實用爲鵠。[25]其治學方法之衍緒，尤振近代治史新法之開創，論其史法之承，任公最著也，今述其學於後。

梁啓超，字卓如，號任公，廣東新會人。生於清同治十二年（1873年），逝於民國十八年（1929年）。幼承家學，於書無不窺，後受業於康南海，研習義理、考據、經世之學。然思想、性情皆與康南海異趣。維新運動，任公實爲其健將，嘗以言論界驕子名於世，曾留學於歐、美，頗涉西方「格致之學」[26]，其才思敏銳，學識淵博，貫通中西。曾譯介西方哲學、史學、經濟學等主要論著，傳入中國。並以歐西治學方法整理中國舊學說及思想，其生平固不以史學爲職志，然所作史

---

23 見梁啓超《中國近三百年學術史》。

24 陸懋德於《史學方法大綱》曰：「近世的歷史方法，所以大異於舊日的史學方法者，實為利用科學方法之故，並何謂科學方法，即為觀察、試驗、歸納、分析、演繹、比較等法，若用以審查史學，以舊派史書言之，多為不合」。

25 見梁啓超《清代學術思想概論》。

26 格致之學，是研究物質結構、物質相互作用和運動規律的自然科學。

論，頗具新識，早於光緒廿六、七年間即撰有《中國史敘論》、《新史學》諸書，並以「新史氏」自稱。民國九年，任公遊歐返國，其志趣心力更趨於學術，尤致力於「史學」之研討。[27]著有史學著作多種，如《清代學術概論》、《中國歷史研究法》、《中國近三百年學術史》、《先秦政治思想史》、《要籍解題及其讀法》等。其於清代諸儒之思想，頗有評介，而《中國歷史研究法》一書，尤融於中西近代史學方法爲一爐，故論者稱任公爲近代新史學之先鋒，其治史學頗有承亭林而發者。

任公治史，於史料之蒐尋，務求其博，嘗曰：「大抵史料之爲物，往往有單舉一事，覺其無足重輕，及彙集同類之若干事比而觀之，則一時代之狀況，可以跳活表現。比如治庭園者，孤植草花一本，無足觀也。若集千萬本，蒔以成畦，則絢爛眩目矣。又如治動物學者，搜集標本，借一枚之具，一尾之蟬，何足以資擘索，積數千萬，則所資乃無量矣，吾儕之收集史料，正有類於是」[28]任公於史料之蒐尋，賅博無遺，除文獻典籍外，亦旁及於金石，嘗云：「金石爲最可寶之史料，無俟喋陳」[29]。其採史務博，而重視金石實物之蒐尋，與亭林相若也。

若史料之鑑別，任公則務求其眞，嘗曰：「史料以求眞爲尚」[30]。又曰：「凡研究一種客觀的事業，需要先知道『的確如此』纔能判斷他『爲什麼如此』，文獻部分的學問，多屬過去的陳跡。我們總要用很謹嚴的態度，仔細別擇，把許多僞書和僞事都剔去，把前人的誤解修正，纔可以看出其眞面目來」。[31]此求眞之精神實本亭林「疾虛妄」、「實事求是」精神而來！

27 見汪榮祖〈梁啓超新史學試論〉，載《中國史學史論史文選集》第二冊。

28 見梁啓超《中國歷史研究法‧第五章史料之蒐集與鑑別》。

29 見梁啓超《中國歷史研究法‧說史料》。

30 見梁啓超《中國歷史研究法‧第五章史料之蒐集與鑑別》。

31 見梁啓超〈治國學的兩條大路〉學術演講詞。又見於梁啓超《讀書法》。

任公論史，亦頗襲亭林之形貌焉。其言考史，承亭林治學之法門，廣蒐博證，而不以孤證為足。嘗曰：「我們要明白一件事物的眞相，不能靠單文孤證，便下武斷。所以要將同類或有關係的事情網羅起來，貫串比較，愈多愈妙……我們可以用統計的精神，作大量觀察。可以先列出若干種『假定』然後不斷地蒐羅資料，來測驗這些假定是否正確」。[32]於史料之論定，則採「古說為信」之準，其曰：「同一史蹟，而史料矛盾，當何所適從耶？論原則自當以最先最近者為最可信。先者以時代言，謂距史蹟發生時愈近者，其所製成傳留之史料愈可信也！近者以地方言，亦以人的關係言，謂史蹟發生地愈近，且其記述之人與本史蹟關係愈深者，則其所言愈可信也」[33]。此與亭林考史以「古說為信」之準相符也。[34]

任公考史，倡客觀之史學，其以客觀之蒐史，證史乃吾人治史所應追求之鵠的。雖謂：「夫史之性質，與其他學術有異，欲為純客觀的史，是否事實上所能辦到，吾猶未敢言」。[35]然而「吾儕有志於史學者，終不可以以此自勉，務持鑑空衡平之態度，極忠實以蒐尋史料，極忠實以敘論之，使恰如其本來」。[36]此客觀史學之緣由乃承亭林而發。任公以為亭林學術之最大特色，在反對向內的一客觀的學問，其於亭林《日知錄》之纂，極為讚譽，認其為客觀之治史。而曰：「須知凡用客觀方法研究學問的人，最要緊事先徹底瞭解一件事之眞相，然後下判斷。……全視所憑藉之資料如何。從量的方面看，要求豐備；從質的方面看，要求確實，所以資料的蒐羅和別擇，實占全工作十分之七八，明

32 見梁啓超〈治國學的兩條大路〉學術演講詞。又見於梁啓超《讀書法》。

33 見梁啓超《中國歷史研究法第五章，史料之蒐集與鑑別》。

34 參見《中國歷史研究法第五章，亭林史學方法綜述，第二節考證史料》。

35 見梁啓超《中國歷史研究法第三章，史之改變》。

36 見梁啓超《中國歷史研究法第三章，史之改變》。

白這個意思，便可以懂得亭林所謂采山之銅與銅之分別何如？」[37]並謂亭林客觀歸納的研究，予後人留下許多方法，其所以在清代學術史，有持殊地位者在此。[38]其師亭林客觀治學之法，意甚明也。

任公研史，倡論藉數字以整理史料，推論史蹟，名之曰：「歷史統計學」，近人汪榮祖研究任公史學，以爲「任公以『數量研究歷史』，乃得之於舊史之表，與西方『統計學』之知識，意欲從『表』中求原則，從數字中察社會之變遷」。[39]其得之於舊史之表與志，乃承亭林重視史表之意也。亭林嘗曰：「表以紀治亂興亡之大略，書以紀制度沿革之大端……作史體裁，莫大於是」[40]。且以史表之有無，攻《三國志》、《後漢書》闕表之失，而有《二十一史年表》之著。任公於史表亦頗注意，嘗云：「表志爲史之筋幹，而諸史多闕，或雖有而其自不備，知藝文僅漢隋唐宋明五史有之，餘皆闕如。三國六朝，海宇分裂，疆域離合，最難董理，而諸史無一注意及此者，甚可怪也！」[41]又曰：「讀史以表志爲最重要，作史亦以表志爲最難」[42]是任公重視史志、史表，蓋亦師法亭林重視史表之意也！

任公之學，本脫於儒家，主張申孟黜荀，又旁及於諸子，尤好墨翟。其學旨在經世濟民，故學宗經世，有「治史爲今務」之主張，所謂「作史者將爲若干之陳死人作紀念碑耶？爲若干人之過去事作歌舞劇耶？殆非也。將使今世之人鑑之裁之，以爲經世之用也」。[43]史學爲經世之用，又不可「只知有事實，而不知有理想」，任公所謂「理想」即「知其以若彼之因，故生若此之果，鑑既往之大例，示將來之風潮，然

---

37 見梁啓超《中國近三百年學術》。

38 見梁啓超《中國近三百年學術》。

39 見汪榮祖〈梁啓超新史學試論〉載《中央研究院近代史研究所集刊》1971年第二期。

40 見《原抄本日知錄卷二十七・作史不立表志》。

41 見梁啓超《中國近三百年學術・清代學者整理舊學之總成績》。

42 見梁啓超《中國近三百年學術・清代學者整理舊學之總成績》。

43 見梁啓超〈新史學〉，載《新民叢報》，1902年第1號。

後其書乃有益於世界」。[44]此承亭林以匡時救世爲鵠，務求明體適用爲著述之宗旨相若也。[45]亭林以明道、救世爲治學之目的，任公則以行道愛國之心，從事於力學經世之治業，淵源所自，當瞭然矣！

任公治史重通貫，凡研一史實，於相關之史料皆廣蒐博證，考史之眞僞，亦配合其他學術以研求，嘗曰：「我們專門一種學問，切勿忘記別門學問和這種學問的關係，有許多在表面上看不出來的，我們要用銳利眼光去求的他，能常常注意關係，纔可能成通學」。[46]是任公之學，無論訓詁、辭章、政治、經濟、歷史、輿地、宗教之學無不涉獵，此乃承亭林「博學爲文」之教也！

綜上所觀，任公之學，實爲近代學術之先驅，承其學若張蔭麟、胡適、丁文江、蔣夢麟……之碩儒皆無不受任公學術或思想之啓迪，而有所發，然則任公之學，得之於亭林甚多！而亭林治史方法爲任公所採，遂肇啓近代治史之新法矣！

第三節　發清末民族精神之大義

晚清辛亥革命之成功，實開數千年來未有之變局，吾人皆知此爲民族精神之表現。然其運動醞釀之發生，實濫觴於二百六十年以前，清初顧、黃諸儒之倡導，其間伏流奔莽，隱顯無定。至清末，乃成波瀾雄偉之壯觀耳；方滿清以夷狄入主中國，威行專制，明室遺民，不惟抱亡國破家之痛，更具有光復中興之志。蓋以種族不同之故，本於「中國者，中國人之中國也，胡人焉得而治理之。」「中國居內以制夷狄，未聞以夷狄居中國而治」[47]之民族思想。故遺民志士，無不以「反清復明」爲

44 見梁啓超〈新史學〉，載《新民叢報》，1902年第1號。

45 黃汝成曾盛讚亭林《日知錄》之作云：「先生因時立言，頗綜覆名實，意雖救偏，而議極峻正，直俟諸百事而不惑，而使天下曉然儒術之果可尊信者也。」見《日知錄集釋序》。

46 見梁啓超《學術演講錄》。

47 見宋濂〈奉天討蒙元檄文〉。載《大明太祖高皇帝實錄・卷26》

職責，紛起抗拒，前仆後繼，如黃梨州以江東子弟數百人，興義兵於浙江，事雖不成，而義聲激越，流播人間。朱舜水乞師未成，寧願捐妻棄子，亡命於海外，不願與異族同居。而亭林則糾合同志，起義師於吳江，事敗，則北遊，五謁孝陵，六謁思陵，往來邊塞十餘年，觀山川形勢，考民生利病，交賢豪長者，以圖光復。及大勢已去，事不可爲，乃托之於筆墨，述蠻夷華夏之痛，而發民族精神之大義。

亭林一生稟承母教不仕異族之訓，雖清廷屢屢徵召，皆以死力辭，「七十老翁何所求？正欠一死，若必相逼，則以身殉之矣」。[48]其勁節有凜然不可侵犯者。其詩曾云：「蟋蟀吟堂階，疎林延夕月。草木得堅成，吾人珍晚節。亮哉歲寒心，不變霜與雪。憂患自古然，守之俟來哲。」[49]清初遺老，皆礪清節，而晚節最勁者，則未有能及顧氏者矣。

亭林節操之勁，實啓晚清民族思想之端倪，其偉大之抱負與復國之宏願，雖未能及身以償，然其民族氣節，卻始終堅貞不渝，曾寄詩與次耕表明心志。

嗟我性難馴，窮老彌剛棱。孤跡似鴻冥，心尚防弋矰。或有金馬客，問余可共登？爲言顧彥先，惟辨刀與繩。[50]

「刀繩俱在，勿速我死」，亭林之所以超然獨免於《鶴徵錄》[51]者，即爲堅決抗拒清廷之薦舉；其於投降新朝，厚顏出仕異朝之官，頗爲痛恨，嘗有詩諷之。

薊門朝士多狐鼠，舊日鬚眉化兒女。生女須教出塞妝，生男

48 見《亭林文集卷三・與葉訒庵書》。
49 見《亭林詩集卷四・德州講易畢奉柬諸君》。
50 見《亭林詩集卷五・寄次耕時被薦在燕中》。
51 《鶴徵錄》其作者為李富孫，是記載清廷薦舉博學鴻儒之名冊。

要學鮮卑語。常把漢書掛牛角，獨出郊原更誰與。自從烽火照桑乾，不敢宮前問禾黍。[52]

鑒於晚明士大夫之廉恥淪喪，靦顏事仇，爲虎作倀，憤恨不已。亭林以爲「士大夫之無恥，是謂國恥」，故倡以「行己有恥」之教，更進而闡揚其「內諸夏而外夷狄」之民族思想，所謂：

處夷狄之邦而不失吾中國之道，……孔子有言：居處恭，執事敬，與人忠，雖之夷狄不可棄也，夫是之謂素夷狄行乎夷狄也，若乃相率而臣事之，奉其令，行其俗，甚者導之以爲虐於中國，而藉口於素夷狄之文，則子思之罪人也已。[53]

亭林期盼雖處夷狄，而能行中國之道。而非行夷狄之俗。辨夷夏之防甚明，有謂：「辮髮、胡服、胡語、胡姓一切禁止」。[54]而欲胡俗悉復中國之舊，故直言「興亡有迭代之時，而中華無不復之日」。[55]其嚴夷夏之辨，實因待中華重復之日。

亭林之民族思想見諸於原抄本《日知錄》可知也，凡稱明必曰本朝，稱明太祖必曰我太祖，稱崇禎必曰先帝，稱明初必曰國初，餘如內侵之夷狄，必稱胡、稱虜……。梁任公生平服膺亭林最深，嘗述亭林「行己有恥」之教云：

我們試讀亭林著作，這種精神，幾於無處不流露。他一生行誼，又實在能把這種理想人格實現，所以他的說話，雖沒有什麼

52 見《亭林詩集卷五・薊門送子德歸關中》。

53 見《原抄本日知錄卷九・素夷狄行乎夷狄》。

54 見《原抄本日知錄卷二十九・胡服》。

55 見《原抄本日知錄卷九・素夷狄行乎夷狄》。

精微玄妙，但那種獨來獨往的精神，能令幾百年後，後生小子如我輩，尚且「頑夫廉，懦夫有立志」。[56]

晚清民族思想之萌芽，固原於列強之侵淩，然清末維新人士之倡導，亦爲呼應。以梁任公言，其所倡新史學之思想方法，頗有得於亭林者。而其民族思想之萌芽，亦有取資於亭林者。任公輒曰：「史學者，學問之最博大而最切要者也，國民之明鏡也，愛國心之源泉也。今日歐洲民族主義所以發達，列國所以日進文明，史學之功，居其半焉」。[57]任公喜論中國之民族、歷史，亦有爲而發也，如中國史之命名而曰：

以一姓之朝代而汙我國民，不可也。以外人之假定而誣我國民，猶之不可也。於二者俱失之中，萬無得已，仍用吾人口頭所習慣者，稱之曰中國史，雖稍驕泰，然民族之各尊其國，今世界之通義耳。我同胞苟深察名實，亦未始非喚起精神之一法門耳。[58]

是任公論中國歷史，蓋「將喚起我民族共同之感情」故處處以中國爲重，所論如「少年中國說」、「愛國論」、「中國積弱溯源論」，無不亟思拯中國於積弱而至富強。其民族思想之萌端，固有受亭林精神之感召也。任公曾曰：「他的精神（指亭林），一直到晚清才漸漸復活，至於他的感化力所以能歷久常新者，不徒在其學術之淵粹，而尤在其人格之崇峻」。[59]

亭林之民族思想，除啓迪任公外，章太炎亦深受其教，傾慕顧亭林

56 見梁啓超《中國近三百年學術史》。

57 見梁啓超《新史學・中國之舊史》。

58 見梁啓超《中國史敘論・中國史之命名》。

59 見梁啓超《中國近三百年學術史》。

之志節，嘗易名絳。自幼治史學，於明清史事及明季遺民著述，皆潛心探究，故其民族主義之思想，乃油然而生，章氏曾自述其幼年讀史及民族思想萌芽之經過。

余年十三四，始讀蔣氏《東華錄》，見呂留良，曾靜事，悵然不怡，輒言有清代明，寧與張、李也。弱冠，覩全祖望文，所述南田臺灣諸事甚詳，益奮然欲爲浙父老雪恥。次又得王夫之黃書，志行益定。[60]

章氏讀《東華錄》憤清廷文字之禍慘烈，如呂留良，曾靜案。其弟子朱希祖亦記其師之言曰：

本師云：余年十一二歲時，外祖朱左卿（名有虔，浙江海鹽人），授余讀經，偶講蔣氏《東華錄》曾靜案。外祖謂「夷夏之防，同於君臣之義。」余問「前人有談此語否？」外祖曰：「王船山，顧亭林已言之，尤以王氏之言爲甚。謂歷代亡國，無足輕重，惟南宋之亡，則衣冠文物亦與之俱亡。」余曰：「明亡於清，反不如亡於李闖。」外祖曰：「今不必作此論。若果李闖得明之天下，闖雖不善，其子孫未必皆不善。惟今不必作此誰耳。」余之革命思想，即伏根於此。……十九、二十歲時，得《明季稗史》十七種，排滿思想始盛。[61]

觀此所述，可知章太炎民族思想之發生，初實緣於讀史，其後所讀史籍愈多，益能光而大之，而成其民族主義史學理論之體系。流風所

60 見《章氏叢書檢論卷九．光復軍志序》。

61 朱希祖〈本師章太炎先生口授少年事蹟筆記〉，載《制言》第二十五期。又載傅杰《自述與印象-章太言》三聯書店上海分店出版。

及，不惟形成近代史學思想主流之一，且爲推翻滿清民族革命之唯一武器。蓋清初顧炎武、黃宗羲、王夫之三老，以及談僊、徐枋、顧祖禹諸耆舊，入清以後，皆隱居不仕，以遺民之心，而治國故史乘，影響所及，寖成一時風氣。稍後，又有萬斯同、溫睿臨、邵廷寀、全祖望等諸人，或以布衣參修《明史》，或居草野，徵文訪獻。雖當滿清鼎盛之際，猶能各以歷史民族之義寓於所撰史籍。未幾，清廷施其暴虐，屢興文字史獄，學者咸以載筆爲戒，著述不敢涉及時事。至道光以後，滿清統治，漸告懈弛，明季野史諸書，始漸刊行，重爲學者所捧讀，其時如《亭林遺書》、《梨州遺書》、《船山遺書》等皆相繼付梓刊行，其思想學說得以昌明，而溫睿臨集明季野史數千種編爲一書，名曰《南疆佚史》梓而行之，於是明季史事，遂爲世人所注目。

斯時又有當塗夏燮，學宗顧氏，以《明史》初稿，出於萬斯同，其後橫雲山人王鴻緒成之。然當鼎革之際，嫌忌頗多，言有未盡，因乃搜集明季野史數百種，仿司馬光《資治通鑑》編年史體例編修《明通鑑》一百卷，以補其闕。道光三十年《中西紀事》初稿成書，詳細記載清廷與歐西通商的經過與文化衝突。

他如南海朱次琦，爲學服膺顧、黃，倡史學於嶺南，著有《國朝名臣言行錄》、《五史實徵錄》、《國朝逸民傳》、《蒙古聞見》等書，惜多被其自行焚毀。僅存手輯《朱氏傳芳集》五卷，《南海九江朱氏家譜》十二卷，《大雅堂詩集》一卷，《燔餘集》一卷及《橐中集》一卷。後人整理成《九江先生集》十卷。康有爲是其門生。

吳縣馮桂芬，宗尙亭林，究心經世之學，提出「采西學、制洋器、籌國用、改科舉」的新建議，主張「以中國之倫常名教爲原本，輔以諸國富強之術」，爲洋務運動的擁護者。其《校邠廬抗議》四十篇，亦《日知錄》之支流。凡此皆於民族主義史學思想之復興，具有先導之功。

章太炎氏生當其時，遂乃探究春秋大義，融合諸家學說，演爲「歷史民族之義」，上承三老遺緒，下開革命途轍，其於近代史學之昌明，罕有其匹，發而爲著述，乃構成其民族主義之史學體系。其思想淵源有四：一受乾嘉考證學之影響，講求客觀實證；二跟隨晚清諸子學興起之潮流，尊子貶孔，對荀子、莊子、老子三家思想加以揄揚；三受嚴復之影響，以進化論作其理論之架構；四爲佛學，尤其佛學中之唯識論，是章氏後期思想之支柱，使其思想體系充滿個人主義、相對主義之色彩。除此之外，清初顧炎武、王夫之等民族思想，及晚清章學誠、戴震、孫詒讓、康有爲等人之思想，對章太炎也具有相當影響力。

章氏以爲歷史民族主義約有二端：一曰歷史乃民族構成之要素，歷史毀則其國必亡。二曰民族主義之發生，須賴史籍所載人物、制度、地理、風俗之類，爲之灌溉。其曰：

今夫血氣心知之類，惟人能群。群之大者，在建國家、辨種族，其條例所繫，曰言語、風俗、歷史。三者喪一，其萌不植……滿州滅支那而毀其歷史，自歷史毀，明之遺緒，滿州之穢德，後世不聞。斯非以遏吾民之發憤自立，且剗絕其由蘖邪。[62]

夫歷史既爲民族構成之要素，故當外族入侵之際，欲挽危亡之道，惟有提倡讀史，此實承亭林而來；以史籍所載之人物事蹟，可激起民族精神，民族思想可以興起，民族主義可以確立，其言曰：「故僕以爲民族主義如稼穡然，要以史籍所載人物、制度、地理、風俗之類，爲之灌溉，則蔚然以興矣」！[63]此種藉讀史以培養民族思想之理論，由章氏倡導，遂爲清末革命學者一致叢信。故治史之風，乃盛極一時，當時從事革命運動之人，不惟究心歷史，尤多列舉明末亡國之痛史，以爲宣傳革

62 見《章氏叢書檢論卷四・哀焚𢟪書》。

63 見《章氏叢書別錄卷二・答鐵錚》。

命、振發人心之利器。章氏與劉師培等發行之《國粹學報》，尤爲刊載此類論著之淵藪。他如《揚州十日記》，《嘉定屠城記》等野史，又爲當時主要之宣傳材料。此類言論書刊，散佈四方，遂成革命種子，滋生蔓長，至清宣統三年辛亥八月十九日〈1911年10月10日〉，武昌一舉，各省繼之，始有中華民國之誕生，是故清末民族革命之成功，雖賴無數英烈折頸流血以致之，而章氏首以「歷史民族之義」，倡導光復，其功不可沒也！

晚清革命排滿之風潮如火如荼展開，此固革命志士倡導有功，然未若 國父孫中山先生之首舉義旗，躬與其役，手創三民主義，以爲救國之本。方國父於海外奔走革命之際，爲擘畫經營建國之綱目，雖倥傯已極，猶不忘隨時攜帶明儒遺民顧亭林、黃梨州之著述，迨民國前一年，中國同盟會本部宣言，仍極力表彰明季諸烈士遺民，其言曰：

蓋吾族之不獲見天日者二百六十餘年。故老遺民如史可法、黃道周、倪元潞、顧炎武、黃宗義、王夫之諸人，嚴春秋夷夏之防，抱冠帶沈淪之隱，孤軍一旅，修戈矛於同仇，下筆千言，傳楮墨於來世，或遭屠殺，或被焚燬，中心未遂，先後殂落。而義聲激越，流播人間，父老遺傳，簡在耳目。[64]

革命志士極力表彰顧、黃之忠烈事蹟，翻印其遺著，於是民族精神乃得流播於人間，而激越於當時，國父嘗自云：「余之民族主義，特就先民所遺留者，發揚而光大之」。[65]是其民族思想之淵源，有因襲吾國固有之思想，其受顧、黃諸儒之影響，固昭然也！

先總統 蔣公生平服膺總理，喜讀鄒容《革命軍》，王陽明之《傳

64 見《國父全集・中國同盟會本部宣言》中國國民黨黨史會所編。

65 見《三民主義・民族主義》。

習錄》，與明末清初諸儒之著作，及擔當革命軍領袖，其教誨部屬亦屢屢勸讀顧、黃諸儒之書。

> 我們在國家這樣危急存亡的時候，當然要想事半功倍的方法來救我們的國家，最要緊的，第一就是要「寄內政於軍令」我這個主張並不是隨便講的。是我因爲當前的國難，而想到明朝末年的情形，因此我拿顧亭林、黃梨州、王船山的書一看，就覺得那些書非常之寶貴。[66]

以明末諸遺老之書爲師，並推崇這些遺老可以作爲革命之導師，能針貶時政之病痾，其曰：

> 在近代中國史中，如王陽明、王船山、黃梨州，及顧炎武等人，實亦可爲中國革命的導師，我們也要去研究和崇拜，我們不僅只重視他們的書之價值，更須注重他們所處的時代，他們各人中，除王陽明較早外，其餘都是明末清初時代的人物，亦是處在民族危急的環境中，成就了他們偉大的精神和有價值的著述。[67]

先總統蔣公承繼國父遺志，歷經北伐、抗日抗戰，終而獲得最後之勝利。其功業炳耀於史冊，而《民生主義育樂兩篇補述》、《蘇俄在中國》更足以明其學問之大，其一生志節之耿介，爲國爲民之胸懷，固有賴於清初顧、黃諸儒之薰陶，遂而能成其彪炳之功業也！

---

66 見《蔣總統言論彙編卷十．修明內政與整飭吏治》。

67 見《蔣總統言論彙編卷十．進德修養與革命之途徑》。

第六章
結論

亭林之學，開有清考據之風，其於經義、史學、金石、輿地、財賦、吏治、藝文之屬，無不精通。世人推之爲清代開國儒宗，良有以也！然所稱皆以其經學名乎世，殊少言及史學。凡論清代史學，則無不尊棃洲爲開山祖師，而忽亭林史學之成；今竊亭林之學，知其非僅以經學名世，其史學造詣當更高於宗羲，[1]持同途而異軌耳！

亭林夙志於史，嘗曰：「自舞象之年，即已觀史書，閱邸報，世間之事，何所不知，五十年來存亡得失之故，往來於胸中，每不能忘也」。[2]故其於史料之搜羅，務求詳盡，而欲發爲著述，爲經世致用。其《天下郡國利病書・序》有云：「秋闈被擯，退而讀書，感四國之多虞，恥經生之寡術，於是歷覽廿一史以及郡縣志書，一代名公文集及章奏文冊之類，有得即錄，共成四十餘帙。一爲輿地之記，一爲利病之書」。[3]足見其以史經世之志！以故尤見重於當時。史館修史諸君，競相請益，朝廷並屢屢徵召，以修國史，亭林則稟母教遺訓，以死拒辭。此高風亮節，足與日月同光，永垂不朽。然所蒐史料，因莊氏史獄，而燬於一旦，其〈答徐甥公肅書〉云：

幼時侍先祖，自十三、四歲讀完《資治通鑑》後，即示之以邸報。泰昌以來，頗窺崖略，然憂患之餘，重以老耄，不談此事已三十年，都不記憶。而所藏史錄奏狀一、二千本，悉爲亡友借

1 見林尹〈清代思想史引言〉，載《師大學報》第七期101頁。

2 見《蔣山傭殘稿卷二，荅李紫瀾》。

3 見《亭林文集卷六，天下郡國利病書序》。

觀，中郎被收，琴書俱盡。[4]

亭林史學，後人未能得窺全豹，而亭林至友吳炎、潘檉章等書稿，亦皆焚燬無餘，其徒若潘耒輩，因畏禍而隱匿其稿，致其史學不彰。傳緒之人，未若浙東史學之體系分明，今論亭林史學，知其有獨到之功，辨史之能。其餘若金石學、輿地學皆有所研，創有清以金石、輿地治史之開端。而亭林之潔操德行，尤發晚清民族精神之大義。綜顧亭林之學術，尤以史學對後人之影響，實深且遠！

本篇所論，一以亭林史學爲綱，而稍及於其經學、理學，若其文學則略焉。故所述未能括亭林學術之大要，此爲一憾也！亭林學博識精，著述頗多，然或毀於史獄，或違於禁書，或因長篇巨著，未能刊行，致後世僅存其目，而未見其書，無法窺其史學之全貌，此二憾也！歷來論述亭林之學，或重其經學之成，或發其經世之成，或發其經世之主張，殊少論及其史學。此三憾也！西方之史學自蘭克（Leopold Von Ranke）創以科學方法治史，及於近代，治史愈趨專門，有以社會學治史，有以人類學治史，有以經濟學治史，有以政治學治史，……分化愈精，所窺也愈細，今述亭林史學，僅就其傳統治史之法，語其大要，未能分門以窺亭林史學之精奧，此四憾也！

若後人論述亭林，偶有偏詞詖語，如李光地爲亭林小傳云：「孤僻負氣，譏訶古今人必刺切，徑情傷物，以是吳人訾之」[5]。劉頒顧先生傳云：「嫉惡太嚴，譏訶古今人。必爲刺切」[6]陸稼書亦謂亭林不免傲僻之病[7]，所論云云，自當爲其董理疏正，還其本眞，[8]至論亭林學術

---

4 見《亭林文集卷六・答徐甥公肅書》。

5 見《國朝耆獻類徵初編》。

6 見《國朝耆獻類徵初編》。

7 見張穆《顧亭林年譜》。

8 全謝山於雍乾之際，已斥光地不知亭林而妄為立傳，今於亭林之《日知錄》，《亭林文集詩

之全貌，或心餘力拙，研索無方，容待異日，或可能耶！

集》，在在皆可尋其盛讚同時代儒者之語，若非其有謙虛之胸懷，何能如此？

參考書目

壹、基本參考書目

一、顧亭林專著

《顧亭林遺書彙輯》 《中華文獻出版社》1969年2月
《顧亭林遺書十種》 進學書局出版 1969年8月
《天下郡國利病書》 顧炎武著 台灣藝文印書館 1977年3月線裝影印出版
《原抄本日知錄》 顧炎武著 平平出版社 1975年7月
《日知錄集釋》 顧炎武著，黃汝成集釋 世界書局出版 1962年4月
《景孤本蔣山傭殘稿新校顧亭林詩文集》 顧炎武撰 世界書局出版 1963年1月
《聖安本記》 顧炎武著 台灣銀行研究室出版 1964年1月
《明季三朝野史》 顧炎武著 台灣銀行研究室出版 1961年4月

二、有關顧亭林之著述

《顧亭林學案》 清儒學案叢書 中央文物供應社印 1954年1月
《顧寧人學譜》 謝國禎著 台灣商務印書館 1970年9月
《亭林學說述評》 何貽焜編著 正中書局出版 1968年3月
《亭林思想述要》 林蕙編著 樂天出版社 1969年3月
《顧亭林之教育思想》 秦汝炎撰 師大教育研究所碩士論文 1961年4月

貳、一般參考書目

一、圖書

《史學研究法》 姚永樸著 中央文物供應社 1951年7月
《宋明理學概述》 錢穆著 學生書局 1955年10月
《中國近三百年學術史》 錢穆著 商務印書館 1957年10月
《章氏叢書正續篇》 章太炎著 世界書局 1958年7月
《翁注困學紀聞》 宋・王應麟撰，清・翁元圻注 世界書局 1963年4月
《南明史料》 台灣文獻叢刊 台灣銀行經濟研究室編印 1963年5月
《碑傳選集》 台灣文獻叢刊 台灣銀行經濟研究室編印 1964年3月
《清代史》 孟森著 正中書局 1964年3月
《明季流寇始末》 李光濤著 中研院歷史語言研究所專刊 1965年3月

《天啓崇禎兩朝遺詩傳》 陳濟生編 世界書局 1965年4月
《列傳詩集小傳》 錢謙益撰 世界書局 1965年4月
《清乾嘉時代之史學與史家》 杜惟運著 台灣大學文史叢刊 1965年6月
《復社及其人物》 胡秋原著 中華雜誌叢刊 1965年6月
《中國文化史》 楊家駱主編 世界書局 1966年2月
《中國近三百年學術史》 梁啓超著 台灣中華書局 1966年3月
《續碑傳選集》 台灣文獻叢刊 台灣銀行經濟研究室編印 1966年4月
《清儒學案》 楊家駱主編 世界書局 1966年7月
《十駕齋養新錄》 錢大昕著 商務印書館 1967年3月
《宋元學案》 黃宗羲著 河洛出版社 1967年3月
《清初四大師生命之學》 張廷榮著 福星堂印書館 1967年8月
《晦庵先生文集》 朱熹撰 商務印書館 1967年9月
《倖存錄》 夏允彝撰 台灣銀行經濟研究室編印 1967年9月
《象山先生全集》 陸九淵撰 商務印書館 1967年9月
《明史編纂考》 黃眉雲等著 學生書局 1968年1月
《清代學術概論》 梁啓超著 台灣中華書局 1968年1月
《金石學》 朱劍心著 商務印書館 1968年1月
《明清之際黨社運動考》 謝國楨著 商務印書館 1968年6月
《明代經濟》 孫媛貞等撰 學生書局 1968年7月
《明代政治》 錢穆等撰 學生書局 1968年8月
《考信錄》 崔述著 世界書局 1968年10月
《中國歷史研究法》 梁啓超著 中華書局 1968年11月
《廿五史述要》 楊家駱主編 世界書局 1968年11月
《明季史料題跋》 朱希祖撰 大華印書館 1968年
《東林與復社》 台灣文獻叢刊 台灣銀行經濟研究室編印 1968年12月
《史學方法》 余鶴清編著 樂天出版社 1969年2月
《中國歷史研究法》 錢穆撰 三民書局 1969年5月
《現代中國新史學》 徐乃鉥著 中央書局 1969年5月
《清代文獻志》 彭國棟纂修 商務印書館 1969年9月
《經學纂要》 蔣伯潛編著 正中書局 1969年11月
《中國通史》 李方晨撰 三民書局 1969年11月
《清代政治思想》 王雲五著 1969年12月
《三代秦漢金文著錄表》 王國維撰 藝文印書館 1969年12月

《史學方法要點》　胡秋原撰　學術出版社　1970年3月
《中國方志學通論》　傅振倫著　商務印書館　1970年5月
《明史偶筆》　蘇同炳撰　商務印書館　1970年6月
《傅青主先生年譜》　方聞編著　中華書局　1970年7月
《龔定盦研究》　朱傑勤著　商務印書館　1970年8月
《金石學錄》　李遇孫輯　商務印書館　1970年9月
《清代樸學大師列傳》　支偉成纂述　藝文印書館　1970年10月
《史通評》　呂思勉著　台灣商務印書館　1971年2月
《黃梨洲學譜》　謝國楨著　台灣商務印書館　1971年3月
《朱熹》　周大同著　台灣商務印書館　1971年3月
《宋明清理學體系論史》　黃公偉　幼獅書局　1971年9月
《二十二史劄記》　趙翼撰　樂天出版社　1971年9月
《歷史學歷史思想與史學研究法述要》　周培智撰　史學出版社　1972年12月
《歷史纂述的方法》　李家祺撰　商務印書館　1973年5月
《中國通史》　林瑞翰撰　三民書局　1973年12月
《文史通義》　章學誠著　史學出版社　1974年4月
《經學歷史》　皮錫瑞撰　河洛圖書出版社　1974年9月
《史學概要》　李宗侗編著　正中書局　1974年10月
《漢學師承記》　江藩著，周予同選註　華正書局　1974年10月
《中國史學史》　金毓黻著　文力印書館　1974年10月
《國史大綱》　錢穆著　商務印書館　1974年11月
《明儒學案》　黃宗羲著　河洛圖書出版社　1974年12月
《歷史研究法三種》　何炳松、呂思勉著　華世出版社　1974年1月
《觀堂集林》　王國維撰　河洛圖書出版社　1975年3月
《史通釋評》　劉知幾撰　華世出版社　1975年4月
《陔餘叢考》　趙翼著　華世出版社　1975年4月
《中國經學史》　本田成之著　古亭書屋　1975年4月
《歷史研究法》　楊鴻烈撰　華世出版社　1975年4月
《史學纂要》　蔣祖怡編著　正中書局　1975年5月
《方志新論》　毛一波著　正中書局　1975年5月
《史學方法大綱》　陸懋德著　華世出版社　1975年6月
《明代史》　孟森著　華世出版社　1975年10月
《焚書》　李卓吾撰　河洛圖書出版社　1976年3月

《讀通鑑論》 王夫之著 河洛圖書出版社 1976年3月
《史學方法論》 伯倫漢著、陳韜譯 商務印書館 1976年3月
《中國史學史選集（一）（二）》 杜維運、黃進興編 華世出版社 1976年9月
《歷史與思想》 余英時著 聯經出版事業公司 1976年9月
《十七史商榷》 王鳴盛撰 臺北大化書局 1977年5月
《中國歷史要籍介紹》 張舜徽撰 民主出版社 1977年4月
《明史》 張廷玉等奉敕撰 藝文印書館 1977年4月
《宋明理學》 吳康著 華國出版社 1977年10月
《中國史學通論》 朱希祖撰 莊嚴出版社 1977年10月

二、期刊論文

〈明末四先生學說〉 鄧實 《國粹學報》第15、16、17、25期 1906年（光緒32年）3月
〈顧氏學述〉 柳詒徵 《學衡》第5期 1922年5月
〈明清之交中國思想界及其代表人物〉 梁啓超 《東方雜誌》第21卷3期 1924年2月
〈清儒之史地學說與其事業〉 鄭鶴聲 《史地學報》第2卷8期 1924年2月
〈顧亭林的詩〉 張大東 《國聞週報》第4卷46、47期 1927年11月
〈浙東史學管窺〉 陳訓慈 《史學》第1期 1930年7月
〈顧亭林之經濟思想研究〉 鄭行巽 《國聞週報》第10卷33期 1930年8月
〈怎樣讀史、論史與著史〉 李則剛 《學風》第4卷5期 1934年6月
〈中國金石學緒言〉 劉節 《圖書季刊》第1卷2期 1934年6月
〈清儒學說述要〉 邵祖平 《浙江省立圖書館刊》第4卷3期 1935年6月
〈顧亭林先生年譜序〉 葉煥彬 《制言》半月刊第30期 1936年12月
〈顧亭林之經濟思想〉 熊德元 《史學年報》第2卷5期 1938年12月
〈地質學與史學〉 楊鍾健 《文史雜誌》第1卷5期 1941年6月
〈考據在史學上的地位〉 蒙思明 《責善半月刊》第2卷18期 1941年12月
張穆〈亭林年譜〉訂補 趙儷生 《學原》第1卷第12期 1948年5月
〈經學與史學〉 錢穆 《民主評論》第3卷第20期 1952年10月
〈顧亭林先生的氣節與治學〉 劉岱曦 《暢流》第8卷3期 1953年9月
〈顧寧人學術之淵源〉 牟潤孫 《民主評論》第5卷4期 1954年2月
〈錢大昕之史學〉 杜維運 《學術季刊》第2卷3期 1954年3月
〈行己有恥的顧亭林〉 王恢 《人生》第122、123號 1955年12月

〈朱子學術〉 吳康 《學術季刊》第3卷4期 1955年6月
〈陸象山學術〉 吳康 《學術季刊》第4卷3期 1956年3月
〈顧亭林之學術思想〉 林尹 《師大學報》第1期 1956年6月
〈民族先覺顧亭林〉 週一鷗 《暢流》第4卷3期
〈歷史知識與歷史意義〉 王德昭 《幼獅月刊》第7卷3期 1958年3月
〈清初學術思想概況〉 王儀 《中華文化復興月刊》第1卷4期 1958年6月
〈原抄本顧炎武日知錄評介〉 徐文珊 《圖書館學報》創刊號 1959年1月
〈晚明諸儒之學風與學術〉（上、下） 錢穆 《人生》第222、223期 1960年2月
〈顧亭林思想概略〉 張勇 《珠海文史學會刊》第1期 1960年6月
〈顧亭林的生平事蹟與學術思想〉 黃逸明 《暢流》 第22卷2期 1960年9月
〈中國史學之精神〉 錢穆 《新亞生活雙週刊》 1960年11月
〈晚明的財政與國運〉 沈忱農 《民主潮》第11卷5期 1961年3月
〈晚明之貪汙風氣〉 沈忱農 《文星》第7卷5期 1961年3月
〈顧亭林的文學理論〉 黃肖玉 《華國》第2期 1961年4月
〈趙翼之史學〉 杜維運 《大陸雜誌》第22卷7期 1961年4月
〈晚明君臣之荒嬉〉 沈忱農 《民主潮》第11卷14期 1961年7月
〈亭林隱語詩覈論〉 潘重規 《新亞書院學術年刊》第3期 1961年9月
〈顧亭林學術與儒學之真精神〉 牟潤森 《新亞生活雙週刊》第4卷11期 1961年12月
〈晚明的黨爭〉 沈忱農 《民主潮》第12卷1、2期 1962年1月
〈前期清儒思想之新天地〉 錢穆 《新天地》第1卷1期 1962年3月
〈晚明社會風氣之卑下〉 沈忱農 《民主潮》第12卷7期 1962年4月
〈清代學術思想史引言〉 林尹 《師大學報》第7期 1962年6月
〈清代理學家對吾民族復興的影響〉 趙賓實 《恆毅月刊》第13卷8期 1964年3月
〈反清最力的顧亭林〉 陳則東 《中興評論》第11卷第11期 1964年11月
〈論清初新儒哲學思潮〉 曹文超 《淡江學報》第3期 1964年11月
〈顧亭林學術述略〉 韋金滿 《香港新亞書院中國文學年刊》第3期 1965年
〈中國史學思想概述〉 呂舉謙 《人生》第2期 1965年2月
〈晚明之社會與經濟〉 劉秉義 《新亞校刊》第8期 1965年4月
〈顧亭林學術述略〉 韋金滿 《中國文學系年刊》3期 1965年6月
〈顧炎武之政治思想〉 昌美 《革命思想》第22卷5期 1967年5月
〈顧亭林之生平及其思想〉 胡秋原 《中華雜誌》第5卷7期 1967年7月

〈復社及其人物〉（上、中、下） 胡秋原 《中華雜誌》第5卷8號 1967年8月
〈陽明學說與清儒〉 鐵君 《學園》第3卷1期 1967年9月
〈顧亭林的經學〉 何佑森 《文史哲學報》第16期 1967年10月
〈顧亭林先生文論探源〉 楊家教 《香港中文大學中國文學系年刊》第6期 1968年
〈復社與清代學術及反清運動〉（上、下） 胡秋原 《中華雜誌》第6卷第3號 1968年3月
〈「復社之研究」自序〉 胡秋原 《中華雜誌》第6卷7號 1968年7月
〈明季三大儒與永曆帝〉 黃玉齋 《台灣文獻》第19卷4期 1968年12月
〈顧炎武的遊蹤〉 餘我 《學園》第4卷第12期、第5卷1期 1969年8、9月
〈顧亭林之出遊索隱〉 柳作梅 《大陸雜誌》第40卷9期 1970年5月
〈傅青主先生之堅貞〉 方聞 《人文學報》第1期 1970年9月
〈從宋明儒學的發展論清代思想史〉 余英時 《中國學人》第2期 1970年9月
〈顧炎武經世思想中「不變」與「變」觀念之研究〉 石錦 《故宮文獻》第2卷2期 1971年3月
〈中國文學與史學〉 陳榮照 《新加坡大學中文學會學報》第11期 1971年4月
〈晚明學術風氣之分析〉 程運 《中華文化復興月刊》第4卷6期 1971年6月
〈章太炎之民族主義史學〉 吳蔚若 《中研院近代史研究集刊》第2期 1971年6月
〈顧亭林學述評論〉 周世輔 《反攻月刊》第352期 1971年7月
〈朱熹對於清初諸儒之影響〉 甲凱 《東方雜誌復刊後》第5卷3期 1971年9月
〈節操堅貞的顧炎武〉 景唐 《生力月刊》第5卷49期 1971年10月
〈陽明學述要〉 陳貽銓 《孔孟月刊》第10卷5期 1972年1月
〈多才多藝傅青主〉 景唐 《生力月刊》第5卷53、54期 1972年2、3月
〈顧炎武經世思想的界限〉 石錦 《史原》第3期 1972年9月
〈顧炎武與清代歷史考據學派之形成〉上、下 杜維運 《故宮文獻》第3卷第4期 1972年9月 第4卷1期 1972年12月
〈傅青主傳序〉 張其昀 《華學月刊》第10期 1972年10月
〈顧亭林的謙虛胸懷〉 杜維運 《食貨月刊》第1卷10期 1972年
〈顧亭林先生的學侶考序〉 謝國楨 《國學論叢》第1卷1號
〈陽明心學〉 譚作人 《嘉義師專學報》第4期 1973年5月
〈清初三大儒的思想〉 何佑森 《故宮文獻》第4卷3期 1973年6月
〈顧亭林學述〉 錢穆 《故宮圖書季刊》第4卷2期 1973年10月

〈從日知錄看顧亭林先生的學與教〉 王蘭榮 《史苑》第24期 1975年6月
〈清代思想史的一個新解釋〉 余英時 《中華文化復興月刊》第9卷1期 1976年1月
〈全謝山之史學〉 甲凱 《人文學報》第5期 1976年5月
〈顧炎武經世思想的特色〉 《國立臺灣大學歷史學系學報》14期 1988年7月
〈顧炎武廉恥等文證例論〉 楊鴻銘 《孔孟月刊》第372期 1993年8月
〈顧炎武「行己有恥」與「博學於文」說辨正〉 黃文正 《彰化師大國文學誌》2010年12月
〈清儒之學術轉向及其儒學史上的意義——以「學派」為討論中心〉 林惟仁 《成大中文學報》第37期 2012年6月
〈顧炎武「經緯天地」的文學觀〉 田富美 《孔孟月刊》第609期至610期 2013年6月

三、碩博士論文

《顧炎武與清初經世學風》 黃秀政 國立臺灣師範大學歷史研究所碩士論文 1976年7月
《顧亭林之人格及其詩歌風格》 施又文 國立臺灣師範大學中國文學研究所碩士論文 1988年7月
《顧亭林詩研究》 談海珠 東吳大學中國文學研究所博士論文 1988年7月
《顧亭林先生學術思想研究》 陳邦禎 中國文化大學中文研究所博士論文 1988年7月
《顧炎武經學之研究》 孫劍秋 政治大學中文研究所碩士論文 1988年7月
《明末清初經世文論研究》 林保淳 國立臺灣大學中國文學研究所博士論文 1990年7月
《明末清初之經世學風與史學思想》 林煌崇 國立政治大學歷史研究所碩士論文 1991年7月
《明末清初之經世學風與史學思想》 林煌崇 國立政治大學歷史研究所碩士論文 1991年7月
《顧炎武詩歌中的南明歷史研究》 楊閩威 中國文化大學中國文學研究所碩士論文 2012年7月
《顧炎武詩歌遺民主題研究》 謝錦珠 國立高雄師範大學國文教學碩士班碩士論文 2012年7月

國家圖書館出版品預行編目資料

顧亭林及其史學／傅榮珂著. -- 初版. --
臺北市：五南圖書出版股份有限公司,
2021.07
面； 公分
ISBN 978-986-522-389-2（平裝）

1.（清）顧炎武 2.學術思想 3.史學

127.14 109020465

1XKQ 五南當代學術叢刊

顧亭林及其史學

作　者 — 傅榮珂
發 行 人 — 楊榮川
總 經 理 — 楊士清
總 編 輯 — 楊秀麗
副總編輯 — 黃惠娟
責任編輯 — 范郡庭
封面設計 — 王麗娟
出 版 者 — 五南圖書出版股份有限公司
地　址：106台北市大安區和平東路二段339號4樓
電　話：(02)2705-5066　傳　真：(02)2709-4875
網　址：https://www.wunan.com.tw
電子郵件：wunan@wunan.com.tw
劃撥帳號：01068953
戶　名：五南圖書出版股份有限公司

法律顧問　林勝安律師事務所　林勝安律師

出版日期　2021年7月初版一刷
定　價　新臺幣450元

經典永恆・名著常在

五十週年的獻禮——經典名著文庫

五南，五十年了，半個世紀，人生旅程的一大半，走過來了。
思索著，邁向百年的未來歷程，能為知識界、文化學術界作些什麼？
在速食文化的生態下，有什麼值得讓人雋永品味的？

歷代經典・當今名著，經過時間的洗禮，千錘百鍊，流傳至今，光芒耀人；
不僅使我們能領悟前人的智慧，同時也增深加廣我們思考的深度與視野。
我們決心投入巨資，有計畫的系統梳選，成立「經典名著文庫」，
希望收入古今中外思想性的、充滿睿智與獨見的經典、名著。
這是一項理想性的、永續性的巨大出版工程。
不在意讀者的眾寡，只考慮它的學術價值，力求完整展現先哲思想的軌跡；
為知識界開啟一片智慧之窗，營造一座百花綻放的世界文明公園，
任君遨遊、取菁吸蜜、嘉惠學子！